정치경영연구소의 자유인 인터뷰 3

희망을 갖고 분노하자!

정치경영연구소의 자유인 인터뷰 3
희망을 갖고 분노하자!

1판 1쇄 펴낸날 2016년 04월 15일

기획 정치경영연구소
인터뷰이 자유를 실천하는 15인

펴낸이 서채윤
펴낸곳 채륜
책만듦이 오세진
책꾸밈이 이한희

등록 2007년 6월 25일(제2009-11호)
주소 서울시 광진구 천호대로 798 현대 그린빌 201호
대표전화 02-465-4650 | **팩스** 02-6080-0707
E-mail book@chaeryun.com
Homepage www.chaeryun.com

ⓒ 정치경영연구소, 2016
ⓒ 채륜, 2016, published in Korea

책값은 뒤표지에 있습니다.
ISBN 979-11-85401-15-7 03300

이 도서의 국립중앙도서관 출판예정도서목록(CIP)은 서지정보유통지원시스템 홈페이지
(http://seoji.nl.go.kr)와 국가자료공동목록시스템(http://www.nl.go.kr/kolisnet)에서 이
용하실 수 있습니다. (CIP제어번호 : CIP2016008403)

정치경영연구소의
자유인 인터뷰 3

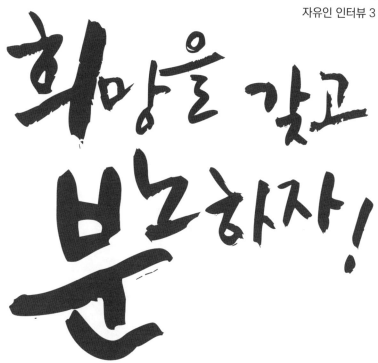

희망을 갖고 분노하자!

정치경영연구소

채륜서

인간이 '자유'롭다는 것은 가능한 일일까

　　1974년 "물 좀 주소, 물 좀 주소, 목 마르요 물 좀 주소" 라 노래하던 청년은 무엇에 그토록 목말랐을까? 청년은 이어 "물은 사랑이요" 라 했으니, 아마도 그는 사랑에 무척 목말랐는지 모른다. 그와 더불어 동시대를 살았던 많은 청년들 역시 곳곳에서 타는 목마름을 호소했다. 지독한 가난으로부터의 해방과 분단된 한반도의 평화통일을, 짓밟힌 민주주의의 회복과 인간으로서 최소한의 존엄을, 그리고 생각할 수 있는 자유와 표현할 수 있는 자유를 부단히 노래했다. 하지만 엄혹한 권력은 그들에게 사랑을 노래할 자유도, 내 집 앞 담벼락에 소리칠 자유까지도 빼앗았다. 그런 시절이었다. 40년이 지난 2016년, 지금을 살아가는 우리 청년들은 과연 어떤 노래를 부르고 있을까. "아직도 목 마르요, 이러다 나 죽겠소…" 라고 이야기하진 않는지. 이제는 더 이상 노래할 목소리까지 잃어버린 것은 아닌지 스스로와 주변을 돌아보는 나날들이다.

　　지난 2015년 유엔난민기구UNHCR의 세계난민현황 보고서Global Trends Forced Displacement에 따르면 한국을 제외한 전 세계 13개국에서 난민 지위를 받은 한국 국적의 탈북자 수가 1,173명이고, 난민 신청 대기자는 약 3,500명이라고 한다. 자유를 찾아 목숨을 걸고 북한을 탈출해 남한으로 들어온 사람들이 결국 남한사회에 적응하지 못하고 또 다시 제3국으로 나가고 있다는 것이다. 비교적 최근 남한을 떠나 서유럽의 한 국가에 정착한 젊은 부부가 있다. 맨 처음 부부는 자유와 풍요를 찾아 북에서부터 남으로 왔지만, 남한은 자본과 경쟁의 천국이었다. 돈과 권력, 학벌 및 배경이 아무 것도 없는 젊은 부부가 '탈북자', '새터민' 또는 '북한이탈주민' 등으로 분류되어 아이들을 키우며 산다는 것은 무척 어려운 일이었다. 결국 이들은 유럽행을 결정했다. 하지만 제 아무리 유럽일지라도 삶은 녹록치 않은 것이다. 개인에게 있어서 불행은 언제든지 찾아올 수 있으며, 법과 제도에 의한 구속과 제한은 어디든 있기 때문이다. 이들은 또다시 유럽을 떠날 계획을 하고 있다.

인간이 '자유自由'롭다는 것은 가능한 일일까? 과연 '자유'라는 개념이 존재하기는 할까? 만약 있다면 우리는 무엇으로 자유를 정의할 수 있으며, 어디에서 이것을 찾을 수 있을까? 위의 젊은 부부가 북한과 남한, 그리고 유럽의 제3국에서도 자신들이 진정 원하는 자유를 찾을 수 없었던 것은, 자유라는 것이 특정한 이데올로기 또는 체제에 의해 주어지거나 정의될 수 있는 것만은 아니기 때문이었다. 이번에 발행된 정치경영연구소의《자유인 인터뷰》는 우리 사회가 오랫동안 자유에 대해 그것이 갖는 본래 의미를 지극히 제한하여 사용할 때 담대하게 자신의 길을 자유롭게 걸어왔던 분들의 삶을 담은 이야기다. 33명의 자유인은 각각 정치, 경제, 사회, 문화·예술, 교육 등 다양한 영역에서 자신은 물론이거니와 타인을 위한 우리 사회의 자유의 개념을 확장시켰음에 틀림없다. 왜냐하면 그들과의 만남을 통해 많은 청년들이 마음이 뜨거워지고 시원해지는 해갈解渴의 순간을 맛보았기 때문이다.

올해로 여든여섯의 강천剛泉 김낙중 선생께서는 50년대, 60년대, 70년대, 90년대를 지나는 동안 고문이란 고문은 다 경험해봤다. 북한정부에 의해, 남한정부에 의해 사형선고만 5번을 받았다. 지난날의 끔찍했던 고통과 두려움을 생생하게 떠올리며 마주앉은 청년들에게 "(평

6

화운동을 하다가) 간첩으로 몰려 사형선고를 받았다가 사형은 면하고 감옥에 갇혔을 때, 그 때 감옥에서 본 풀 하나가 그렇게 아름다울 수가 없었어요. 그래서 내가 '참 아름다워라(개신교 찬송가 78장)' 찬송을 참 좋아해요. 셀 수 없이 많은 어려움이 있었고 돌아보니 백 년, 천 년을 살았던 것처럼 까마득하지만 후회하지 않아요. 팔십년 넘도록 살아서 이렇게 청년들을 마주하는 것이 또 얼마나 기뻐요." 라고 하시며 눈시울을 붉히는 그분 앞에서 우리는 흘러내리는 눈물을 주체할 수 없었다. 선생께서는 우리에게 '이 사회에서 누군가와 함께 조화(하모니)를 이루며 살아가는 그런 아름다운 그림을 그려 달라' 간곡히 부탁했다. (자유인 인터뷰 4권《자유혼을 가진 놈은 노예가 될 수 없다》사회·역사·교육)

세상에서 '자유인自由人'과 가장 어울리지 않는 사람이 '정치인政治人'아니고 또 누가 있을까. 그런데도 이번에 발행된《자유인 인터뷰》에는 자유로운 정치인들이 포함됐다. 그 중에는 지난 2월 국회 본회의에서 '테러방지법' 반대 필리버스터에 참여하여 10시간 18분 동안 발언한 은수미 의원도 있었다. 그의 발언이 1969년 3선 개헌을 막기 위해 10시간 15분 동안 발언한 고 박한상 의원의 기록을 경신한 것이었다는 것에 놀랍지 않았던 것은, 그가 푸르른 청춘이었을 때 정의에 편에 서건 반대에 서건 간에 개인에게 처해지는 모든 억압적인 상황에 대해 오랜 시간 괴로워했으며, 불의한 거대 권력의 폭력과 감시에 몸과 마음을 다쳐봤다는 것을 알고 있었기 때문이다. 그는 20대의 은수미에게, 그리고 오늘을 살아가는 청년들에게 말한다. "너 참 예뻐. 나는 네가 옳다고 생각해. 그러니 네가 즐겁고 네가 원하는 것을 그냥 해도 괜찮아. 너무 걱정하지 마. 너는 결코 혼자가 아닐 거야." (자유인 인터뷰 3권《희망을 갖고 분노하자!》정치)

세월이 흘러도 여전히 입술을 떨며 붓을 쥐고 있는 김중배 선생은 자유를 인간주권과 만유인력으로 설명했다. "(모든)인간에게는 자기 주권을 자각하고 원래의 진화방향으로 자신을 끌어나가는 힘의 원천이 있다고 생각한다. 이 '인간 주권'을 가지고 잠재하는 야만성을 함께 다듬어 인간다운 진화의 길을 열어야 한다. 그렇기 때문에 이 '인간 주권'의 자유는 평등한 상관관계 함수로 모두에게 주어져야 하는 것이다. 칼 폴라니Karl Polanyi(1886~1964)는 '만유인력이란, 중력을 뚫고 나는 새의 힘'이라고 했다. 땅을 딛고 비상하는 힘, 모두에게 적용되는 그 힘이 자유가 아닐까." 그가 이야기한 자유의 개념이 절묘한 이유는 우리가 만난 대부분의 자유인들이 자유의 개념과 평등의 개념을 함께 사용하고 있었기 때문이다. "함께 자유로운 것. 내가 자유로우니 너도 자유로운 것" 이것이 '진보적 자유주의'가 갖는 자유의 언덕 그 어디쯤이진 않을까. (자유인 인터뷰 4권《자유혼을 가진 놈은 노예가 될 수 없다》사회·역사·교육)

한림국제대학원대학교 정치경영연구소의 《자유인 인터뷰》가 〈프레시안〉에 연재되고 책으로 발간되기까지는 많은 분들의 성심어린 참여가 있어 가능한 것이었다. 김경미, 조경일 연구원과 함께 자유인을 만나러 가면서 나누었던 설렘과 만나고 돌아오면서 나누었던 충만함에 감사하다. 또한 김민희, 정인선 인턴의 값진 수고와 《자유인 인터뷰》 발행에 마지막 힘을 보태주었던 오진주, 문혜진 연구원께도 무척 감사하다. 또한 자유인을 만나는 것에 기꺼이 함께 해주신 한림국제대학원대학교 정치경영전공의 김병수, 김예리, 민호기, 박주연, 손정욱, 송윤찬, 윤예지, 이재환, 이지연, 정초원, 황만기 님께도 감사드린다. 이번 《자유인 인터뷰》 3, 4권에 수록되지 않은 여러 자유인들과 인터뷰에 함께 해주셨던 문유진, 오세연, 전형우 님께도 감사드린다. 청년 연구원들과 청년 인터뷰어들이 인터뷰에 관한 모든 과정을 주체적이고도 자유롭게 진행할 수 있도록 배려해주신 최태욱 소장님을 비롯해 〈프레시안〉에 연재할 수 있도록 애써주신 박인규 대표께 감사드리며, 매번 거친 인터뷰를 새로운 글로 단장해주시는 이명선 기자, 사계절 변함없이 묵묵히 함께 해주시고 마지막까지 멋진 사진을 제공해주신 최형락 기자께도 진심으로 감사하다. 마지막으로 인터뷰가 나올 때 마다 매번 반갑게 읽어주시던 독자들과 출판의 기회를 주신 채륜 출판사께 감사드린다.

이번 《자유인 인터뷰》에는 마지막으로 지난해 10월 진행한 서민들의 부실채권 탕감을 위해 설립한 쥬빌리 은행의 제윤경 상임이사의 인터뷰를 담았지만, 우리에게는 아직 만나야 하는 자유인들이 많이 남아 있다. 제주 올레길의 서명숙 대표, 짚풀역사박물관의 인병선 관장, 청년 예술가 홍승희 님, 가수 이효리 님, 루시드 폴 님 등. 앞으로도 우리 사회 구석구석에 살고 있는 멋진 자유인들을 계속 만나게 되길 기대한다.

정치경영연구소 연구원들을 대표하여 손어진 씀

남에게 피해를 주는 것이 아니라

베푸는 것

유영래

민주화운동기념사업회 부이사장

고통의 기억은 낭만적으로 변하지 않는다.

이것이 트라우마다

2012. 10. 10

유영래

오랜만의 인터뷰다.

우리는 보통 과거의 굴레 속에서 헤어나질 못하고 매달릴 때가 있는데 그런 것들을 보면 안타까울 때가 많다. 과거란 현재 나와 어떤 상관이 있는가, 지금 나의 삶을 얼마나 풍부하게 하고 인간답게 사는가가 중요하다. 과거는 담담하게, 현재는 활력 있게 살고 미래에 대한 희망과 의지를 갖고 사는 것이다. 인생이란 살만한 가치가 있다는 것이 중요하다. 이야기가 탁 트인 전망 좋은 집에서 하는 기분이었으면 한다.

민주통일민중운동연합(민통련) 조직국장을 하면서 민통련 조직을 실질적으로 만들었다는 이야기를 들었다. 당시 이야기가 궁금하다.

민통련은 전두환 정권 하의 엄혹한 시절 1985년도에 출범했는데 정권의 탄압을 피하기 위해 대부분 지하에서 활동했다. 민통련은 문익환, 계훈제, 백기완 선생님을 공동의장으로 모시고 이창복 선생님을 사무총장으로 했다. 기독교 진영은 민청련과 가까웠고 민통련은 가톨릭 진영과 함께했다. 당시는 탄압이 심해서 모두 앞에 나서려고 하지 않았다. 조직표는 있었으나 실제 조직 활동은 적극적이지 못했다. 지하 활동 반, 공개 활동 반 정도였다.

공개된 자리에 직함을 맡는 것 자체가 정부의 표적이 되는 상황이었을 텐데, 조직부장이면 실무자로서 중책이었는데 겁나지는 않았나?

글쎄. 전두환 정부가 들어서면서 5·18 광주민주항쟁 이후에 운동의 기가 확 떨어졌다. 학교 다닐 때 반反 유신운동으로 감옥에 갔다 왔고 그 연장선상에서 같이 운동하던 사람들과 많은 이야기 끝에 그냥 담담하게 갔다(웃음).

문익환 목사님과 같이 활동했는데 문익환 목사님과 관련해 기억에 남는 추억이 있다면?

문 목사님은 교수와 목회활동을 하시다가 50대에 늦게 운동을 시작하셨다. 당시 내가 함석헌 선생님을 좋아해서 몇 번 댁에 찾아갔었는데 거기에서 우연히 문 목사님을 뵀었고, 백기완 선생님을 통해서 운동과 관계없이 몇 번 뵌 적이 있었다. 운동 초기 시를 쓰는 낭만적 성격의 자상한 인간상이었다. 문 목사님하면 떠오르는 기억이 있는데 1975년 어느 날, 마산에 강의가 있어 함께 내려갔을 때였다. 선생님이 오신 것을 알고 숙소로 검문이 나왔다. 아무래도 나는 겁을 먹어 마음이 움찔해서 불안해하고 있는데 문 목사님은 담담하면서도 아주 당당하게 일거에 호통을 쳐서 3~4명의 형사를 쫓아버렸다. 그것을 보면서 그분의 평정심과 용기가 대단하다는 생각을 했다. 물론 광장에서 투쟁하시는 모습들도 있지만 그날 보았던 그분의 내면이 갖고 있는 대범함이 가장 기억에 남는다.

1973년 '검은 10월단' 사건(일명 '야생화' 사건)으로 잡혀 고문을 매우 심하게 당해 "재판 도중에 피를 토하며 쓰러졌던 나흘 동안 혼수상태에 빠져 있으면서 임사체험까지 했다"는 이야기를 들었다. 당시 이야기를 들려줄 수 있나?

　　　　내가 복학한 70년도는 제3공화국의 경제정책이 10년을 하고 나서 이후에 모순이 드러났던 시기라고 보면 된다. '오적'(1970년 5월 《사상계》에 발표된 김지하의 작품이다. 담시譚詩라는 독창적인 장르를 택해 전통적 해학과 풍자로 사회현실을 날카롭게 비판한 풍자시이다. 1970년대 초 부정부패로 물든 한국의 대표적 권력층의 실상을 을사조약 당시 나라를 팔아먹은 오적五賊에 비유해 적나라하게 풍자함으로써, 문단에 파문을 일으키며 김지하라는 시인의 존재를 널리 알린 문제작이다. 이 작품을 발표한 《사상계》는 폐간되고, 작가와 편집인 등이 국가보안법 위반이란 죄목으로 구속되기도 했다. 두산백과, "오적")이 나오고 전태일 분신이 있으면서 시민들이 사회경제적 관심을 가지게 된 결정적인 계기가 된 시기였다. 72년도에 헌정 질서의 파괴라고 할 수 있는 유신이 선포되었는데 이를 통해 권력의 장기 집권이 가능해졌다. 이때 대학 내 이념동아리는 다 없애버렸다. 1973년 봄, '검은 10월단'이란 이적단체를 결성하고 '야생화'란 회보를 불법으로 뿌렸다고 체포되었다. 정부를 전복시키려 했다느니 북한사람을 만났다느니 횡설수설하면서 자기들의 시나리오대로 몰아붙였다. 그러니 고문이 자행될 수밖에. 고문은 때리면서 시작되고 심리적 공포로 몰아 죽음의 문턱까지 가서 끝난다. 이 과정을 통해 육체와 정신이 만신창이가 된다. 내가 나일 수 없고 사는 것이 죽는 것보다 못한 것이 고문현장이다. 악령과 싸우다 보면 악이 측은지심으로 변하면서 나는 실루엣으로 사라진다.

고문이 어느 정도였나?

고문 속에서 취조(자술서)를 끝내고 유치장으로 들어갔다. 팬티가 피로 뒤엉켜서 떨어지지 않았고 전신이 아파서 누울 수도, 앉을 수도, 설 수도 없으니 철창 살에 매달려 4~5일을 지냈다. 그리고 검사 앞에 섰는데, 그 검사가 이한동 전 국무총리였다. 검사취조 중 다시 남산 시경 대공분실(치안본부 대공분실 전신)로 갔다. 두말없이 나를 간첩으로 몰아갔다. 맞고 치박이고 악을 쓰며 하룻밤이 지나갔다. 이후 검사가 최영광으로 바뀌었는데 말이 없이 천장을 쳐다보며 왔다 갔다 걸어 다녔다. 공포는 없어지고 무료함이 나를 덮쳤다.

병보석으로 나왔다는데 그 일은 어떻게 된 것인가? 지인의 표현으로는 당시 중정이 사망한 줄 알고 서울 영등포 병원에 치료라는 명목으로 갖다 버렸다고 하던데?

　　어느 날 저녁을 먹고 성경을 보는데 코에서 피가 흘렀다. 같이 있던 목사가 소리쳐 사람이 와 문을 열고 나를 업고 갔는데, 그 이후 정신을 잃었다. 처음에는 머리가 터질 듯 너무 아팠는데 이후 혼절해버렸다. 그리곤 조금 뒤 흰 구름 사이를 나르는 듯 평화로운 상태가 이어졌는데 내가 하늘을 나는 환상이 보였다. 그렇게 임사체험을 했다. 정신이 들었을 때 누군가 '깨어났구나'라고 한 말을 희미하게 들었는데 그리곤 또 정신을 잃었다. 그렇게 혼령이 왔다 갔다 했는가. 이후 현재 용산경찰서 자리에 있는 남부시립병원으로 옮겨졌는데 거기에서도 4~5일간 정신이 오락가락했다고 한다. 특히 코와 입에서 피가 멈추지 않아 담당 의사가 무척 애를 썼다고 하며, 당시 병원에 피를 멈추게 하는 약이 없어 밖에서 약을 사오라고 하며 어떻게든 이 학생을 살려보겠다며 성심성의를 다했다고 한다. 그래서 누님과 동아리 후배였던 아내가 지금도 그 의사를 그리워한다. 그 이후 고려대 병원으로 옮기려 퇴원 수속을 밟던 중 고대 김상협 총장이 정보부 당국에 학생을 죽여 놓고 시체를 받으라는 짓이니 못 받겠다고 거절해 다시 돌아오게 되었다. 결국 나중에 고대병원에서 재판이 끝날 때까지 치료를 받았는데 6번의 재판 중 4번은 결석재판을 받았다.

김근태 고문도 고문 후유증으로 돌아가시기 직전까지 병마와 싸우다 돌아가셨다. 본인도 고문 후유증으로 지금도 병마와 싸우고 있다는 이야기를 들었는데 요즘은 어떤지 궁금하다.

지금은 좋다(웃음). 지금까지 나는 고문을 받았던 것을 내색하지 않았다. 후유증도 참았고 고문에 대한 고통과 기억에 대하여 망각하려 했다. 그런데 나이를 먹으니까 고문의 기억이 살며시 찾아오니 나의 평정심을 잃게 하는 것 같다. 몇 년 전, 정신과 의사 정혜선 씨가 "고문은 반드시 치료를 받아야 한다"고 했을 때 속으로 '받을 사람도 있고 받지 않아도 되는 사람도 있지'라고 생각했는데 요즘에는 그런 심리적·육체적 고통을 받았던 사람에게는 꼭 치유의 과정이 필요하다고 생각을 한다. 만약 고문의 후유증이 집단적으로 나타났을 때 그 결과는 참 심각하다. 유대인 학살에서 일어났던 고문을 보면 고문을 받은 사람이나 고문을 한 사람이나 둘 다에게 좋지 않은 결과가 있는 것을 볼 수 있다. 받은 사람이 더 고통스럽기는 하지만 반대로 저쪽도 괴로운 것이다. 그래서 고문은 공동체 전체에게 아주 나쁜 영향을 끼친다. 아직까지 이스라엘이 유대인 학살이라는 경험을 빌미로 해서 보복 내지는 복수로 국제사회에서 무엇인가 더 얻으려고 하는 것은 인류에게 정말 좋지 않다는 생각을 한다. 순리적이고 정상적으로 치유하고 풀어가야 한다. 이런 문제들 때문에 독재자는 역사의 과정마다 독이 된다.

이야기한 것처럼 암흑의 시대를 지나오면서 고문당한 사람도, 고문을 한 사람도 모두가 다 힘든 시간을 보냈다. 하지만 그것이 역사적으로 잘 정리되지 않았기 때문에 여전히 우리 사회의 고통으로 남아 있다. 이를 해결하기 위해서는 어떻게 해야 할까?

김대중, 노무현 정부는 민주화의 가치와 경험을 가지고 출발해서 과거의 잘못된 역사문제들을 법적조치, 위원회 등을 통해서 점진적으로 풀어가려고 노력을 했다. 그런데 이 문제가 워낙 광범위한 역사문제가 되다 보니 단기간에 한번으로 전체를 잡아가는 데는 한계가 있는 것 같다. 지금은 다양한 가치와 세력이 공존하는 시대이다. 이 시대 정신에 의한 다양성의 통일이 중요하다. 국가이익과 공동체의 삶을 높이는 실용적이고 실리적 새로운 정책이 필요하지 않을까 생각한다. 그런데 민주화 과정에서 나타난 잘못된 역사문제와 맞물려 우리가 해결하지 못하고 있는 것이 바로 남북문제이다. 남북이 공존공생의 길로 가면 개인의 치유는 물론 세상의 치유도 될 것이다.

고문 후유증은 당사자가 아니고서는 알 수 없는 것 같다. 고문의 기억이 스스로를 파괴시키지 않기 위해 특별히 노력하는 것이 있다면?

결핵과 신경통 디스크를 달고 살았다. TB(결핵)는 8~9년 앓았으니 몸이 약해졌고, 신경통 디스크는 고통과 짜증이었다. 살다 보니 병과 타협을 하면서 살 수밖에 없었다. 병과 대화하며 세월을 보내다 보니 건강이 좋아지더라.

이른바 민주화 세력이 민주 대 반反민주 구도로만 사회를 바라보려는 것에 젊은 세대를 중심으로 약간의 저항감이 있는 것도 사실이다. 민주 대 반민주 틀 안에는 이미 다변화된 사회적 요구를 다 담을 수 없기 때문이 아닌가 한다. 민주화세력들이 그들이 만들어낸 민주화 과정을 잘 전달하면서도, 젊은 세대들의 새로운 욕구를 잘 받아 안기 위해서는 어떤 것이 필요할까?

단도직입적으로 그것이 '안철수 현상'이 나타나게 된 이유가 아닌가. '안철수 현상'을 어떻게 판단하느냐는 각 개인들의 생각이 각양각색일 수 있지만, 나의 입장에서 보면 역사의 문제에서 시공간의 개념이 참 중요한 것 같다. 세상의 변화, 지금의 상황에 맞게 운동 정치를 해야 하는 것 아닌가 싶다. 예를 들면 근세로 오면서 '천동설'에서 '지동설'로 바뀌면서 '천동설'을 주장했던 사람들이 가장 큰 혼란에 빠졌다. 현재의 기준으로 봐야 하는 것인데 그렇지 못했을 때 주는 혼란은 크다. 산업화 세력은 물론 민주화 세력 일부도 앙시앵 레짐(구체제) 아닌가. 이들 중에서는 진취적이고 전진적인 세력들도 있지만 산업화, 민주화가 30~40년이 되면서 이들도 마찬가지로 기득권화된 부분도 있다. 그렇다 보니 이 기득권에 대항하는 새로운 세대들이 등장하여 자기의 권리와 이익을 확보할 수 있는 자유로운 세계의 장을 주장하는 것이 '안철수 현상'이라고 생각한다. 그렇지만 이들을 혁명적 세력이기보다는 현실세계에 충실하고자 하는 희망적인 세력이라고 볼 수 있다. 민주화 정신이 '안철수 현

상'을 업그레이드시켜야 한다.

앞 세대와 뒤 세대가 서로 밀고 올라가면서 역사가 전진해 나간다. 서로가 극단적인 대립이나 반목이 아니라 서로 건설적인 비판을 하면서 조화를 만들어서 가려면 서로가 어떻게 해야 하나?

자유롭고 풍부한 담론이 중요하다. 플라톤, 소크라테스를 비롯한 그리스 철학자들의 철학은 대화의 산물이었다. 이해관계와 권력관계가 치열한 때일수록 대화가 중요한데 우리나라에서는 대화의 풍토와 문화가 옹색하다. 현장에서 공동체 일원들과 구체적으로 경험해서 가치가 확인된 결과를 가지고 이야기하는 것보다 책에서 보고 외국의 이론을 받아들여서 이야기하다 보니까 말이 많고 액션이 없다. 20~30대들은 앞 세대보다 덜 각박했다. 경제수준이 나아지고 자유스럽게 자란 앞 세대들은 자신감으로 자유스런 가치를 추구하고자 한다. 이들의 기를 살리고 지원해야 한다. 흔쾌해야 한다. 자식 이기는 부모가 있나. 특히 지금의 20~30대들은 구체적인 것 같다. 이러한 구체성들이 앞으로 우리민주주의와 공동체 형성에 중요한 요인이 될 것이라고 보는데 여기서 구체성이라고 하면 자기 삶의 문제들이다.

구체성이라는 것을 조금 더 설명해 달라.

우리는 모두 경제문제에서 자유로울 수 없다. 우리나라가 국민소득 2만 불을 넘었다. OECD에서 몇 번째로 잘살게 되었다고 하면서 경제적 파이를 국민들과 어떻게 하자는 말이 인색하다. 사회적 양극화 현상이 심해지는 시점에서 이제는 우리나라의 파이를 어떻게 균형감 있게 배분하느냐가 중요하다. 개인의 힘으로는 불가능하기 때문에 공공의 힘, 권력의 힘으로 어떻게 배분하느냐는 것이 지금의 최대 이슈이다. 매력적인 고도의 생산과 투자로 연결되는 분배의 시스템을 만들어야 한다. 경제 시스템의 혁신이다. 이것이 바로 경제민주화 아닌가. 그리고 지속 가능한 생태환경을 살리는 일, 이 두 가지 문제는 우리나라는 물론 인류의 문제이다.

젊은 시절 정치 민주주의를 위해 독재와 싸웠는데 지금은 모두가 경제 민주주의를 이루기 위해 싸우고 있다. 이에 대한 감회가 남다를 것 같다.

'Democracy'를 번역할 때 '민주주의'보다는 '민권주의' 혹은 '민주제도'가 적합한 것 같다. 인권 신장의 의미에서 민이 권리를 갖는 것이 바로 민주주의라고 생각하기 때문이다. 민주주의는 사람들의 삶이다. 현장의 생생한 목소리다. 사람들의 기쁨과 슬픔의 문제이다. 각 시민들의 역할과 능력을 적재적소에 위치시켜 국부를 늘리고 고르게 배분하는 것이 정치다. 평화로운 공동체가 되기 위해서는 정부가 좀 더 윤리적이고 공공의 가치를 실천해야 한다. 스칸디나비아 국가들보다는 독일을 참고로 우리식 사회 민주주의를 실현시켰으면 한다.

서울시 별관 등으로 쓰는 남산 옛 중정 자리에 민주화운동기념관 건립 사업을 추진하고 있는 것으로 알고 있다. 현재 어느 정도까지 진척되었나?

서울시 별관 자리에 민주화운동기념관을 세우는 사업은 당시 이재오 권익위원장과 민주화운동 원로들이 모인 민주전당공동추진위원회장 모임에서 처음 논의되었다. 이명박 정부 초기는 어려웠고 이후 이재오 의원이 적극적으로 추진하겠다고 나섰다. 오세훈 서울시장이 있을 때 시장과 위원장, 행정안전부 장관들과 대화를 추진 중에 행안부 장관이 경남지사 선거에 출마해 논의가 중단됐다. 박원순 시장이 당선되고 난 이후

에 박형규, 함세웅 전 이사장과 현 정성헌 이사장이 함께 박 시
장님을 방문해서 성사되었다. 지금 국회예산결산위원회에 계류
중에 있다. 예산이 통과되면 기념관을 만들어 민주화운동의 역
사와 정신을 계승, 발전시키는 전당이 될 것이다. 민주주의는
그 시대 사람들의 삶이다. 제도와 이데올로기에 갇혀서 사람들
을 규정하면 안 된다. 인간정신에 충실하고 자연과 우주질서에
따르는 그 무엇을 가져야 한다. 여야의 문제, 진보 보수의 진영
논리가 아니다. 고고한 한국 정신의 발로여야 한다.

꼭 건립되었으면 좋겠다.

될 것이다. 그래야 우리나라가 정신이 바른 나라라고 할
수 있다. 되지 않으면 비정상적인 나라가 아닌가. 싸이 같이 대
한민국의 문화가 전 세계를 흔들고 있는데, 문화 콘텐츠에서
가장 중요한 게 역사 아닌가? 민주화운동기념관을 만든다는
것은 우리나라의 빛나는 역사와 전통, 혼을 불러일으키는 세계
최고의 브랜드를 만든다는 일이다. 민주화 운동정신이 세계 사
람들을 즐겁게 하는 동방의 등불과 같은 브랜드가 될 수 있는
것 아닌가.

민주화 운동 시기 가해자 입장에 있었던 이들이 고문의 역사를 수
치로 생각해서 민주화운동기념관 건립을 반대하고 있다는 이야기를
들었다.

죽일 놈 살 놈 할 게 아니라 반성해야 한다. 살아가는 인

생의 길목과 대목에서 자기반성과 성찰, 자기체득이 필요한 것 같다.

고故 김근태 고문의 영화 〈남영동 1985〉가 상영되고 있는데, 이것이 민주화운동기념관 건립 사업에도 좋은 영향을 주었으면 좋겠다.

좋은 거다. 억지로 되는 것이 아니라 순리적 트렌드 속에서 좋은 움직임들이 조화롭게 분위기가 상승되고 상생하는 것이 좋다. 김근태 고문은 민주화 운동, 특히 학생 청년 운동의 상징이지 않나. 이런 가운데 다양한 요소와 가치들이 상호관계를 맺고 결합한다는 것은 즐겁고 의미 있는 일이다.

박근혜 새누리당 후보가 인혁당 사건과 관련해서 "그 부분에 대해서는 대법원 판결이 두 가지로 나왔다", "역사의 판단에 맡겨야 한다"

라고 이야기해 크게 문제가 되었었다. 박정희 정권의 정치적 탄압에 의해서 실제 죽음 직전까지 갔었던 당사자로서 박근혜 후보의 발언 혹은 역사관에 대해 어떻게 생각하는지 궁금하다.

　　박근혜 하면 박정희, 박정희 하면 유신, 유신하면 내가 고통 받았던 것이 떠오르면서 개인적으로는 치욕과 비통함을 느낀다. 역사의 문제가 왜 어려운가 하면 그것이 개인에만 국한된 것이 아니라 많은 사람들, 공동체의 문제이기 때문이다. 이 역사의 문제를 감정적이 아닌 이성적으로 풀어가야 하는데 이성적으로라는 것이 원리·원칙에 관련된 문제이기 때문에 또 간단치가 않다. 그렇기 때문에 역사의 문제를 현실의 시점에서 현재 우리 공동체와 시민들이 좋은 생각을 가질 수 있도록 풀어갔으면 좋겠다. 과거의 문제를 풀 때는 그때마다 계기가 있어야 하는데 이번 18대 대선이 그 계기가 될 것이다. 역사 문제를 지난 산업화 세대 또는 민주화 세대 입장에서 푸는 것이 아니라 현재의 모든 사람들의 입장에서 새로운 가치를 가지고 공감하고 판단할 수 있도록 했으면 좋겠다. 박근혜 후보에게 아버지 문제가 걸려 있는데 이 문제를 바라볼 때 사사로운 아버지의 문제로써가 아니라, 역사와 현 정치의 지도자로서, 대통령 후보로써 어떻게 해야 하는가 생각하는 것이 중요한 것이다. 이번 대선을 계기로 박근혜 후보가 많은 사람들이 공감할 수 있도록 양심적이고 도덕적으로 과거의 문제를 봤으면 한다. 우리 모두가 미래로 전진하는데 걸림돌을 최소화시켰으면 좋겠다. 그렇게 풀어가야 본인도, 우리 국민도, 역사도 좋다.

청년 시절, 매우 엄혹한 시간들을 보냈지만 그 가운데서도 낭만이 있었을 것 같다. 지금도 가슴 설레는 기억들이 있다면?

큰딸 낳고 얼마 안 있다가 광주항쟁이 터졌다. 배후인물로 수배되어 1년 동안 숨어 살았다. 그런데 형사들이 수시로 집에 와 괴롭혔단다. 심지어 술 먹고 와서 행패를 부리니 어찌할 수 없어 애를 많이 울렸다고 한다. 그래서 딸한테 지금도 너무 미안하다. 고통의 기억은 낭만적으로 변하지 않는다. 이것이 트라우마다.

부인에게 프러포즈는 어떻게 했나?

못했지. 고문당한 것이 계기가 됐다(웃음). 병원생활을 할 때 시골에서는 가족들이 겁이 나서 서울에 면회도 못 왔는데 이 친구가 종종 나를 돌보면서 가까워졌다.

산을 좋아한다는 이야기를 들었다. 특별한 이유가 있는지?

그냥 다니다 보니 30여 년 동안 일주일에 한두 번씩 가게 됐다. 아들이 초등학교 5학년 때부터 같이 다녔다. 중학교까지 매주 다니다 고등학교 가니 엄마가 가지 말라고 해서 그때는 겨울방학에는 설악산, 여름방학에는 지리산을 갔었다. 지리산에서 진부령까지 대간을 탔으니 내년부터 진부령에서 지리산까지 타려 하고 있다. 영국의 유명한 등반인 멜로리가 기자들이 왜 산에 가느냐 묻자 "산이 거기 있으니까 간다"고 했듯이 내가 살아 있으니 가는 것이 아닐까. 지금은 주로 혼자 간다. 혼자서 바람 따라 걷다 보면 자유의 기운이 솟는 것 같다. 홀연히 다니는 길에 그 무엇이 있는 것 같다. 원래 산길은 바람과 물의 길이었다. 그 길을 짐승들이 다녔고 뒤따라 약초꾼, 나무꾼, 사냥꾼들이 다니다 보니 길이 났다. 그러하니 산길은 마음길이며 그냥 걸어가면 길이다. 아무도 없는 산속 산천초목이 즐거워하는 순간 햇살을 받으며 누워 있으면 신명이 난다. 무념무상의 경지, 야생의 혼이 솟아난다. 산신 산의 소리에 감흥이었다. 이때가 카이로스의 순간이 아닐까.

민방요법으로 어머니의 암을 낫게 했다고 들었다. 의사도 쉽게 치유하지 못하는 암을 어떻게 낫게 했는지?

고등학교까지 고향에서 다녔다. 어머니는 농사일을 하시느라 고생을 하셨다. 대학을 나왔는데도 호강도 못 해 드렸으니 마음이 무척 아팠다. 여동생이 다니는 병원에 한 달가량 입원했는데도 확실한 병명도 없었다. 서울 연세의료원에 와서 진단해보니 위암 말기로 판정났다. 마음이 당황스럽고 무거웠다. 자식의 입장에서는 최고의 의료기관에서 의사의 지시를 따르는 것이 효도의 방법일 수도 있다. 그러나 내 마음속에 꽉 차있는 어머니의 신심神心, 母心, 나를 있게 해준 신령스러운 기운 덩어리가 허락하지 않았다. 그래서 일단 퇴원을 했다. 어떻게 해야 할까 고민하니 미국의 정치학자 라즈웰의 '조직이나 공동체에 위기가 닥치면 원칙으로 가라'는 명제가 생각이 났다. 그래서 암이란 무엇인가를 조사했다. 암세포는 산소와 열에 약하다는 내용에 따라 민간요법을 했다. 육식을 줄이고 채식을 주로 해 암세포를 약화시켰다. 그리고 쑥뜸 질을 했다. 인산 김일훈의 '신약'의 내용 따라서 조금씩 강하게 10여 일 동안 계속했다. 그랬더니 갑자기 입에서 요강에 2/3정도의 양의 피를 토하셨다. 기진맥진 상태가 지나자 2주쯤 있다가 다시 피를 토하셨다. 그 이후는 비몽사몽 상태가 되셨다. 돌아가실 것 같아서 고향으로 모셨는데 그 후 당신 일 보시며 7년을 더 사셨다. 지성이면 감천이란 생각도 들고 다정불심이란 것도 있는 것 같다. 산다는 것은 치밀한 과학이 해결할 수 없는 신심神心같은 것이 있는 것도 같고 바람 부는 대로 사는 것도 같다. 그 내용이 신동아 1995~1996년 동안 2번 기사화됐었다.

누구나 그렇겠지만, 어머니가 돌아가셨을 때 마음이 많이 아팠을 것 같다.

　　　어머니 돌아가셨을 때 누구나 그렇듯 마음이 짠했다. 나도 어머니만큼 살고 싶다.

유영래에게 자유란?

　　　'농조득탈籠鳥得脫'이라는 말이 있다. 새장에 갇힌 새가 문을 열어주면 창공으로 '탁~!' 날아갔을 때의 기분을 말한다. 자유라는 것은 이성적인 것보다 감성적인 부분이 많고 정적인 것 보다 아주 동적인 것 같다. 공자의 말 중에 '군자불기君子不器'라는 말이 있는데 '군자는 고정됨이 없고 언행에 따라서 통

의 크기가 다양하다'는 말로 자유는 융통자재, 자유자재 함이
다. 공자와 관련된 재미난 이야기가 있는데 어느 날 그의 제자
중 하나가 공자에게 "선생님, 어떻게 사는 게 제일 잘사는 것입
니까?"라고 물으니 그가 "중용으로 사는 것이 가장 잘사는 것
이다. 그런데 인간이 중용으로 사는 것이 참 어렵다. 그러니 광
자로 살아라"라고 했다고 한다. 여기서 '광자'란 진취적이고 자
유롭게 산다는 것을 의미하는 것 같다. 그렇지만 한편으로는
자유로운 삶에서 가장 중요한 것은 남에게 피해를 주는 것이
아니라 베푸는 것이어야 한다는 생각을 한다. 옆 사람이 고통
과 불편함이 있는데 자기 혼자 자유롭다는 것은 말이 안 된다.
바람같이 살다가 바람같이 사라지는 것, 바람에 영감이 있느니
함께 자유롭게 살아라.

이 시대에 살아가는 청년들에게 하고 싶은 말씀이 있다면?

지금은 세계화 시대다. 세계화라고 하면 활동공간이 세계화됐다는 것이다. 경제활동의 시장이 넓어졌다는 것이다. 젊은 이들에게는 놀 공간이 넓어지고 생각할 범주가 지구적이 되었다는 것을 뜻한다. 자기의 놀 장이 넓어졌다는 것, 자기가 갖고 있는 개성을 어떻게 활용할 수 있느냐가 중요하다. 한국의 혼과 민주화운동의 정신, 즉 한국콘텐츠로 풀어헤쳐나가면 굴기할 수 있다. '군자불기'처럼 테두리를 치지 말라는 것이고 '만리행'이라는 말처럼 만 권의 책을 읽고 만 리를 가서 몸으로 체험하고 부딪치라고 하고 싶다. 지금의 한반도는 남북의 이데올로기 때문에 답답하다. 젊은 사람들이 이것을 '탁~!' 털어야 한다. 지금의 부국의 의미는 우리나라가 가진 잠재력을, 각자의 잠재력을 최대한으로 발휘하는 것을 말한다. 세상으로 나아가라. 자기 영역을 넓혀라. 지금의 세계는 대륙에서 바다로, 지구에서 대기권 밖까지 진출했다. 젊은 세대는 우주의 주인이 되는 것이다.

인터뷰 담당 김경미, 손어진

최병모

변호사·복지국가소사이어티 공동대표

'보석의 왕자', 국회의원도 마다한 까닭은?

2012. 11. 16

최병모

1974년 사시 16회에 합격한 후 청주, 인천 지방법원 판사 시절 '증거 인멸과 도주의 위험이 없는 자'에 대한 '직권보석'을 1년 동안 무려 28건이나 내려 '보석의 왕자'라는 별명을 얻기도 했다고 들었다. 당시 전국의 판사가 내린 직권보석 결정은 단 2건이었다고 했는데, 이때 직권보석을 내린다는 것은 어떤 의미였었나? 그리고 그렇게 직권 보석을 타 판사들에 비해 많이 내렸던 이유는 무엇인가?

워낙 오래된 일이다. 인천지방법원 판사 시절 때는 민사사 건만 맡았기 때문에 해당하지 않는 이야기고 청주지방법원 형 사단독판사로 형사사건을 맡으면서 직권보석을 많이 해서 들은 이야기다(웃음). 형사소송법을 보면 구속된 피고인에게 필요 적 보석에 해당하는 사유가 있으면 법원이 직권으로 보석을 허가할 수 있게 돼 있다. 형사재판에서 만약 구속된 피고인이 결백하다고 주장할 경우에는 증거조사를 해야 하는데 이 증거조사를 할 경우는 재판이 상당히 지연되기 마련이다. 검사가 이미 조사해 놓은 증거에는 피고인에게 불리한 증거만 있지 유리한 증거는 없어 이것을 번복하기는 쉽지 않기 때문이다. 이런 경우에 피고인은 구속 상태에서 빨리 벗어나기 위해서 억울한 사건에서도 허위자백을 하는 경우가 흔히 있다. 구속된 상태에서는 일을 못하니 소득도 없어지고 곤란한 상황에 처하기 때문이다.

만약 계속 결백을 주장하게 되면 증인을 부르고 서너 달은 재판을 더 받아야 한다. 반대로 처음부터 유죄를 인정하면 선고를 받은 날로부터 2, 3주 정도 후에는 집행유예 판결 등을 받고 나갈 수 있는 경우가 흔히 있다. 그렇기 때문에 심지어 피고인 중에는 "저는 무고합니다. 그렇지만 재판이 빨리 끝나기를 바라므로 자백하고 검사가 제출한 증거를 모두 동의하겠습니다"라고 하는 사람도 있다. 이 경우에 대부분의 판사들은 집행유예를 선고하고 재판을 그대로 종결하는데 나는 그것이 부당하다고 보았다. 억울하다면 조사해봐야지, 안 한 것을 했다고 자백하고 형을 받을 수는 없다고 생각했다. 직권보석을 내린 사건은 주로 변호인이 없는 사건일 때가 많았는데, 이럴 때는 피고인의 전체 진술을 충분히 들어보고 이 사람의 주장이 맞을 수도 있겠다 싶으면 피고인의 보석신청이 없더라도 보석을 허가했다. 직권보석을 해 준 사건들 중에 많은 사건이 결국 무죄 선고가 났다. 직권보석을 해 줬을 때 피고인 측에서는 결백을 주장할 만한 증거를 찾고 증인을 데려올 수 있는 충분한 시간을 확보할 수 있기 때문이다.

변호인이 없는 사건의 경우엔 주로 변호인을 댈 형편이 되지 못한 사회적 약자 계층들이 많았겠다.

그렇다. 하지만 심지어 변호인이 있는 경우에도 변호인이 오히려 피고인에게 허위자백을 권고하는 경우도 흔히 있다. 그러나 형사재판은 민사재판과는 달리 직권탐지주의이기 때문에 피고인이 재판에서 빨리 벗어나기 위해 허위자백을 한다고 판단되면 법원은 직권으로 증거조사를 해야 한다. 이로써 억울한 사람이 나오는 것을 방지해야 하는 것이다. 실제로 억울하면서도 구속 상태를 지속하기 힘들어 유죄를 인정하는 사람들이 많은데 이것은 우리나라가 구속 중심으로 재판을 운영하기 때문이다. 사실 구속은 도주나 증거 인멸의 우려가 있을 경우에만 해야 하는 것인데 말이다.

죄의 유무에 상관없이 판사 앞에 서는 것 자체가 피고인에게는 상당히 위축될 수 있는 상황이다. 사실상의 권력관계가 피고인과 판사 사이에 형성된다. 그래서 판사라는 위치가 권위적이 되기 쉬운 자리 같은데 피고인의 입장에서 많이 생각한 것 같다.

판사는 객관적으로 검찰과 피고인, 변호인의 주장을 듣는 제3자의 위치에 있기 때문에 판사가 권위적이면 안 된다. 형사단독판사를 시작하면서 한 가지 생각한 것은 '확신을 가질 때까지 이 재판을 다 해보자. 그러고도 결론이 안 나면 무죄를 선고하자'였다. 이 사건이 어떤 사건인가를 끝까지 조사하고 그러고도 유죄라는 확신이 안 서면 무조건 무죄라는 결론을 내리자는 것인데, 사실 이것이 형사소송법의 기본 원칙이다. 이 원칙을 지킨다는 것이 그렇게 어렵다고는 생각하지 않지만, 이것을 지키게 되면 일이 많아지고 재판이 길어지는 것은 당연하다(웃음). 피고인이 진술하는 것을 다 들어야 되고 증인신청을 하면 받아주고 하니까 보통 재판이 밤 9~10시까지 흔히 갔다. 그때 관여검사가 재판 좀 빨리 끝내달라고 항의하기도 하고 그랬다(웃음).

결국 피고인을 대하는 마음의 문제, 태도의 문제인 것 같다.

그렇다.

김대중 정권 때 '옷 로비 사건'의 특검을 맡기도 했었는데, 특별 검사로 활동하며 '로비가 없었다'는 검찰 수사 결과를 뒤집고 권력층의 사건 축소 은폐 사실을 밝혀냈었다. 모든 사회의 관심이 최고로 집중되었던 사건이었고, 최고 권력층들이 층층이 연루되었던 매우 정치적인 사건이라 부담감이 컸을 것 같은데 이때 가졌던 수사의 원칙이 있었다면?

특별검사는 검사장 역할만 하는 것이라 직접 수사를 진행하는 양인석 특별검사보와 그 수사진들에게 최대한의 독립성과 자율성을 주는 게 내 원칙이었다. 나는 청와대 등 외부로부터의 영향이나 압력을 차단하는 역할을 하려고 했다. 수사진에게는 사건을 진짜 있는 그대로 아무런 선입견 없이 파헤쳐 보라고 했다.

진보적인 정부라 하더라도 한국의 최고 권력층과의 밀고 당기는 관계에서 느낀 점이 있다면?

권력의 속성은 똑같다. 권력이 진보적이냐 아니냐에 상관없이 권력에 거스르는 것에 대해서는 거부하는 것은 마찬가지다. 그때에도 상당한 긴장관계가 있었다. 그래서 내가 청와대측 전화기도 꺼놓고 일부러 안 받기도 했었다(웃음). 그럴 수밖에 없었다(웃음).

'옷 로비 사건' 등을 경험하며 부패로 인해 정부가 국민의 신뢰를 어떻게 잃게 되는지 가까이에서 느꼈을 것 같다. 권력형 비리 등을 근본적으로 해결할 수 있는 방안은 무엇일까?

부패가 생긴 다음에 해결하는 것은 사후적 해결 방식이다. 그전에 부패가 발생하지 않도록 해야 한다. 그러기 위해서는 언론이 제 기능을 해야 하는데 우리나라는 이 언론이 문제다. 언론을 입법, 사법, 행정부와 함께 제4부라고도 하지 않는가. 이러한 언론이 비리에 대해 생명을 걸고 심층 취재를 하고 보도하면서 감시 기능을 해야 하는데 우리나라의 주요 언론은 그렇게 하는 것 같지 않다. 정부가 발표하는 것을 그대로 받아 쓰는 것에 불과하다. 언론이 제 기능을 못하는 상태에서 비리를 척결하는 것은 불가능하다고 생각한다.

광주항쟁 당시 민간인 학살에 대한 미국의 책임을 묻는 '5·18 시민법정'의 재판장을 맡기도 했었는데 이 때 재판장으로서의 가졌던 마음에 대해서 듣고 싶다.

의미가 깊은 일이었다. 그 때 민변 변호사들이 재판 준비와 변호인 역에 모두 참여했는데 모두가 정말로 진지하게 해보자는 마음가짐으로 임했다. 미국을 변론하는 변호사들에게 정말 미국은 아무런 책임이 없다는 입장에서 변론을 하라고 주문했다. 그래야 긴장감 있는 재판이 이루어지지 않겠나. 미국 측

변호인을 맡은 변호사들은 정말로 미국이 책임이 없다는 논리로 변론을 이끌어 가니 방청을 하고 있던 광주지역 원로 한 분이 "저 변호사들은 진짜로 미국이 죄가 없다고 생각하는가? 어떻게 민변 변호사 중에 저런 사람들이 있을 수 있나?"하는 얘기를 하기도 했다(웃음). 정말 재미있는 재판이었다.

민변 창립멤버, 환경운동연합 창립 멤버, 한국여성단체연합 '호주제 폐지 홍보대사', 복지국가 소사이어티 공동대표, 비례대표제포럼 공동대표 등 제도개혁, 환경운동, 여성운동, 복지 등 우리 사회 진보 운동의 주요한 이슈들에 매우 중요한 역할들을 맡아 왔다. 각각의 운동들에 참여하게 된 계기가 있다면?

특별한 계기는 없다. 모두가 필요한 일들이었고 주변에서 함께 하자고 요청했을 때 거절할 이유가 없어서 한 것이다. 또

매정하게 거절하지 못하는 우유부단한 성격이어서 그렇게 된 것이기도 하다. 단순히 변호사 일만 하는 것보다는 그 일들을 하는 것이 참 재미있었다(웃음).

환경운동연합은 지금은 고인이 된 서강대학교 사회학과 최재현 교수의 제의로 1986년 8월에 최 교수와 서진옥 회장이라는 분이 주축이 되어 거기에 내가 끌려들어가 변호사라 비용도 대고 정관도 만들면서 시작했다. 2년 뒤인 88년에 최열 총장이 들어오고 90년에 환경연합이 되었다. 지금도 내가 환경운동연합의 공익법률센터의 이사장을 맡고 있는데, 그것을 내놓으려 하는데 맡을 사람이 없다고 계속 모른 체하고 있다(웃음). 민변은 '정의실천법조인회(이하 정법회)'에서 시작했다. 86년 5월 10일 변호사 사무실 개원식 때 당시 인천법원에서 나와 함께 있었던 정영일 판사가 조영래 변호사를 데리고 개업식장에 왔다. 거기서 인사를 하고 그러고서 며칠 후에 조영래 변호사 측에서 정법회 창립식이 있다고 오라고 해서 들어간 것이다. 그것이 2년 뒤 88년에 민변이 되었다.

2006년 하반기에 노무현 정부에서 한미 FTA를 체결하면서 '이제는 신자유주의가 완전히 우리나라를 장악하는 상황까지 왔구나. 큰일이다'라는 생각을 했다. 앞장서서 노무현 정부를 지지했었지만, 비정규직이 늘어나고 사회가 점점 피폐해지는 모습을 보면서 화도 나고 짜증도 많이 났다. 이런 상황에서 대안을 한번 마련해보고자 노무현 정부 초기 의료보험공단 이사장을 한 이성재 변호사와 몇 사람들 더 모아 '복지국가 소사이어티'를 만들었다. 사실 나는 말만 꺼냈지 방관자인 셈이다. 나한테 연락도 잘 안 하고, 자기네들끼리 모여서 다 일군 거다(웃음).

2007년 초부터 많은 토론회 끝에 '북유럽식의 보편주의 복지국가 정책'이 신자유주의의 대안이 될 수 있다는 결론으로 그해 7월 4일에 국민일보 빌딩 1층에서 복지국가 소사이어티 출범식을 했다. 그러면서 《복지국가 혁명》(도서출판 민 펴냄)을 출간했는데 거기에 총론과 각론을 포함하여 '복지국가 소사이어티'가 지향하는 정책적 목표를 제시했다. 10월에 국회감독 사단법인으로 등록이 되는데 출범 당시부터 내가 나이가 많다는 이유로 공동대표 겸 이사장을 떠맡게 되었다. 누가 대신 좀 해줬으면 좋겠는데, 지금까지도 내가 하고 있다(웃음). 올해로 5주년이 되는 동안 15권이나 되는 책도 내고 많은 일을 했다. 이제는 박근혜 새누리당 후보까지 복지를 언급하는 것을 보면 우리가 복지에 대해 많이 알린 것은 맞는 것 같다. 한겨레 조사에 따르면 5년 전까지만 해도 '유럽식 사민주의가 옳은 대안이다'는 비율이 약 30%였는데, 3년 전에는 67% 정도까지 나왔다고 한다. 앞으로 20년쯤 후에라도 우리 사회에 사민주의가 실현되는 것을 보았으면 좋겠다.

'스스로를 사민주의자라고 생각한다'라고 쓴 글을 읽었다. 한국에서 사민주의나 사회주의에 대한 논의가 터부시해온 상황에서 그렇게 공개적으로 글을 쓰기가 쉽지 않았을 텐데?

이제는 아니지 않나. 그것만 해도 큰 진전이다.

맞다. 지금은 예전에 비해 많이 달라진 것 같다. 그런데 특별히 사민주의 운동을 해야겠다고 생각했던 이유는 무엇인가?

2006~2007년을 지나면서 상황이 매우 심각하다고 생각했다. 《88만원 세대》를 쓴 우석훈 박사도 "앞으로 5년 안에 한국이 중남미 국가처럼 될 건지, 아니면 유럽의 의회중심국가처럼 될 건지 결정될 거다"라고 했던 것 같다. 이것은 소수의 자본가 계급이 모든 것을 결정하게 될 것인지, 다수의 서민들이 결정권을 갖게 될 것인지에 따라서 결정된다고 본다. 만약 우리 사회가 좀 더 평등한 사회로 되지 않으면 국민의 삶은 더욱 어려워지고 사회는 분열될 것이며 성장 잠재력은 고갈되고 가까스로 올라선 선진국 문턱에서 오히려 나락으로 떨어져 중남미 국가처럼 될 것이다.

　　지금이 아주 중요한 기로라고 생각한다. 합계 출산율이 1.12명 수준으로 세계 최저이고 노인 자살률, 노인 빈곤율도 OECD 최고다. 빈부격차도 미국이 최고였는데 우리나라가 거의 따라잡았다. 이런 상태로 어떻게 나라가 제대로 가겠는가. 신기루처럼 와르르 무너질 수도 있다고 생각한다. 요즘 많은 연구들에서 나오듯이 조금이라도 더 평등한 사회가 성장률과 성장잠재력도 높고 행복지수와 국가경쟁력도 높다는 것을 알 수 있다. 세계 최고의 국가경쟁률, 성장률, 국민소득 수준을 자랑하는 독일, 노르웨이, 스웨덴, 핀란드, 덴마크, 네덜란드 등의 북유럽 국가들이 이를 보여주고 있다. 이것이 가능한 이유는 바로 사회가 평등하기 때문이다.

　　민주주의와 자유주의는 서로 길항관계에 있다고 할 수 있다. 개인적 자유를 가장 중요시하는 자유주의 국가에서는 개인의 자유를 억압하는 국가 권력을 억제하려고 최대한 노력한다. 그런데 개인적 자유를 최대한 허용하면 미국이나 우리나라처럼 소수의 부자와 다수의 가난한 자를 만들어 내고 힘 있는 자들은 그 힘을 가지고 계속 부를 축적한다. 한편 민주주의는 기본적으로 1인 1표로 거리의 노숙자도 대통령도 모두 한 표씩 행사할 수 있다.

이것은 인간의 가치가 같다는 말이고 평등한 것이 맞다는 것이다. 그렇기 때문에 민주주의와 자유주의는 길항관계에 있다는 것이다. 물론 민주주의에서 모든 것을 평등하게 하는 것은 불가능하다. 그것은 사회주의가 돼버리는 거다. 소련에서와 같이 만약 국가가 모든 것을 장악하게 되면 결국 지배자들은 자기들만은 이 평등으로부터 예외로 두고 국가권력을 독점하는 현상이 발생하게 될 것이다. 그렇기 때문에 제대로 된 민주주의 국가가 되려면 자유와 평등이 조화를 이루어야 한다. 지금 우리나라는 평등이 거의 없어졌고 자유만 팽배한 매우 위험한 상태다. 사회 통합은 안 되고 있고 서로가 서로를 증오하고 있다.

1,500만 명 노동자 중에 870만 명이 비정규직이라는 게 말이 되는가? 오직 자본가들의 이익을 위해서 비정규직을 60%까지 늘린 것인데 이것은 있을 수 없는 일이다. 그렇다면 국가가 개입을 해야 하는 것인데 사민주의가 하나의 해답일 수 있다고 생각한다. 우리는 역사 속에서 국가가 모든 것에 독점권을 행사하는 것은 불가능하다는 것은 알았다. 양말을 몇 켤레 생산하는 것까지 국가에서 결정한다는 것은 말도 안 되는 것이다. 그러나 반대로 모든 것을 시장에 맡겨 놓으면 잘 될 것이라는 아담 스미스의 주장이 실패한다는 것도 1930년대의 대공황 사례에서 알 수 있었다. 그렇기 때문에 완전한 자유방임도 완

전한 국가통제도 안 된다고 생각한다. 그렇다면 중간으로 가는 것, 즉 중용中庸의 도로 가는 것이 맞다. 생산수단은 개인이 소유하여 생산은 개인이 하도록 하고 상품의 거래는 시장이 하도록 맡겨두되, 소득 분배에 있어서는 국가가 반드시 개입해야 한다. 이것이 사민주의라고 본다.

　이렇게 하지 않으면 우리나라가 새로운 활로를 찾지 못할 것이라는 걱정이 있다. 독일은 전통적인 사민주의 국가와는 조금 다르기는 하지만 대표적인 북유럽 사민주의 국가들인 스웨덴, 노르웨이, 덴마크, 핀란드 등과 같이 거의 같은 수준의 복지를 하고 있다. 이 나라들의 성장률이 미국보다 더 높고 국민소득도 5만 달러 수준이다. 이런 나라들이 우리에게 하나의 모델이 될 수 있지 않을까 한다. 우리도 못 할 이유가 없고 한 번 해보자는 것이다. 진짜 이렇게 해보면 재밌을 것 같다(웃음).

여러 운동들에 거의 항상 창립 멤버로 참여해왔는데 개척자적인 마인드가 있는 것 같다. 시민운동을 함에 있어서 원칙이 있다면?

우리나라 사람들을 개인적으로 볼 때 상당히 우수하다고 본다. 그 머리를 맞대고 마음을 열어 합하면 진짜 괜찮은 나라를 만들 것이라는 확신이 있다. 지금까지 했던 운동들은 모두 괜찮은 나라를 한번 만들어 보자고 했던 그때그때마다의 시대정신이었고 이것이 나를 이끌고 갔던 것이다. 바로 그 옆에 내가 서 있었는데 어떻게 거부할 수 있었겠나(웃음).

지금까지의 해온 시민운동의 궤적을 보면 항상 소수의 기득권 편이 아닌 진보적 가치의 그룹에 서 있었다. 사실 변호사로서 편하게 살면 살 수도 있는데 이렇게 자발적으로 불편하고 거친 삶을 살기로 마음먹게 된 계기가 있다면?

불편하다는 생각을 해 본 적이 없고 오히려 재미있게 잘 살았다(웃음). 누구나 측은지심이 있고 염치도 있지 않은가. 요즘 신문을 보면 답답하고 울화가 치민다. 노인이 치매를 앓는 부인을 죽이고 자살했다느니, 뇌성마비를 앓는 손자를 죽이고 할아버지가 같이 목매 죽었다느니 하는 소식들 말이다. 어떻게 공동체로서의 국가가 이런 일을 방치할 수 있는가 속상하다. 그런데 지금까지의 나의 삶을 돌아보면 솔직히 이름만 걸고 제대로 해낸 게 하나도 없지 않은가 생각한다. '우리겨레하나되기운동본부'도 이사장을 맡고 있지만, 정말 이름만 걸고 있지 하는 게 아무것도 없는 것 같아 그만두고 싶다(웃음).

거기에 오는 사람들을 보면 정말 치열하게 살아온 사람들이 많다. 통일마당에 같이 살고 있는 비전향 장기수 할아버지들을 만나면 내 손을 잡고 좋아하시는데, 내가 오히려 민망하다. 저들에 비하면 나는 무엇을 하는가 싶다. 누군가는 나더러 빨갱이라고 할 수도 있지만 실제로 그분들과 만나서 이야기해 보면 과거에 어떤 사상을 가졌던 정말 순수하고 괜찮은 사람들이라는 것을 알 수 있다. 40~50년 전부터 지금까지 자기 신념 하나로 살아온 사람들 앞에서 내가 무엇을 하며 살았다고 말할 수 있겠는가. 그밖에도 주변에 운동하시는 분들이나 쌍용차 노동자분들을 보면 그 앞에서 내가 무엇을 하고 있다고 말할 수가 없다. 이것은 '체' 하는 게 아니라 정말이다(웃음).

정치 쪽에서 여러 가지 제의를 많이 해왔을 것 같은데 국회의원이나 기타 제도권 정치에 발을 담그지 않는 특별한 이유가 있는지 궁금하다.

실제로 노무현 정부 초기에 제안이 있긴 했다. 다음 국회의원 선거에 비례대표 자리를 내어 줄 테니 들어오라고 했는데, 내가 사양했다. 정치인은 성향이 맞아야 할 수 있는 일인 것 같다. 욕을 먹어도 밤에 잠도 잘 와야 되고 어떤 때는 덤빌 수도 있어야 되는데, 나는 그런 게 잘 안 되는 편이다(웃음).

우리나라 국회의원들의 직업 분포도를 보면 변호사 비율이 가장 높다. 사회 다양한 계층들의 이해가 반영되어야 할 국회에서 특정 직업군이 과대대표 되고 있는 것에 대해 비판적인 시각이 있는 것 또한 사실이다. 앞으로도 이 비율은 당분간 지속될 것 같은데, 정치를 생각하고 있을 예비 법조인들에게 특별히 당부하고 싶은 이야기가 있다면?

법률전문가인 변호사가 입법기관에 진출하는 것 자체는 문제될 것이 없다고 생각한다. 무엇이 전공이냐는 것과 의원으로서 적절한 사람인가와는 크게 연관이 없는 이야기인 것 같다. 오히려 우리나라가 소선거구제, 제왕적 대통령제를 유지하고 있다는 점이 더 큰 문제이다.

이게 다 박정희 체제의 유물이다. 4·19혁명 이후 의원내각제로의 개혁이 이루어졌는데 박정희가 쿠데타를 일으키고 나서 권력을 독점하기 위해 대통령제로 다시 바꾼 게 아닌가. 국회가 여러 다양한 계층의 이해를 균형 있게 반영해야 하는데 대표성이 구현되지 않는 소선거구제로는 불가능하다. 소선거구제의 결과는 양대 정당이 의석을 독점하여 비슷하게 보수화되는 결과를 가져온다. 그 결과 우리나라의 새누리당과 민주당은 사실 노무현 전 대통령이 연정하자고 할 정도로 비슷한 정당이고 이것은 미국의 공화당과 민주당, 영국의 노동당과 보수당 역시 마찬가지다.

그러나 정당명부식 비례대표제의 독일에서는 7% 득표율의 녹색당이 주장하는 원자력 발전소 폐기가 반영이 된다. 일본이 후쿠시마 사태가 나고도 원자력 발전소를 폐지하지 못했던 것과는 다르게 말이다. 일본은 의원내각제이긴 하지만 소선거구제이기 때문에 자민당과 민주당이 다양한 계층의 이해를 반영하기보다는 보수화되어 의석을 독점하고, 국회의원 자리를 유지하기 위해 이권을 쥔 세력들과 손을 잡아야 하는 실정이다. 변호사가 정치영역에 진출하느냐 아니냐는 중요하지 않다. 근본적으로 정치체제 자체의 구조적인 문제로 인하여 다양한 세력의 이해관계가 대변되지 않는다는 것이 문제다.

지난 2011년 1월 20일에 대법원이 1959년 7월 31일 진보당의 당수로 북한과 내통해 평화통일을 주장했다는 혐의로 처형된 죽산 조봉암(1899~1959)의 재심사건 선고 공판에서 대법관 13명 전원 일치 의견으로 무죄를 선고했다. 유족 측 변호인으로 이 사건을 담당했었는데, 52년 만에 정부에 의해 사법살인을 당한 조봉암 선생에 대해 무죄판결을 이끌어 내었을 때 마음이 어땠는지 듣고 싶다.

역사적인 사건을 맡았다고 생각한다. 이전에 이 사건이 진실화해위원회에서 조작사건으로 진상규명 결정이 났으니 재심에서 무죄가 날 것이라는 예상은 이미 하고 있었다. 다만 대법원 법정에서 공개변론을 했는데 유신 독재 시절과 한 치도 다르지 않은 검찰의 논고가 놀라웠다. 한마디로 조봉암 선생은 간첩이고 검찰은 잘못한 것이 하나도 없다는 거다. 정말 참담했다.

당시 조봉암 선생은 간첩죄와 무허가불법무기소지로 기소가 되었는데, 워낙 이승만 쪽에서의 협박과 위협이 난무하다 보니 비밀리에 권총을 소지하고 있었다. 그런데 무허가불법무기소지에 관해서는 당시 미군정법령에서는 한국법의 처벌규정에 따른다고 되어 있는데 그때 우리나라에서는 무기불법소지에 대한 처벌법이 아직 없었다. 그 법은 조봉암 선생 죽은 뒤에 만들어진 것이다. 그렇다면 간첩죄 유죄 판결을 취소하면 무허가무기소지도 다시 판단해서 공소를 기각하거나 무죄를 선고야 하는데 이번 재심판결에서는 이 부분에 대해 유죄로 인정하면서 선고유예를 한 것은 부당하다고 생각한다. 일반에는 간첩죄가 무죄로 판결됐다는 것만 부각이 되었는데 나로서는 상당히 실망했고 여전히 불만이 남아 있다.

진실화해위원회가 입수한 그때의 재판 기록이나 국무회의 회의록, 각종 신문 기사물을 보면 이승만 대통령이 정치적 사법살인을 행했다는 것을 알 수 있다. 당시 국무회의 발언에서 이승만 대통령이 1심에서 무죄 판결을 내린 판사를 겨냥하여 "어떻게 이런 판사가 있을 수 있나? 나는 납득할 수 없다. 이것은 그냥 방치할 수 없고 응분의 조치를 취해야 한다"고 맹렬히 비난했고, 이 후 항소심에서 사형이 선고되자 "이번에는 그 판사가 제대로 판결을 내렸다"고 치하했다는 기록이 있다. 제대로 된 나라라면 그것만으로도 탄핵감이라는 생각이 든다. 노무현 전 대통령은 본인이 민주당 당원으로서 민주당에 도움이 됐으면 좋겠다는 말 한마디로 탄핵을 당했는데 말이다(웃음).

이 사건을 필두로 제5공화국까지 인혁당재건위사건 등 여러 조작사건이 터져서 많은 사람들이 사형집행을 당했다. 당시 사형판결에 관여했던 검사들, 판사들은 모두 거기에 영달해서 대법원 판사가 되고 검찰총장도 했다. 그 누구도 참회하거나 반성하지 않고 비난하는 사람 하나 없는 게 우리 사법의 참담한 현실이다. 단순히 죽은 사람을 재심해서 무죄판결 하는 것만으로 끝나는 것은 아니다. 그때 했던 판결에 관여한 사람들이 어떤 식으로든 처벌은 몰라도 제대로 평가되어야 하는 것이 아닌가. 그런 게 전혀 없다. 연구도 없고 전혀 언급도 되지 않는다.

해외에서는 누가 어떤 사건을 어떻게 판결했다는 것들이 공개가 되나?

우리나라도 공개는 된다. 그러나 일종의 카르텔 비슷하게 법원이나 검찰하는 일에 대해서 언급하지 않는 게 관행이 돼버렸다. 이러한 과거 청산이 없으니까 자신이 내린 판결에 대해 걱정하지 않는다. 우리나라가 이제까지 역사적 문제를 재평가해본 적이 없고 앞으로도 없을 것이 뻔하기 때문이다.

관련해서 이번 대선에서도 사법개혁안은 대선 후보자들에게 주요한 이슈였는데, 그만큼 사법부에 대한 사회적 불만이 높기 때문이 아닌가 싶다. 그런데 '정치검찰' 혁신과 고위 공직자를 수사할 독립기구 신설 등 문재인 후보 및 주요 대선후보자들의 사법개혁안이 주로 검찰 개혁에 맞춰져 있다. 이러한 사법개혁안의 방향에 대해서 어떻게 생각하는가?

이 문제는 노무현 정부 당시에도 핵심적인 개혁과제로 제시되었고 민변에서도 지속적으로 여러 토론회를 거쳤다. 검찰을 믿을 수 없다는 여론은 어제오늘의 일이 아닌데, 그렇다면 이 검찰의 내부 개혁과 함께 독립관청으로서의 고위공직자비리수사처 또한 필요하다고 생각한다. 그 구성원은 선거를 통해서 선출을 하든지 혹은 기관 자체가 아주 독립적인 지위를 가질 수 있도록 보장해야 한다고 생각한다.

검찰의 정치적 중립이 중요하다고는 하지만, 사실상 문민 통제가 가능한 시스템을 갖추지 않은 상태에서 검찰의 정치적 중립성만 강조하면 자칫 잘못하면 검찰을 견제할 방안이 없어 오히려 검찰이 무소불위한 사법 권력을 휘두르게 되지는 않을까 우려되는 부분이 있다. 이에 대해서는 어떻게 생각하는가?

노무현 대통령이 검찰의 정치적 중립을 내세우면서 검찰에 손대지 않은 것은 잘못이었다고 생각한다. 검찰은 본래 행정부처의 하나인 법무부에 종속되어 있는 것이고 법무부는 그 정부의 법적 시스템을 책임지는 것으로 정부의 통치 이념에 복종해야한다. 다만 이것이 과도하게 작동하는 것이 문제다. 검찰이 정부의 통치이념을 완전히 도외시하고 홀로 중립을 지키는 것은 있을 수 없는 환상이라고 생각한다. 다만 검찰이 스스로 자제를 하고 맑은 정신을 가지고 정부의 통치이념을 제대로 해석할 수 있어야 하는 것이다. 이것을 위해 검찰 고위직을 선출직으로 하고 대검찰청 중심의 중앙집권화된 구조를 분권화를 하면 어떨까 생각한다.

거기에 더해 중요한 것은 검찰은 공소권을 갖고 경찰은 수사권을 갖는 형태로 상호 독립을 이루어야 한다. 이를 통해 검찰과 경찰이 상호견제를 하게 할 필요가 있다. 소위 민주정치체제에는 정답이란 것이 없다. 그 사회가 무엇을 필요로 하는가가 중요한 것이다. 삼권분립 원칙이 제대로 작동하지 않았다면 여러 가지 견제장치를 만들어서 다양한 개혁 방안을 강구해봐야 할 것이다. 현 정치체제에서는 검찰 중립, 검찰 개혁을 요청해봐야 공염불이다. 대통령이 임명하고 검찰 총장이 밑에 사람들을 임명하고 징계할 수 있는 상황에서 어떻게 검찰이 독립할 수 있겠는가.

검찰이 권력에 대해서 중립적인 것이 중요하지만 검찰 역시 시대정신과 큰 통치 이념에 대해서는 따라갈 수밖에 없다는 것인가?

그렇다. 따라갈 수밖에 없다.

그렇다면 현재의 검찰은 어떤가?

지금 현재의 검찰은 과거와 마찬가지로 조직논리에 갇혀 있다. 자기 조직만 가장 중요하다는 것이다. 또한 임명권을 가진 권력으로부터 초연할 수 없고, 여기서부터 검찰이 모든 잘못을 저지르게 되는 것이다. 과거에 검사 중에 실수를 저지른 경우는 많았지만 최근의 김광준 검사처럼 구속된 케이스는 별로 없었다. 이번에는 경찰이 파고드니까 어쩔 도리가 없었을 것이다.

검찰 개혁을 근본적으로 이룰 수 있는 방안이 있다면?

사실 다른 시스템을 놔두고 검찰 개혁만 운운하는 것은 무의미하다. 국회가 비례대표 중심으로 개혁된다면 큰 보수정당과 진보정당이 각각 20% 정도의 의석을 차지할 것이다. 거기에 환경, 청년, 노인, 노동, 자본가, 기업가, 종교인 등의 다양한 계급들이 의회에 진출하여 집권시스템이 만들어질 것이다. 만약 진보 계통의 정당들이 연정을 하여 집권을 했다고 하면 그 안에는 거대 진보 정당 외에 노동당, 청년당, 환경당, 모자보건당 등이 속하게 될 것이다. 이 중 하나의 세력이라도 빠지게 되면 연정 체제는 무너진다. 때문에 연합을 한 4~5개의 진보계열 정당들이 머리를 맞대고 공동으로 윈윈 전략을 짜낼 것이다.

노동당이 노동법 개정에서 비정규직 문제를 해결하도록 해야 한다고 주장할 때 연정에 참여한 정당들이 모두 동의하고, 대신 녹색당에서는 원자력 발전소 폐지 법안을 다룰 때 다른 정당들이 동의해야 한다는 조건을 내걸 것이다. 모자보건당에서 교육개혁안에 동의하라고 요구할 수 있고, 청년당에서는 청년 실업 문제 해결에 다른 당들이 함께 나서줄 것을 요구할 수도 있다. 이렇게 되면 네 가지 분야가 함께 해결될 수 있다.

검찰 개혁 문제도 그 안에서 논의될 수 있다. "노동자가 1,500만 명이고 그 가족까지 합하면 4,000만 명이 넘는데 이제까지 검찰은 계속 재벌 편에 서서 노동자 탄압만 해왔다. 그러니 검찰을 근본적으로 고치자. 국회에서 검찰총장 임명하는 것도 생각해보자"라는 의견들이 모아지면 개혁이 되는 것 아니겠는가. 못할 것이 없다. 사람이 만든 제도는 사람이 만든 집과 같아서 1년이라도 수리하지 않으면 탈이 생긴다. 끊임없이 고쳐야 되는데 여기에 일정한 원칙은 없다. 만약 내각제로 개혁이 되고 총리가 국회의원 중에 임명이 된다면 국회가 검찰총장을 임명하고 이 사람이 제대로 된 사람인지 국회에서 검증할 수도 있을 것이다.

'검찰 개혁이 정치제도 개혁과 같이 가야 한다'는 말이 인상적이다.

'지난 20여 년간 왜 검찰 개혁에 대한 이야기가 끊이지 않고 나왔을까?'라고 생각해보면 여기에 근본적인 해결 방안이 없었기 때문이다. 검찰 개혁을 성공하기 위해서는 정치체제의 근본적인 개혁부터 선행되어야 한다. 이것이 요즘 가장 필요한 운동이 아닐까 한다.

법원은 사회적 약자들이 마지막으로 기댈 곳인데 그 법원이 공정하지 않은 것 같다는 사실이 우리를 매우 불안하게 하는 것 같다. 그런 면에서 '권력지향적 검찰보다 권력지향적 판사가 더 문제가 아닌가' 라는 생각이 드는데 판사에게 집중되어 있는 권한을 견제할 수 있는 방안은 없는가? 더불어 판사가 사회 전체를 꿰뚫어보고 깊은 혜안을 담은 판결을 내릴 수 있도록 할 수 있는 방안이 있다면 어떤 점들이 보완되어야 한다고 생각하는가?

　　법원의 권력으로부터의 진정한 독립이 필요하다. 판사 시절 무죄 판결도 많이 내리고 영장 기각도 많이 하면서 불편한 점이 많이 있었다. 눈에 보이는 것은 아니었지만, 뒷조사를 당할 때도 있었고 외부의 압력을 많이 느꼈다. 여기에는 법원이 오랫동안 독재 권력에 순치順治되어 스스로 보수화되고 권력의 눈치를 보는 습성이 내면화된 측면이 있기 때문이라고 생각한다. 이런 법원의 독립성이 오로지 법원만의 노력으로 이루어지는 것은 아니다. 보수적인 대통령과 정당이 국정을 장악하고 의회 동의를 얻어서 가장 보수적인 대법원장을 임명하고 그 대법원장더러 대법관을 추천하라고 해서 대법원이 만들어져 있는데 어떻게 법원이 진보가 되겠는가. 정치권력이 스스로 권력을 자제하고 법원을 존중해할 때 사법권의 독립도 가능할 것이다.

　　제도적인 측면에서 사법권 독립을 실현하고자 하더라도

다른 정치제도와의 관계 속에서 그것이 규정되어야 할 것이다. 현재와 같은 소선거구제와 제왕적 대통령제를 고수하는 한 법원의 구성은 결국 대통령과 의회를 점령한 양대 보수정당에 의해 결정될 것이고 이렇게 구성된 법원이 진보적이거나 소수자 보호를 위한 판결을 하는 것을 기대하기는 어렵다. 결국은 비례대표 중심의 의회가 구성되어 국민의 정치적·계급적 성향이 그대로 의회에 반영되고 그런 의회에서 구성하는 법원이 좀 더 진보적이고 소수자 보호에 앞장서는 법원이 될 수 있지 않을까 한다. 땅에서 솟아 나오는 사법권 독립이란 것은 없다(웃음).

진보적인 판결을 했던 이유로 뒷조사도 당했다고 했는데 그런 압력들에도 불구하고 소신을 지키는 것엔 용기가 필요했을 것 같다.

　　용기랄 것도 없다. '나가라고 하면 사표 내고 변호사 하면 되지' 이런 생각을 한 거지(웃음). 생계에 대한 걱정으로 따지자면 법관이 받는 압력이란 아무것도 아니다. 일반 회사원 같은 경우 해고당하면 꼼짝없이 실업자가 되어야 하는 사람이 얼마나 많은가. 지금은 변호사 수가 워낙 늘어서 변호사로도 먹고사는 문제가 해결되지 않을지 모르겠지만 우리 때만 해도 사표 쓰고 나오는 일이 별일은 아니었다. 1986년 5·3 인천사태 직전인 4월 19일에 인천에 있으면서 사표를 냈는데, 그때는 정말 법원에 있는 게 곤혹스러웠다. 인하대, 인천대생들이 캠퍼스 담장 안에서 스크럼을 짜고 시위하는 모습을 경찰들이 담장 위에 올라가 사진 찍어다 교문에서 잡아 구속시키곤 했었다. 그때마다 나는 학생들이 학교 안에서 한 행위이기 때문에 사회적 위험성은 없다고 판단되어 영장을 기각하곤 했다. 그러면 또다시 영장이 다른 법관에게 재신청 되어 발부되고, 이런 것들이 반복되다 보니 차라리 법원에서 나갔으면 좋겠다고 생각했다. 사표 낸 날 날아갈 듯이 기뻤다. 지금도 그 기분이 아주 생생하다. 그 뒤엔 그렇게 즐거울 일이 없더라(웃음).

(5·3 인천사태: 신한민주당이 1986년 2월 12일 직선제 개헌을 위한 서명운동을 전개하며 서울, 부산, 대구에서 대회를 열던 중 4월 29일 당고문인 김대중 민추협공동의장이 소수의 과격한 주장을 지지할 수 없다는 뜻을 밝혔다. 그리고 다음날 청와대 영수회담에서 이민우 총재가 좌익학생들을 단호하게 다스려야 한다는 발언을 하면서 이를 추진하던 재야와 운동권 세력이 분개해 시위를 벌인 사건. 시위대는 신한민주당의 각성을 요구하고 이원집정 개헌 반대를 외치며 국민헌법 제정과 헌법제정민중회의를 소집할 것을 주장했다. 319명이 연행되고, 129명이 구속되었으며 전두환 정권이 운동권 탄압을 본격화한 계기가

됐다. - 인터뷰어)

곧 대선이다. 2012년 대선은 우리에게 어떤 의미를 가지는가? 그리고 우리는 어떤 기준과 마음을 가지고 대선에 임해야 할까?

지난번 대선에서는 이명박 후보가 '국민들에게 돈을 벌게 해 주겠다'는 공약을 내걸어 당선되었다. 747 공약 같은 것이 대표적인 예인데, 처음에 그 공약을 보고 황당함을 감출 수가 없었다. 한반도 대운하 공약도 마찬가지다. 결국 남은 것은 4대 강 사업으로 인한 국토의 황폐화 아닌가. 적어도 국가를 경영하겠다고 나선 사람이라면 돈을 벌어 주겠다는 식의 공약보다는 국민들에게 희망과 비전을 제시해야 한다.

민주주의 국가에서 가장 중요한 가치가 자유와 평등이라면 대통령이 되려는 사람은 '어떻게 충분한 자유를 보장하면서 평등도 실현할 것인가'하는 민주국가의 근본적인 성격에 부합하는 구체적인 비전을 제시해야 할 것이다. 나는 '사민주의'와 '보편복지'가 우리 사회의 가야 할 길이고 지금의 시대정신이라고 생각한다. 대통령 후보들을 포함한 많은 사람들도 그렇게 말하지 않는가. 여기에 구체적인 사안에 대해서는 어떤 사람은 "시기상조다, 점진적으로 시행하자"라고 다른 의견을 보이기도 하지만 어떤 형태로든 사민주의와 보편복지가 이루어지려면 우선은 정치체제가 바뀌어야 한다고 생각한다. 비례대표 확대라던가, 의원내각제로의 개헌 등의 비전을 제시하고 국가개입에 의한 보편적 복지를 순차적으로 실현해야 한다.

그런데 보육 복지 같은 경우에는 즉시 실현할 수 있다고 본다. 의료보험의 경우 주식회사 병원에는 강력히 반대한다. 현재 우리의 의료보험 시스템은 총 의료비용에 비해 세계 최고의 효율을 가지고 있다고 유럽에서도 인정받고 있다. 그런 현 의료보험 제도를 왜 민간 보험으로 바꾸려 하는지 이해가 되지 않는다. 물론 우리 보험 제도에도 개선할 점이 많다. 62~63%의 보장률을 85%까지 올리고 행위수가제를 포괄수가제로 고치고 분산된 진료 기록을 의료보험공단에서 통합 관리해야 한다. 지금의 진료 기록 체제로는 동네 병원에서 X선 촬영하고 대학 병원 가서 찍고 큰 병원에서 또 찍어야 하는 일이 발생하는데 오히려 이것 때문에 암에 걸릴 확률이 더 높다.

이렇듯 의료보험과 같은 복지제도를 즉시 강화하는 동시에 보육이나 다른 복지제도를 순차적으로 확장해 나가야 한다. '동일노동 동일임금의 원칙'도 즉시는 못하더라도 최소한 몇 년 안에 비정규직을 줄이겠다는 쪽으로 가야 된다. 비례대표 확대 등 정치개혁을 통해 의회중심주의를 실현시키고 그리하여 국민의 의사가 충분히 반영되고 국민으로부터 통제받는 정부를 구성하는 것, 나아가 국가의 개입에 의한 보편적 복지국가의 실현을 제시하는 후보를 선출해야 할 것이라고 생각한다.

양극화 문제 심화, 역사청산에 대한 악의적 무시, 이명박 정부의 들어 생긴 민주주의 후퇴, 무리한 민영화 추진 등의 여러 문제들에도 불구하고 새누리당에 대한 대중의 지지율은 30~40% 이상을 유지하고 있다. 이는 한편으론 개혁진보 세력이 우리 국민들에게 우리나라를 이끌어갈 세력으로 신뢰를 받지 못하고 있음을 나타내는 것은 아닌가 싶은데, 개혁진보세력이 대중의 믿음을 얻기 위해서 갖추어야 할 핵심 과제를 몇 가지 꼽는다면?

　　이것은 단순한 문제가 아니라 사고의 프레임에 갇히는 것
인데 새누리당에 대한 대중의 지지는 반드시 개혁진보세력에
대한 신뢰의 부족에서 온 것만은 아니라고 생각한다. 친일 청
산을 못한 상태에서 현재까지 이어진 우리 사회의 구조적 병폐
와 여기에 친일 세력이 장악한 언론의 작용이 결합한 허위의식
의 결과가 아닌가 한다. 그렇다면 개혁진보세력이 과연 어떻게
해야 할 것인가 했을 때 막막한 느낌이 드는 것이 사실이다.

　　그러나 어느 사회에서나 보수 세력에 대한 지지가 30~
40%가 유지된다는 것은 현상이 변하지 않음으로써 이익을 얻
는 사람들이 그 정도 된다는 것이니 거꾸로 개혁·진보를 원하
는 나머지 세력도 결집되면 그 이상의 비율이 되지 않을까 싶
다. 항상 진보는 분열한다는 이야기가 있는데 그것은 어찌 보면
당연하다고 생각한다. 보수는 현재의 상태를 바꾸지 말자는 입
장이기 때문에 견해가 하나이지만 진보는 늘 현상을 바꾸자고
주장하기 때문에 “이 방향으로 가자, 저 방향으로 가자, 천천히
가자, 빨리 가자” 등의 견해가 여러 개일 수밖에 없다.

　　문제는 그것을 담을 수 있는 정치체제의 유무인데 의원 내
각제와 비례대표제야말로 그에 적합한 제도인 것이다. 가령 스
웨덴처럼 100% 비례대표제를 시행한다면 특수한 경우를 제외
하고는 과반수를 넘는 정당이 등장하지 않는다. 5~6개의 정당
이 분점을 하게 되고 비슷한 이념의 정당끼리 연정을 하게 된다.
그렇기 때문에 진보의 연합이 가능하게 되고 이것을 통해 다양
한 정치적 의견들의 합리적이고 균형 있는 타협이 가능해진다.

또한 개혁진보세력은 장기적인 안목으로 대중 속에 파고 들어 대중의 의식을 각성시켜야 한다. 지역별 소모임을 통한 토론회 조직, 중등학교 수준부터의 정치적 자각을 일깨우는 교육 등이 반드시 필요하다. 우리 교육과정에서는 민주주의에 대한 부분이 생략되어 있다. 심지어 대학에서도 정치에 대해 특별히 연구하는 학과가 아니면 의원 내각제나 비례대표제에 대한 얘기가 전혀 언급되지 않는다. 왜냐하면 두 개의 보수정당이 그렇게 함으로써 이익을 취하고 있기 때문이다. 스웨덴, 노르웨이에서는 중학교에서부터 정치교육을 한다. 중학생 때부터 어떤 정치제도가 좋은가 토론할 수 있게 하는 거다. 이처럼 시민들이 먼저 정치적 자각을 할 때 그 나라가 제대로 설 수 있다.

청년시절의 최병모는 어떠했는지 궁금하다.

내세울 게 하나도 없다. 농촌 출신으로 서울에 올라와 형과 함께 자취하면서 대학을 다녔다. 두드러지게 똑똑하지도 않았고 공부도 하기 싫어서 잘 하지도 않았다. 그러다가 운 좋게 고시에 붙은 거다(웃음). 형님이랑 같이 고시 준비를 하다가 형님은 그만두고 취업을 하고, 그럼 너라도 하라고 해서 끝까지 해본 것이다. 생각해보면 지금까지 남보다 편하고 자유롭게 산 것 같다. 다만 중·고등학교, 대학 시절 학교 공부보다는 다른 책을 많이 보았던 것 같다.

진보적인 가치에 대해서 관심을 가지게 된 것이 영향을 준 분이 있다면?

　　아버님이 굉장히 사회에 대해 비판적인 분이셨다. 비록 초
등학교도 안 나오셨지만 한글을 깨치셔서 책을 많이 읽으셨다.
시골에서 농사지으면서도 여름엔 낮에 하루 종일 독서하시고,
들에 다녀오시면서도 책을 들여다보시곤 하셨다. 또 전라도라
는 지역적 특성이 있어서인지 박정희 전 대통령을 그렇게 미워
하셔서 시골에서 항상 요주의 인물로 감시를 받으셨다. 일제시
대에는 일본 놈들 등쌀에 못 이겨 40년대 초반에 길림성으로
이민을 가셨다가 해방되어 강진에 내려오셔서 평생 농사를 지
으셨다. 1908년생으로 2001년에 93세로 돌아가셨는데 이런

아버지 영향이 컸던 것 같다(웃음).

변호사로 개업하고 '법조계의 먹이사슬'에 염증을 느껴 91년 서울을 떠나 아무 연고도 없는 제주도로 내려갔었다가 99년에 다시 서울로 돌아왔다고 들었다. "서울에 사는 게 복잡해 싫고, 스킨 스쿠버를 좋아해서 제주도로 갔다"고 하지만 의도적으로 아무 연고도 없는 제주를 선택한 것은 여러 면에서 쉽지 않았을 것 같은데 특별한 이유가 있다면?

　　　　86년에 서울에 변호사 사무실을 개원하고 서소문 본원, 동부, 남부, 서부, 북부 지원까지 모두 5개 법원을 돌아다녀야 했다. 변호사는 말로 벌어 먹고산다고 하는데 전혀 아니다. 발바닥으로 벌어 먹고산다(웃음). 1인 5역을 한다고 해도 과언이 아닐 정도로 변호사는 할 일이 많은데 법원에서 변론하고 사건 당사자 만나서 상담자 역할도 하고 준비서면도 써야 되고 기록 검토도 하고 심지어는 현장 검증까지 나간다. 사건이 많든 적든 정신없이 바쁘다. 정말로 지긋지긋한 생활이었다. 매년 교통 상황까지 나빠져서 처음엔 아침 8시에 나와도 법원에 도착했는데, 1년 후에는 7시 반에 나가도 늦더라(웃음).
　　　　그렇게 7년 정도 변호사 생활을 하니 더 이상 서울에서 못 살겠다는 생각이 들었다. 지방으로 가고 싶다는 생각이 들어 더 이상 돌아다니지 않을 수 있게 법원이 한 곳만 있는 곳에 산도 있고 바다도 있는 곳을 찾으니 제주밖에 없었다. 가족들을 전부 데리고 제주도로 가서 9년 정도 전원생활을 했다. 그러다 아이들이 다 서울로 학교를 가고 집사람까지 서울로 오니 나

혼자 떨어져서 지낼 수가 없어 2000년에 다시 서울로 왔다. 군대에 있으면서 결혼해서 이후에 가족과 떨어져 살아본 적이 없었는데, 혼자 있으려니 못 있겠더라(웃음). 법조계 먹이사슬에 염증을 느꼈다는 말은 과장된 것 같다(웃음).

최병모에게 자유란?

마음에 거리낌이 없이 자기가 하고 싶은 일을 하고 하기 싫은 일은 하지 않는 것이 아닌가 한다. 마음이 편한 것이 참 중요한 것 같다. 가능한 한 돈 같은 물질적인 것에 집착하지 않으려 한다. 우리나라처럼 사회안전망이 전무하다시피한 각박한 사회에서는 일정한 정도의 재산을 갖는 것도 세속적 자유를 위해서는 필요한 것 같다. 나도 사실은 노후가 상당히 걱정이 된다. 아내도 가끔씩 걱정을 하는데 그때면 "우리보다 못한 사람이 얼마나 많은가"하면서 넘기곤 한다(웃음).

이 시대를 살아가는 청년들과 함께 나누고 싶은 이야기가 있다면?

불안하기 짝이 없는 세상을 살아가는 청년들에게 어떤 말을 할 수 있을지 잘 모르겠다. 당장의 생존과 취업, 결혼의 문제들로 막막한 심정들일 것이고 그렇기 때문에 개인적인 관심사에 매몰되기 쉬울 테다. 그러나 세상을 바꿔가려면 우리 국민이 정치체제를 바꿔야 하는데 여기에 청년들이 먼저 정치에 관심을 가지고 자기 의사를 분명히 표현해야 한다. 우리나라의 많은 문제는 잘못된 정치로부터 비롯된 것이고 잘못된 정치는 정치인의 자질에도 원인이 있겠지만 제대로 된 정치제도를 갖추지 못한 데에도 큰 원인이 있다.

지금의 제왕적 대통령제 하에서 대표성이 구현되지 않는 소선구제로 선출된 의원들과 6분의 1에 불과한 비례대표로 구성되는 국회로는 국민의 다양한 정치지향을 결코 반영할 수 없고 지역분할구도도 극복할 수 없다. 이는 결국 5·16 쿠데타로 정권을 장악한 박정희 체제가 현재까지도 그대로 유지되고 있는 결과 때문이다. 그렇기 때문에 비례대표를 중심으로 하는 의원내각제로 정치체제를 바꾸는 것이 매우 중요하다고 생각한다. 독일식 정당명부제도 차선의 대안이 될 수는 있다고 생각한다. 나는 청년들도 이러한 정치제도 개혁운동을 해야 할 때가 아닌가 싶다. 지금의 청년들이 정치에 관심을 가지고 조직을 제대로 꾸려서 사민주의 전파 같은 운동을 할 수 있으면 좋겠다.

인터뷰 담당 김경미, 손어진, 김민희

주대환

사회민주주의연대 공동대표

기성세대, 돈·권력·일자리부터 내놔라

2014. 8. 5

주
대
환

2007년에 발표된 '민주노동당 사회민주주의자 선언'을 기초했다. 선언문에서 '사회민주주의자'는 '민주주의자, 사회주의자, 현실주의자'라고 이야기했는데, 무슨 뜻인가.

한국에서 '사회민주주의'는 온갖 오해에 시달리고 있다. 선언문은 그런 오해를 풀기 위한 노력의 하나다. 민주노동당 내 정파였던 '사회민주주의를 위한 자율과 연대' 회원들이 장시간 토론하고 표결하면서 '민주노동당 사회민주주의자 선언' 최종안을 채택했다. 민주노동당에서 활동한 사회민주주의자들의 경험이 녹아있는 문서라고 할 수 있다. 누가 혼자서 탁상에 앉아서 쓴 문서가 아니다. 그러므로 매우 중요한 역사적 문건이다.

첫 문장에서 "우리는 모든 종류의 독재를 거부할 뿐만 아니라 어떤 선험적 이념을 영원불변의 진리로 믿고 이를 실현하기 위해서 대중을 가르치고 계몽해야 한다는 사고방식에 대해서도 반대한다"라고 되어 있는데, 이것은 국민을 가르치려고 하면 안 된다는 말이다. '민주주의자'란 국민이 민주정체의 왕이니, 국민이 시키는 대로 하겠다는 자세를 가진 사람이다. 이를 가장 먼저 이야기한 이유는 가장 중요하기 때문이다.

자본주의에 대해서 "자본주의는 역사 속으로 사라지지 않으면 안 된다"라면서 "지난 60년의 역사는 (중략) 토지개혁의 심대深大한 효과에 힘입고 노동자 농민의 피땀으로 이루어진 놀랄만한 자본주의 경제 발전과 그를 물질적 기초로 하는 6월 시민혁명과 민주화를 실현했다"고 주장했다. 후자의 관점으로 보면 자본주의는 사라져야 할 것이 아니라 효과적으로 관리되어야 하는 것 아닌가.

'지금의 자본주의가 과연 언제까지 지속할 것인가'라는 질문은 굉장히 철학적인 문제다. 무엇보다 지금 자본주의는 자원을 물 쓰듯이 쓰고 있어서 장기적으로는 지속 가능하지 않을 것이다. 그러니까 자본주의가 지금 당장 사라져야 한다는 말이 아니라, 영원한 것이 아니라는 관점을 말하고 있는 것이다. 당장에는 관리가 되어야 한다.

'우리는 대한민국이 새로운 복지국가로서, (중략) 대한민국만의 사회적 합의와 사회투자 모형을 만들어 갈 수 있다는 믿음을 가지고 활동하고 있는 (중략) 지식인들과의 소통을 확대하고 노동자 계급의식의 성장에 힘쓰며…'라고 했다. '지식인'에 대한 거리감이 살짝 느껴진다. 새삼스럽게 지식인과의 협력 관계를 강조한 이유는?

지식인 중에는 국민들이 사회민주주의나 복지국가가 좋은 줄을 몰라서 우리나라가 그 길로 가지 못하고 있다고 생각하며 국민을 가르치려고 애쓰는 사람들이 있다. 하지만 그들의 이야기는 사람들 마음에 깊이 파고들지 못하고 있다. 우리나라 전통과 문화, 사람들의 독특한 삶의 방식과 정서를 잘 이해하지 못하기 때문이다. 지식인은 우리나라 역사와 문화를 더 깊이 이해할 필요가 있다. 우리 같은 활동가들이 국민을 가르치려는 지식인의 존재를 인정하면서도 거리를 두는 이유다.

1954년 한국전쟁이 끝난 직후 경남 함안에서 태어났다. "어린 시절 아버지는 밥상머리에서 친구의 말을 곧이곧대로 믿지 말라고 가르치셨다"라고 했는데, 전쟁에서 살아남기 위해 친구까지 배신한 아픈 현실을 이야기한 것 아닐까. 유년기에 대한 추억이 있다면?

전쟁 초기 전선이 낙동강까지 밀렸다 다시 압록강으로 올라가기를 반복하며 격렬하게 진행됐다. 전선이 지금 휴전선 근처에 머물고 휴전협상이 시작되면서 오히려 사상자가 많이 났다. 이에 비해 남쪽은 전쟁이 일찍 끝난 편이었다. 아버지와 어머니는 전쟁 중에 결혼했다. 내가 태어나던 해 우리 동네에서 많은 아이들이 태어났는데, 학교에 들어갈 때는 교실에 책걸상이 부족할 정도였다. 전후 베이비붐 세대를 보통 55~63년생으로 보는데 내가 54년에 태어났으니, 남쪽 지방은 일찍 베이비붐이 시작됐던 것이다.

어릴 적 동네에서 우리 집을 동네에서 부자라고 했다. 당시 내 또래 친구들은 검정 고무신을 신고 다녔는데, 입학식 때 보니 나하고 두어 사람만 코르덴 바지에 운동화를 신었더라(웃음). 그때는 친구들에게 미안한 마음이었는데, 지금 생각해보니 그때는 그래도 빈부격차가 크지 않았던 것 같다. 최소한 밥을 굶는 친구는 없었다. 그것이 바로 농지개혁의 효과였는데, 당시 국민의 70%가 농민이었는데 땅이 없는 사람이 거의 없었다.

1950년대 대한민국은 자영농의 나라였다. 그래서 전 국민이 열심히 일하고 열심히 공부하는 나라였다. 동시대 다른 나라와 비교해도 평등지수가 굉장히 높았다. 살림살이는 어렵지만, 결혼해 자녀도 기르고 했다. 그런데 지금은 다르다. 자본주의가 발전할수록 빈부격차가 심해지고 있다. 가난한 부모를 둔 젊은 사람들이 결혼도, 아이 낳기도 포기하고 있다.

사춘기 때부터 대학에 입학하기까지 시절이 궁금하다. 특히 유신 직후인 1973년 서울대 종교학과에 입학했는데, 이유가 있나.

사춘기는 고통과 행복이 교차하는 시기였다. 그때 독서하고 사색한 그 밑천이 평생을 가는 것 같다. 그때의 독서는 백지에 밑그림을 그리는 거다. 지금은 책을 읽어도 금방 잊어버리기도 하고 정신에 큰 영향을 주지 않는데, 사춘기의 독서는 정신의 뼈대를 이루고 있다. 고등학교 때 도서관에서 논어를 읽는데 손에서 놓지를 못하겠더라. 성경도 재밌어서 몇 번을 읽었다. 그때는 조금 건방진 생각이 들어 이런 고전을 언급하지 않는 선생님들이 우습기까지 했다. 입시공부에 매달려 있는 친구들도 마찬가지였다. 그런 유치한 자부심이 나름의 힘이었다.

누구나 그렇듯 사춘기에 인생의 가치와 목적에 대해 근본적인 회의에 잠겼으니, 종교는 바로 그런 의문에 답을 주는 것이 아닌가. 그래서 부처님이나 예수에 대해, 불교나 기독교에 대해 관심이 많았다. 말하자면 '진리'를 탐구하고 싶었던 거지. 하지만 종교학은 종교를 대상으로 연구하는 학문이지 종교 그 자체는 아니니, 종교학이 어떤 학문인지도 모르고 대학에 들어갔던 셈이다(웃음).

입학 한 달 만에 민주화운동에 참여했다. 1974년 민청학련, 1978년 광화문 시위, 1979년 부마민중항쟁으로 여러 차례 구속 수감되기도 했는데 20대 모든 시간을 학생운동과 수감 생활로 보냈다고 해도 과언이 아니다.

그렇다. 대학에 들어가 한 달 만에 학생운동에 참여했다. 선배들을 따라 들어간 공부모임에서 E.H 카의 《역사란 무엇인가》를 읽기 시작하면서 점점 모임에 빠져들었다. 처음엔 역사철학이니 헤겔이니 등을 공부하더니, 선배들이 슬슬 데모 이야기를 꺼내는 것 아닌가. 그렇게 나도 모르게 참여하게 된 것인데, 평생 이렇게 살 줄은 몰랐다(웃음). 자꾸 하다 보니까 나중에는 직업이 되고 운동가가 된 것이다.

민주화운동하면서 좋은 친구들을 많이 만났다. 조희연 서울시 교육감, 김석준 부산시 교육감 등도 학생운동을 같이 했던 사람들이다. 70년대 함께 운동하던 친구 대부분은 학자가 될 만한 사람들이나, 목사나 승려가 될 만한 내성적인 사람들이었다. 결국 나중에 공부를 계속해 교수가 된 사람이 많다. 권력 지향적인 인물들은 아니었다. 그래서 권위주의 정부의 탄압을 담담하게 받아들이며, 감옥에 가서도 공부하고 도 닦는 사람들도 있었다.

구속돼 수감됐을 때 억울하지 않았나?

뭐, 재밌었다(웃음). 1972년부터 87년까지 민주 헌정이 중단된 시기가 내 나이 19살부터 34살까지였다. 그러니 인생의 가장 좋은 시기를 민주화운동으로 보낸 것이다. 하지만 나쁘지 않았다. 친구들에게도 은근히 지지를 받았다. 착실하게 직장 생활하던 선후배 친구들도 많은 도움을 줬다. 물질적인 것은 물론이고 정신적으로도 힘이 됐다. 도망 다니면 숨겨주기도 했다. 그래서 할 수 있었던 것 같다.

아직 건강하게 살아남았으니, 운이 좋았던 편이다. 운이 없던 분들은 정신적으로 육체적으로 고통당하고 다치고, 또 후유증으로 죽은 사람도 있다. 그들에게 많이 미안하다. 그러나 우리 아들딸, 지금 청년세대에게 '우리가 민주화운동 할 때 그렇게 고생을 많이 했고…'라며 과장해서 말하고 싶지 않다. 그렇게 고통만 당했다면, 어떻게 민주화운동을 할 수 있었겠나. 가혹 행위도 당하고 고문도 받았지만, 조사가 끝나면 나름 대접도 받았다. 교도소에서도 일반 죄수들하고는 대접이 달랐다.

1981년부터 1985년 말까지 마산, 창원에서 무크지 《마산문화》를 만들기도 했다. 1980년대 후반에는 인민노련(인천지역민주노동자연맹)이라는 지하조직에 가담해 '김철순'이라는 필명으로 글을 썼다. 당시 세상을 향해 말하고자 했던 것은 무엇이었나.

20대와 30대 초반은 '어떻게 하면 한국을 민주화시킬 것인가'에 대해 밤낮으로 고민하고 탐색하던 시기였다. 세상에 나온 급진적인 혁명 사상은 모두 공부했다. 해방신학, 마르크스주의 등 미국·소련·남미 등에서 나온 온갖 혁명 이론을 공부하면서 이것들이 한국에 적용 가능한지 연구하고 번역하고 선전했다. 당시에는 금서가 많았는데, 그런 금서를 영문판이나 일문판으로 번역해 뿌리고 다녔다.

평생 문필 활동을 해온 셈인데, 젊은 시절 주로 지하 출판물에 가명으로 글을 썼다. 혁명을 선동하며, 민주주의와 사회주의를 외쳤다. '자유와 평등이 실현된 나라를 만들자'고 주장했다. 하지만 그런 활동이 사회 발전에 얼마나 도움이 됐는지는 모르겠다. 그러나 사회는 모든 사람의 다양한 활동이 어우러져야 유지되고 발전한다. 나 역시 하나의 역할을 한 것이니, 후회하지는 않는다.

공부한 이론이 한국적 상황에 잘 받아들이지 않을 때 허무하거나 답답하지 않았는지?

　　지금 생각해보면 쓸데없는 공부를 참 많이 한 것 같다. 특히 우리는 1980년 광주에서 학살을 자행한 '전두환'을 악마로 생각했다. 그래서 이 악마를 이기기 위해서는 누구와도 손잡을 수 있다고 생각했고, 요즘으로 말하면 '친북' 경향이 그때 생겨났다. 북한과 손을 잡고 전두환을 물리쳐야 한다고 생각한 것이다. 주사파는 그렇게 등장했고, 한동안 민주화운동을 지배했다. 나는 처음부터 반대했다. 그러다 보니, 지난 30년 동안 민주화운동권 내부에서 비주류 취급을 받았다.

　　우리가 노동운동에 참여한 것은 혁명을 일으키기 위해서였다. 공장에 들어가 노동자와 함께 생활하면서 노동자가 혁명의식을 갖도록 교육하고 조직해야 한다고 생각했다. 사실 황당한 생각들이다. 세상 물정을 하나도 모르는 대학생들이 공장에 갔다. 나약한 지식인의 모습이었다. 먹물 같기도 하고 재수생 같기도 한 친구들이 들어와 일도 제대로 못하니, 얼마나 우습게 보였겠는가(웃음). 노동자들에게 영향을 준다는 건 사실 힘들다. 오히려 우리가 노동자에게 배웠다. 그래도 재밌었다(웃음).

노동운동이 당면한 문제와 사회 현실을 글로, 나아가 이론으로 정립하는 게 쉽지 않았을 것 같다.

　　학생운동과 노동운동 시절, 논리를 구성해 제공하는 게 내 일이었다. 말하자면, 투쟁 일선 행동가가 아니라 이론가 역할을 맡았다. 황당한 주장과 이론이 난무하는 상황에서 그나마 현실적인 이야기를 하려고 노력했다. 그러나 지금 돌이켜 보면, 유치한 것도 많고 비현실적인 것도 많다. 그때 썼던 글을 보면 부끄러운 점이 많다.

핵심 주장 중 하나가 노동운동의 정치세력화, 정당으로의 발전이다. 그리고 이것을 현실화시키는 노력을 계속 해왔다. 그러나 성공하지 못 했다.

우리나라에서 영국의 노동당 같은 것을 만들고 싶었다. 그런데 이걸 2008년에 포기했다. 다음 세대에는 모르겠지만, 내 세대에서 '순수 노동당'을 만드는 것이 불가능하다는 판단이다. 100년 전 영국에서는 노동당이 자유당을 밀치고 제2당이 되면서 보수당과 자유당의 양당체제를 무너뜨리고 노동당-보수당의 양당체제를 성립시켰다. 이를 우리나라에서 재현해 보고 싶었다. 2004년에 기회가 잠깐 왔지만, 그 역사적 기회를 살리지 못 했다. 다시는 찾아오지 않을 것 같다.

2008년 민주노동당을 탈당했다. 한국에서 의미 있는 노동당을 만드는 것이 불가능하다고 생각했을 때 마음이 어땠나.

평생 한국에서 진보정당을 만들어보겠다고 노력했는데, 그것이 실패했다는 것을 인정해야만 했다. 맨발로 등산하는 고행을 하면서 인정할 건 인정해야 한다고 생각했다. 그 후부터 미국 정치사를 공부했다. 자본주의가 발전하면서 빈부격차가 심해지자 미국 남부 지역당이자 현 공화당 보다 더 보수적이었던 민주당이 '정책정당, 진보정당, 전국정당'으로 변신하는 과정을 공부했다. 그러면서 우리나라도 그런 변화가 일어날 시기가 다가오고 있다고 주장했다. 미국 민주당을 영국식으로 말하면 '노동+자유당'이라고 생각했고, 사회민주주의자들이 이를 현실화 하는데 앞장서야 한다고 얘기했다.

사회민주주의는 우파에게는 위험한 좌파로 공격당하고, 좌파에서는 개량주의로 비판받았다. 본인 역시 개량주의자로 비판받으며, 좌파 내에서 고립된 경우가 많았던 것으로 알고 있다. 게다가 보수 언론을 피하지 않는 채 진보 진영에 대한 과감한 비판으로 '변절자'라는 말까지 들었는데, 서운하지 않았는가.

나는 항상 좌파에게 가장 중요한 문서인 1848년의 '공산당 선언'과 1951년의 '프랑크푸르트 선언'을 읽어야 한다고 말한다. 1951년 '프랑크푸르트 선언'에는 1848년부터 1951년 사이 세계 사회주의운동 경험이 녹아 있다. 우리가 사회민주주의를 받아들였다는 건, 좌파가 겨우 1951년을 넘어선 것이라고 본다. 난 혁명주의에서 전향한 개량주의자다. 하지만 변절자는 아니다.

한국 진보 정당의 등장이 불가능한 핵심 이유는 무엇인가.

소선거구제가 가장 큰 장애다. 지금의 선거제도로는 제3정당, 진보정당이 등장할 수가 없다. 유명한 '뒤베르제의 법칙 Duverger's Law'이고, 누구나 인정하는 것이다. 하지만 여기서 진보정당을 하거나 정당 체제를 바꾸고 싶은 사람들이 잊지 말아야 할 것은 선거제도는 전통이고, 쉽게 바꿀 수 있는 것이 아니라는 사실이다. 역사상 선거제도가 바뀌는 것은 오랜 시민운동의 결실이다. 그러나 오랜 민주주의 역사를 가진 영국과 프랑스는 여전히 소선거구제다. 영국에서도 소선거구제를 바꾸려는 시민운동과 정치권 일부(자유민주당)의 노력이 있었지만, 최근에야 프랑스 식 결선투표제가 도입된 것으로 알고 있다.

최태욱 한림국제대학원대학교 교수를 비롯한 여러분이 '합의제 민주주의'와 '비례대표제'를 주장하고 있다. 기본적으로 찬성한다. 하지만 두어 가지 충고하고 싶다.

먼저 최근 고인이 된 박권상 선생을 기억하라. 이 분이 한국 비례대표제 운동의 선구자이다. 일찍부터 광역시도를 하나의 선거구로 하는 대선거구제를 실시하자고 주장했다. 그리고 1997년에는 중앙선거관리위원회가 이를 받아들여 정치권에 선거제도 개혁을 건의했다. 우리나라의 지적, 운동적 전통을 잘 알아야 한다.

그리고 프랑스 식 결선투표제가 더 현실성이 있는지 의문이라는 점이다. 왜냐하면 우리는 아무것도 없이 맨땅에 새 집을 짓는 것이 아니다. 이미 있는 집을 리모델링하는 것이다. 그러므로 영국의 경우처럼 소선거구제라는 집을 리모델링하는 것이 차라리 현실적인 방법일지도 모른다. 그런 점에서 대화문화아카데미의 개헌안에서 양원제를 제안하고, 하원은 소선거구제로 그대로 가고, 새로 만드는 상원은 비례대표제로 가자는 박명림 연세대대학원 교수의 제안도 검토할 가치가 있다.

최근 알바연대, 알바노조도 생겼다. 청년들의 노동문제와 관련해 적극적으로 활동하고 있는 청년유니온도 있다. 이들이 노동정당을 만들 수 있다고 생각하나.

노동운동이든 정치의 영역이든 앞으로 청년들이 어떻게 할지 주시하고 있다. '안철수 현상' 또한 앞으로 나타날 새로운 움직임의 전조前兆라고 본다. 지금은 '안철수 현상'이 주저앉았지만, 앞으로 이런 현상은 계속 나타날 것이다. 시간이 걸리겠지만 지금 2030세대가 새로운 흐름을 만들어 낼 것이다. 지금 기성세대는 이런 2030세대를 기백이 없고 눈치만 빠르고 자신들이 젊었을 때와 다르다고 보는데, 그렇게 생각하면 안 된다. 오히려 기성세대가 문제다. 기성세대가 꽉 붙잡고 있는 돈과 권력과 일자리를 내놓아야 한다.

지금의 2030세대는 어릴 적부터 노동조합, 노동자 의식, 노동의 권리 등에 교육을 받아본 적이 없는 세대이다.

그게 그렇게 중요한 것은 아니다. 과거 노동운동이 앞으로의 노동운동까지 감당할 수는 없다. 지금 2030세대의 노동운동은 완전히 다른 사고방식에서 나와야 한다. 현재 민주노총과 한국노총의 노동운동은 대기업과 공기업, 즉 노동자 중에서도 상층의 안정적인 노동자를 주로 대변하고 있다. 그런데 중소기업에서 일하는 노동자, 비정규직 노동자가 더 다수이며 그들의 생활은 지극히 불안정하다. 이들을 대변하는 새로운 세대의 노동운동이 등장해야 한다. 이것은 다음 세대의 몫이다.

지금 2030세대에게 기대를 걸고 있다. 젊은 세대가 사는 세상은 우리가 살아온 세상과는 완전히 다르다. 예를 들면, 지금 기성세대는 두 개의 진영으로 나뉜 채 한쪽은 다른 한쪽을 종북 또는 친일파라고 비난한다. 종북은 한국전쟁이라는 트라우마에서 나온 것이고, 친일은 식민지시대의 트라우마에서 나왔다. 그래서 친일이라고 하면 민족의 반역자고, 종북이라고 하면 빨갱이가 되는 것이다. 기성세대는 상대를 그렇게 규정하고 욕한다. 이런 구도가 지금까지 진보-보수의 구도를 대신하고 있다. 그러나 앞으로는 '진짜 진보'와 '진짜 보수'가 나올 때가 됐다. 선진국에서 볼 수 있는 좌파와 우파 말이다.

노동운동(정치) 세력 가운데 주체사상 즉, NL 계열을 가리켜 "'친북'

이라기보다는 '김일성주의자'이고, 이들을 정치라는 시장에 놔두면 국민들이 선택할 것이기 때문에 사상의 자유를 줘야 한다, 제거가 아니라 '치료의 대상'이다"라고 한 적도 있다.

'친북'은 지나간 역사의 유물이다. 지금 청년들이 '이석기 사건'을 보면서 '저 사람들이 왜 저럴까?' 하는데, 그들도 1980년대 광주민주화운동과 전두환 시대에서 청년기를 보낸 불쌍한 사람들이다. 또 '빨갱이는 물러가라'고 외치는데 반공애국 할아버지들도 전쟁을 겪은 불쌍한 분들이다. 지금 청년들이 이것을 이해하고, 이 프레임에서 벗어나 새로운 시대를 열어주기 바란다.

젊은 세대 중에는 기성세대가 어떤 역할을 해주길 기대하는 사람도 있는 반면, 새로운 흐름을 만들겠다는 사람도 있을 것이다. 청년들에게 어떤 얘기를 해주고 싶은가.

청년들이 기성세대에게 기대할 건 없을 것 같다. 선진국 사람이 후진국 사람들에게 뭘 기대할 수 있겠나. 오히려 자기들 입장과 생각에 충실한 것이 좋다. 우리나라가 너무 빨리 발전하다 보니, 후진국 사람과 선진국 사람이 함께 살고 있는 나라가 됐다. 그래서 대화가 안 되는 경우가 많다. 다만, 청년들이 좀 더 힘을 냈으면 좋겠다. 기성세대에 기대지 말고 스스로 느끼는 대로 주장하고, 용기를 가지고 불의를 고발하고, 그렇게 살면 좋겠다.

청년 '주대환'은 민주화운동을 했다. 지금 청년들은 어떤 운동을 해야 한다고 생각하나.

우파 성향을 가진 청년들은 진짜 통일운동을 하고, 좌파 성향을 가진 청년들은 진짜 노동운동을 해야 할 것 같다. 특히 노동운동이야말로, 사회민주주의운동의 핵심이다. 이를 중심으로 빈부격차 해소와 평등 가치 실현을 위한 운동을 해야 한다. 하지만 실제로 나타날 다양한 실천은 아마 내가 상상할 수 없는 새로운 것이 아닐까.

주대환에게 자유란?

나에게 자유란 '생각의 자유'다. 권력에 의해 탄압받을 수 있지만, 자신을 동굴에 가둘 수도 있다. 이것에서 벗어나는 것이 '자유'인 것이다. 젊은 시절, 자유를 위해 투쟁한 결과 민주화를 이룬 나라에서 자유를 누리며 살고 있다. 하지만 친구 중에는 지금도 당시의 트라우마에 갇혀 사는 이들이 있다. 사상의 자유를 마음껏 누리지 못하는 것이다. 참 안타까운 일이다. 그 '생각의 감옥'에서 탈출해야 한다. 지금까지 우리 역사에서 어떤 세대가 어떤 운동을 통해 무언가를 이룬 나라에서 살 수 있었나. 흔치 않다. 민주화운동을 해서 민주화된 나라에서 사는 건 행운이다. 그러므로 우리는 매우 행복한 세대다. 이렇게 생각하는 것도 나의 자유다.

인터뷰 담당 손어진, 조경일

조세영

전 외교부 동북아시아국장·동서대학교 교수

MB 독도 방문, 日 극우 아베 정권 탄생 도왔다

2013. 9. 6

지난 9월 2일부로 외교부를 퇴직했다. 어떻게 지내고 있나.

　어떻게 시간이 지났는지 정신이 없었다. 지난 9월 2일에
최종 퇴직 신고하고 나왔고, 4일에는 부산 동서대학교에서 첫
번째 강의를 했다. 아침 일찍 부산에 내려가서 강의하고 올라오
니 저녁이 되더라. 새로 이사도 하고 바쁜 날들을 보내고 있다.

그 전에도 강의를 하신 적이 있나.

　한 학기 수업은 작년에 처음 해 봤다. 한국외국어대학교
법학전문대학원에서 국제협상론을 맡아서 강의했다. 너무 열심
히 하다 보니 목 디스크가 와서 한 3, 4개월 고생했다(웃음). 밤
늦게까지 컴퓨터로 강의안을 만들고 몰두하다 그렇게 됐다. 하
지만 아주 좋은 경험이었다. 공직에 있으면서도 학생들을 만나
는 것을 좋아하는 편이라 특강을 많이 해봤지만 한 학기 강의
는 또 다르더라. 한 학기 강의를 해보니 '강의에 비하면 특강은
먹튀구나' 하는 생각이 들었다. 특강을 하고 나면 청중들이 내
강의를 어떻게 생각했는지, 그다음에 내 이야기를 또 듣고 싶
은지 아닌지를 알기 어렵다. 반면 16주 동안의 수업은 나름의

프로그램을 짜야 하고 학생들을 계속 만나면서 반응을 살펴가면서 다음 수업을 준비하게 된다. 느껴지는 부담과 긴장감이 굉장히 크다.

강의에서 학생들의 첫 반응은 어떻던가?

　　처음 학교에 간 날 동서대학교의 장제국 총장과 차를 나누면서 그분이 이런 이야기를 하더라. 지방 젊은이들 중 머리 좋은 사람, 집에 돈이 있는 사람은 다 서울로 올라간다. 그리고 지방대학에 남은 학생들은 어깨가 처져 있다. 그래서 자기는 그런 지방 학생들에게 자신감도 불어넣어 주고 싶고 어깨를 펴게 해 주고 싶다고 했다. 그는 국제화에 집중적으로 힘을 쏟으면서 동서대 학생들로 하여금 외국대학 연수도 많이 보내고 취업과 관련한 다양한 프로그램들을 만들고 있었다. 학생들 해외연수를 보내는 것도 무조건 성적순으로만이 아니라, 인터뷰를 통해 학점이 좋지 않아도 인재가 되겠다 싶은 학생들도 선발해 보낸다고 했다. 그런 학생들이 연수를 갔다 오면 실제로 크게 변한다고 하더라. 지방 대학의 생생한 현실에 대해서는 처음 듣는 이야기였다. 그동안 나는 서울에서만 살았고 외교부의 일도 주로 상대국가의 수도에 있는 대사관에서 일을 하니까 지방과 연결고리가 거의 없었다. 장제국 총장과 이야기를 하면서 '내가 동서대에 온 것은 단순히 지식을 열심히 전달하는 역할만이 아니라, 그 이외의 것이 필요하겠구나'하는 생각이 들었다. 인생의 선배로서 학생들에게 힘이 되는 이야기, 사는 데 도움이 되는 이야기를 전해 주는 것에도 앞으로의 수업시간을 할애해야겠다고 생각했다.

강의하는 것 자체가 익숙한 편이고, 나만의 노하우도 있다고 생각했었는데 첫 강의를 해보니 실제로 느껴지는 것이 더 달랐다. 학생들과 통성명을 하고 강의에 대한 설명도 하고 잠깐 대화를 하는데 서울과 비교해 무언가 모르는 미묘한 차이 같은 것이 느껴졌다. 이것은 '지방이라 실망스럽다'하는 느낌이 아니라 '이 미묘한 차이는 내가 정말 몰랐던 부분이구나'하는 마음이었다. 앞으로 매시간 더 깊게 생각해서 강의해야겠다는 걸 느꼈다. 세 번째 강의가 끝난 후에 한 학생이 내게 와서 '교수님, 강의 정말 재미있어요'라고 말하는데 가슴이 뿌듯했다.

1980년에 대학에 입학한 '80학번'으로 알고 있다. 대학 시절, 조세영은 어떤 사람이었는가.

내면이 굉장히 우울한 학생이었다. 그것은 아마도 어려운 가정형편에서 오는 것이었다. 대학생이니 얼마나 자유를 만끽하고 싶었겠는가. 당시는 요즘 대학생들과 다르게 공부에 그렇게 시달리지 않았고 친구들끼리 여행도 다니고 술도 마시러 다녔는데, 거의 그러지 못했다. 대학을 들어가긴 했으나 학비나 용돈을 마련하기 위해 과외를 해야 했다. 그런데 신군부('박정희 유신체제 말기인 1979년, 12·12사태로 정권을 잡은 전두환·노태우·정호용·김복동 등 육사 출신 군 세력을 일컫는다. 이후 '신군부'는 전두환을 위원장으로 하는 '국가 보위 비상 대책 위원회'를 만들어 통치권을 장악했다. - 인터뷰어)가 정권을 잡고 나서 과외를 금지해버렸다. 당시 과외는 주로 돈 있는 집에서 했고 상대적으로 서민들이 여러 가지로 힘들었던 건 사실이었다. 그래도 대학생 입장에서는 과외가 있어서 용돈이나 학비를 조달할 수 있었는데 신정권이 서민을 위한 정책이라고 해서 금지했던 것이다. 졸업할 때까지 과외금지조치가 풀리지 않아 굉장히 궁핍하게 대학생활을 했다. 그때는 지금 같은 아르바이트도 거의 없었다.

외무고시를 합격한 것이 대학교 4학년 때다. 언제부터 외교관의 꿈을 가지게 되었나.

고등학교 3학년이었던 1979년에 10·26사태가 있었고, 곧이어 12·12사태가 발생했다. 그 다음 해인 80년에 대학에 들어갔다. '아, 나도 드디어 대학생이다'라는 청운의 꿈을 품고 들어간 캠퍼스에서 폼 잡고 다니려는데, 5·18광주민주화운동 직전인 5월 17일 대학 휴교령이 내려졌다. 학교가 문을 닫아버린 것이다. 그래서 1, 2학년 때는 거의 공부를 안 했다. 법학과에 들어가긴 했지만, 사실은 법학을 좋아해서 선택한 것이 아니었다. 원래 나는 문학이나 철학, 사학을 하고 싶었는데 어려운 집안의 장남이다 보니 집에서 엄청나게 반대했다. '어머니도 고생하시고 동생들도 있는데 네 생각만 하느냐'고 말이다. 그래서 점수대로 법학과를 갔다. 사실 전공 공부에 재미를 못 붙였다. 우울한 상태에서 다른 책들을 많이 보거나 생각을 하면서 시간을 보냈다. 그때는 학점이 좋지 않아도 대학 간판이 있으면 취직은 다 했다. 대학교 3학년이 되면서 '난 졸업하면 뭐하지?' 하는 생각이 들기 시작했다. 법학과 친구들이 다들 사법고시를 준비하길래 나도 한 달 정도 공부를 해 봤는데 재미가 없어서 못하겠더라. 그래서 고민을 하다가 외무고시 시험과목을 보니 국제정치, 헌법, 정치학, 경제학 등의 과목이 있었다. 흥미가 느껴지는 과목이기도 했고, 막상 해보니 재미있었다. 그렇게 3학년 때부터 1년 9개월 동안 외무고시 준비를 해서 합격했다. 졸업하고 곧 외교부(당시는 외무부)에 들어갔다.

외교부에서 주住 일본 2등 서기관을 시작으로, 1등 서기관, 공사 참사관을 역임했다. 일본과 인연이 깊어 책(《봉인을 떼려 하는가: 미일동맹을 중심으로 본 일본의 헌법 개정 문제》(아침 펴냄))도 썼다. 책 내용이 좋아 관련 분야의 스테디셀러라고 들었다. 원래 일본에 관심이 있었나.

　　　원래 일본에 관심이 많기도 했지만, 일본으로 외교부 해외연수를 간 것이 일본 문제와 인연을 맺는 계기가 됐다. 책을 정말 열심히 썼다. '이 책이 잘 팔리면 글 써서 먹고 살아야지' 했는데, 안이한 생각이었다. 현실은 냉엄했다(웃음).

일본 정치가 갈수록 극우로 치닫고 있다. 이유가 무엇이라고 생각하나?

　　　'일본 우경화'는 일시적인 것이 아니라 오랜 흐름이 있는 것 같다. 1990년대 초반만 해도 진보정당인 사회당이 중의원에서 140석 가까운 의석을 갖고 있었다. 이것이 20여 년 사이에 달랑 5석 미만으로 줄었다(2012년 총선 결과 사민당 2석 획득). 여기엔 뭔가 흐름이 있다. 일본 우경화가 단순히 잃어버린 20년 동안 경제가 좋지 않았기 때문이라기보다는 사회 전체의 불안감으로 좌표축이 오른쪽으로 가고 있는 것 같다. 특히 일본

국민 사이에서 경제적, 정치적, 군사적, 외교적 불안감 등이 복합적으로 작용하는 것 같다. 중국과 센카쿠열도(중국 명名 '댜오위다오')에서 무력 충돌 직전까지 가기도 했고, 또 중국이 일본 기세에 밀리는 모양새이다. 북한의 핵미사일 문제도 있다. 일본 사회의 불안감이 점점 더 심해지는 것 같다.

개인이 아니라 국익을 놓고 일본과 최전선에서 만나는 외교관의 입장에서는 일본을 바라보는 시선이 일반 국민보다는 훨씬 복합적일 것 같다.

'외교에서는 절반만이 가능하다'는 말이 있다. 상대방이 있기 때문이다. 내가 원하는 걸 100만큼 얻고 싶더라도 대등한 주권 국가로서의 상대방이 있고 내가 어떻게 할 수 없는 측면이 반드시 있다. 그래서 외교에서는 '절반만의 성공'이라는 숙명이 있는데 오늘날 국민들은 '절반만의 성공'을 받아들여 주고 이해해주지 않는다. 오히려 "왜 100을 못 얻었어?"라고 이야기한다. 외교에서 국민의 힘, 여론의 힘이 커지면서 이런 경향이 점점 심해지고 있다. 요즘은 '권력이 세상을 바꾸는 게 아니라 여론이 세상을 바꾼다'고 하더라. 그만큼 여론의 힘이 강해졌다. 인터넷과 SNS를 통해 이 힘이 실시간으로 보이며, 그것이 정책에 반영되게 압력을 가한다. 그러니 '절반만의 성공이 가능하다'는 본질적인 한계를 갖는 외교 분야에서 겪는 어려움이 커진다.

특히 일본과 관련된 문제는 그게 더 심하다. 위안부 문제, 역사 왜곡 문제, 독도 영유권 문제 등에서 국민은 항상 100을 얻어 정의를 실현하자고 하니 일본과의 관계가 악순환 속에서 헤어 나오질 못하게 된다. 한일관계는 사안별로 분리 대응하는 것이 좋다. 역사나 영토문제는 단호하게 대응하고, 경제나 안보 문제는 우리의 국익에 맞게 실리적으로 대응하는 게 필요하다. 역사문제는 결국 일본이 지는 게임이다. 역사문제가 정치 외교화 될수록, 시간을 끌수록 일본이 손해다. 미국에서 군 위안부 기림비와 소녀상이 계속 늘어나고 있는 현상을 우리가 보고 있지 않나? 군 위안부 문제는 단호히 대응하는 게 맞다. 헌법재판소 판결도 있으니 중재에 회부하는 게 좋다고 본다.

단호하게 대응한다는 점에서는 같지만, 조금 다른 각도에서 봐야 하는 게 독도 문제다. 위안부 문제와 달리, 독도에 대해서는 다른 나라가 우리 입장을 지지하는 움직임이 확산하리라고 기대하는 것은 무리이다. 어느 나라든 다른 나라의 영토문제에는 중립적 자세를 취하는 게 기본이다. 이런 차이에 주의해야 한다. 중요한 건 '단호'와 '실리'라는 두 개의 바퀴를 함께 굴려야지, 하나의 바퀴로만 가려고 하면 실패한다. 따질 건 안 따지고 협력만 한다든지, 협력도 하지 않으면서 따지기만 하는 것은 결국 잘 되기 어렵다. 따질 건 엄하게 따지면서도 협력할 건 협력한다는 방향으로 가야 한다.

바람직한 한일관계 성립을 위해 우리가 일본을 어떤 태도로 바라봐야 할까.

　　한일관계와 관련해서 우리 사회에 꼭 하고 싶은 말이 있다. 한일관계가 냉랭해지고 일본에서 혐한嫌恨 분위기까지 고조되고 있는데, 이런 때일수록 일본 내 양심세력이나 우호세력과의 연대가 중요하다. 그들에게 거부감을 주지 않고 공감을 얻어야 하는데, 우리가 편협한 내셔널리즘Nationalism(국가주의)에 빠지면 그들의 공감을 얻을 수가 없다. 인권이나 자유 같은 보편적 가치 기준이 중요하고, 우리 자신의 언행이 그에 벗어나는 것은 없는지 끊임없이 돌아봐야 한다. 일본의 국가주의자나 극우세력을 비난하면서 우리 자신이 그들과 닮은 모습으로 비치는 일은 없는지 살펴봐야 한다.
　　일본 애니메이션의 거장 미야자키 하야오가 최근 일본의 과거사 사죄와 배상을 촉구하고 아베 총리의 역사인식을 정면으로 비판하는 기고문을 실어 한국에서 큰 공감을 불러일으켰다. 그런데 미야자키 감독은 같은 기고문에서 독도 문제에 대해서는 '양측이 절반으로 나누던지, 공동 관리를 제안해야 한다'고 주장했다. 우리가 미야자키 같은 양심적 인사의 공감과 지지를 얻기 위해서 어떻게 말하고 행동해야 할까, 특히 독도 문제에 대해 우리가 거칠고 일방적인 언행을 보일수록 그들은 멀어져 갈 거다.

협상은 외국을 상대로 하는 협상이 있고, 국내 국민들을 대상으로 하는 협상이 있는 것 같다. 사실 후자는 정치인이 해 줄 수 있는 영역이 아닐까.

정치인들은 유권자의 표를 가지고 당선되므로, 현장의 민심을 중시할 수밖에 없다. 하지만 이것이 과도하면 포퓰리즘Populism(대중영합주의)에 빠지기도 한다. 중장기적인 국익보다는 당장 눈앞의 단기적 이익, 민심이 원하는 것에 방향을 맞추기 때문이다. 정치가들이 외교 정책에 대해 중심을 잡아 주는 역할이나 국민을 설득해 주는 역할을 하는 것이 아니라, 오히려 "국민이 원하는 건 이건데 외교부는 왜 거기에 맞춰서 하지 않느냐?"고 질책하는 쪽으로 가는 경우가 많다.

예를 들어 독도 문제는 '유소작위有所作爲 과유불급過猶不及'이다. 일본이 도발하면 유소작위, 따끔한 조치로 대응해서 더이상 그러지 못하도록 교훈을 줘야 한다. 우리가 영유하고 있으니 그냥 조용히 있으면 된다는 방식을 우리 국민들은 이미 받아들이지 않고 있다. 그러나 동시에 중요한 것은 과유불급, 지나친 것은 아니함만 못하다는 점이다. 그중에서도 국내정치적 목적에 이용되지 않도록 하는 게 가장 중요하다. 정치인들이 깊은 생각 없이 독도에 가서 사진 찍고 퍼포먼스를 하는 식의 대응이 과연 우리 국익에 얼마나 도움이 되는지 따져보고 싶다.

그중에서도 특히 지난해 8월 10일에 이명박 전 대통령이 독도를 방문한 것은 국내정치적 목적으로 외교적 이익을 훼손시킨 대표적 사례라고 생각한다. 우리 대통령이 우리 영토를 방문한 게 뭐가 잘못이냐고 따지는 사람이 있겠지만, '우리 국익에 어떤 결과를 초래했는지 냉정하게 대차대조표를 한번 써보자'라고 제안하고 싶다. 일본은 '울고 싶은데 한국이 뺨 때려줬다'라는 심정으로 독도를 국제사법재판소ICJ에 제소하자고 들고 나왔다. 그 후에 우리는 이렇다 할 대응 없이 수세로 일관했고, 게다가 군 위안부 문제를 중재에 회부한다는 공세적 카드도 사장死藏시켜 버렸다. 우리와 비교되지 않을 정도로 독도에 대해 관심이 희박하던 일본 국민의 애국심에 불을 지피는 절호의 기회를 만들어줬다. 이명박 전 대통령의 독도 방문이 일본의 내셔널리즘을 자극해서 강경 보수의 아베 정권 탄생에 기여했다는 분석까지 나올 정도다.

이제 민간인이 된 입장에서 조금 용감하게 이야기하자면, 정치인들이 여론에 편승해 외교를 악화시키는 일은 없었으면 좋겠다. 그렇다고 '외교는 외교 관료에게만 맡겨주십시오'라고 얘기하는 건 아니다. 국민을 대표하는 정치인이 필요하다면 외교 관료를 견제하고 질책하는 건 당연하다. 그러나 국민 여론이 항상 합리적인 것만은 아니기 때문에 정치인들이 그에 편승해서 퍼포먼스 위주로 행동한 적은 없는지 돌아봐야 한다.

관료는 선출직이 아니라서 누구에게 잘 보일 필요가 없

다. 일을 처리하면서 불편부당하고 공평무사해야 한다고 생각한다. 대한민국에서 객관성을 담보하는 가장 큰 집단이 있다면, 관료 집단이라고 보면 될 것이다. 하지만 관료는 책상에서 일하는 데 파묻혀서 민심을 살피는 데는 소홀할 수 있다.

주요 국가들을 보면 큰 틀의 흐름을 파악해 장기적인 비전을 갖고, 그에 맞춰서 움직이는 게 보인다. 주변에 강대국들이 있어서 그렇지, 경제 규모나 다른 면에 있어서 우리나라도 매우 큰 나라다. 하지만 이에 맞지 않게 장기적인 국가 비전이 너무 없는 것 같다. 외교적, 통상적인 측면에서 특히 그렇다. 정권이 바뀔 때마다 새로운 것을 시도하려다 보니까 단기적이고 즉각적으로 사건들에 반응하는 것 같다. 그에 대해서는 어떻게 보는가.

장기적인 플랜이나 전략이 정말 필요하다. 이것은 우리가 매우 취약한 부분이다. 김영삼 대통령 시절 대통령 의전비서실에 근무한 적이 있다. 임기 후반 무렵에 어느 편한 자리에서 한 수석비서관이 "(임기가 시작되기 전인) 대통령 당선자 시절에 참모들이 대미, 대중, 대일 정책 등 외교 핵심 이슈에 대해 집중적으로 학습시켜 드리지 못한 것이 후회된다. '이것만큼은 변해서는 안 된다'라는 골간을 대통령의 뇌리에 확실히 입력시켜서 어떤 돌발 상황이 발생해도 중심이 흔들리지 않도록 했어야 한다"라고 했던 말이 기억에 남는다. 중요한 이슈에 대해서 정부 또는 정치권 차원에서 국민 전체를 아우르는 공론화를 통해 기본적인 원칙 같은 것이 확립돼 있어야 한다.

왼쪽에서 오른쪽으로든, 보수에서 진보로든 정권이 교체

되는 것은 여러 가지 비용이 들긴 하지만 중요하다. 과거사 문제에 대해 '독일은 진솔한 반성과 사과를 하는데 일본은 왜 그렇지 못 한가'라는 이야기를 많이 한다. 그런데 독일도 과거사 반성이 그냥 된 건 아니더라. 독일 사람들이 인간적으로 특별한 사람이라고 볼 필요는 없다. 다만 그 뒤엔 정권교체가 있었다. 기민당과 사민당 사이에 정권 교체가 이뤄지면서 과거사에 대해 사죄하는 강도나 농도가 점점 달라진 것이다. 독일 기민당도 과거사에 대한 반성의 입장은 분명했지만, 사민당 정권으로 바뀌면서 특히 브란트 총리 때 과거사 청산 문제가 한 차원 높게 진전이 되었다. 이 흐름이 나중에 다시 기민당 정권에도 계승되면서 기민당의 바이체커 전 대통령이 유명한 '광야의 40년' 연설까지 할 수 있었던 것이다. 반면 일본은 '55년 체제'가 이뤄진 다음, 사실상 정권교체 없이 자민당의 장기 지배체제를 이어왔다. 2009년에 처음으로 정권 교체가 이루어졌지만, 그것도 3년

남짓으로 짧게 끝났다.

결국 역사도, 사회도 보수와 진보가 서로 왔다 갔다 하는 속에서 조금씩 발전하는 것 같다. 전前 정권 최고 지도자가 한 일이기 때문에 이후에 다른 색깔의 정권이 등장해도 완전히 뒤집을 수가 없고 어느 정도 계승되는 것이다. 중장기적 일관성이 필요하되, 분명한 중심을 가지고 좌우로 왔다 갔다 하는 것 또한 필요하다. 그런데 우리는 일본에 비해 정권 교체의 전통은 (오히려 진폭이 심한 게 아닌가 싶을 정도로) 상당한 성과를 이뤄냈다. 이제는 핵심 부분에서의 일관성, 흔들리지 않는 원칙을 만들어 나가야 한다.

작년에 큰 이슈 중에 하나였고, 직접 실무자로 참여하기도 한 '한일정보보호협정'도 그 연장선상에 있는 것 같다. 당시 이 협정을 밀실 처리한 것에 대한 비난이 일자 정부 책임자들이 실무자에게 모든 책임을 넘기고, 사태를 덮어버렸다. 외교부와 정치권에서도 이 같은 조치에 대해 많은 비판이 있었다.

결국 권력이 세상을 바꾸는 게 아니라 여론이 세상을 바꾼다는 것의 한 가지 사례로 볼 수 있을 것이다. 역시 국가가 어떤 중대한 사안을 추진하기 위해서는 국민에게 충분히 설명하고, 최소한의 공감대를 확보하기 위해 정말로 열심히 노력해야 한다는 것이 교훈이었다. 그만큼 국민 감정상 민감한 사안이었다. 당시 그런 결정은 우리의 국익 상 필요했다고 봤기에 추진했던 것이고, 그에 대해서는 지금도 잘못된 판단이었다고 생각하진 않는다. 만일 잘못된 판단이라고 생각하고서도 추진했으면, 내 양심에 어긋나는 일이었을 것이다.

국익과 민심이 만날 때 결국엔 어떤 과정과 속도로 민심을 설득하면서 가는 것이 매우 중요한 것 같다.

맞다. 하지만 세상일은 속도를 못 맞출 때가 많다. 세상은 온도가 항상 일정한 실험실 같은 조건 속에 있는 게 아니다. 바람이 불기도 하고 비가 오기도 하고 갑자기 기상상황이 변하기도 한다. 그 안에서 벌어지는 게 현실이다. 충분히 속도를 내면 좋겠는데, 현실에선 시간이 없고 이 상태에서 일은 계속 벌어지고 무언가 반드시 결정해야 하는 경우가 많다. 시간을 갖고 충분한 설명을 한다는 것은 모범답안일 뿐이다. 그렇기 때문에 필요한 것이 바로 '용기' 같다. 시간이 없는데 그 판단이 옳다고 믿는 정책 결정자 또는 최고 책임자의 소신이 있다면, 바로 '용기'를 가지고 설명하는 수밖에 없다. '이걸 얘기하면 굉장히 두드려 맞을 텐데, 벌집을 건드리는 것이나 마찬가진데…' 하는 생각이 들더라도 해야 한다. 그게 필수적이다.

옛날의 전통적인 외교는 구름 위에서 이뤄졌다. 지배층인 왕과 귀족들에 의해서만 이뤄졌고 민중은 없었다. 외국어를 하는 사람도 적었고 언론도 발달하지 못했다. 그때는 국민의 공감대 확보는 필요하지도 않았고 국가들끼리 서로 속고 속이는 비밀스러운 조약을 구름 위에서 맺고 파기하는 식이었다. 그런데 지금은 반드시 국민들에게 설명하고 이해를 구해야 한다. 그렇게 하는데도 항상 국익과 국민여론이 충돌하고 앞으로 이런 충돌은 더 심해질 것이다. 여기서 지도자와 정책 결정자는 필요한 경우에는 용기를 갖고 정면에서 국민 여론을 마주해야 한다. 그것을 해내지 못하면 실패한다.

외교관을 하면서 가장 기억에 남는 에피소드는?

주 예멘대사관에 근무 중이던 1994년 5월 남북예멘 내전이 터져서 아내와 8살, 5살 난 두 딸을 프랑스 군용기 편으로 철수시키고 3개월간 대사관 남자 직원들끼리 현지에 잔류했던 일을 잊을 수 없다. 전쟁이라는 게 개인의 일상을 완전히 파괴하는 것임을 처음 깨달았다. 가족들과 다시 합칠 수만 있다면 뭐든지 하겠다는 심정이 되더라. 가족의 소중함을 깨닫는 계기가 되었다. 내가 현지에 부임해서 여러 가지 정보를 분석한 결과, 국지적 충돌은 몰라도 전면적인 내전이 일어날 가능성은 크지 않다고 본부에 첫 번째 정세 보고를 했는데 그 직후에 내전이 발생해서 굉장히 자괴감을 느꼈다. 전쟁은 합리적으로 일어나는 것이 아니라 비합리적으로 일어나는 것이라는 교훈을 그때 얻었다. 논리적으로 따져서 예측할 수 있는 게 아닌 것 같다.

김영삼 전 대통령의 일본어 통역을 맡는 등 대통령 외교에도 많이 관여를 했는데, 역대 대통령의 외교를 나름대로 평가한다면?

김영삼 대통령 시절에 청와대 본관 의전비서실에서 2년 가까이 근무했는데, 매우 따뜻한 분이라는 인상을 받았다. 주변 사람에게 잔소리하는 것을 보지 못했다. 정치적 결단력이 있고 승부사적 기질이 있기 때문에 외부에서는 강하고 완고한 이미지로 보이는 것 같은데, 과감하게 참모를 믿고 일을 맡기는 스타일이었다. 참모들도 소신껏 일하는 분위기였다. 예를 들어, 대통령 측근 참모에게 뭔가를 물었을 때 보통은 '기다리세요, (보스에게) 여쭈어보고 알려 드릴게요'라고 말하는데, 김영삼 전 대통령 참모들은 그 자리에서 소신껏 '이렇게 하세요' 하고 시원시원하게 답해줬다. '스케일이 큰 리더십이란 이런 거구나' 하고 생각했다.

김대중 전 대통령은 대외 정책에 관해서 확고한 철학을 가지고 있었고, 사상가의 반열에 있는 분처럼 느껴졌다. 외교에 관해서 분명한 전략과 청사진이 있었기 때문에 밑에서도 명확한 방향을 가지고 일할 수 있었다. 본인이 깊이 숙고해서 생각을 잘 정리하고 있었기 때문에 어렵고 복잡한 문제도 굉장히 쉬운 말로 알기 쉽게 설명했다. 통역을 하다 보면, 자기 생각이 잘 정리되어 있는 사람일수록 쉬운 말로 간결하게 설명한다는 걸 알 수 있다. 외교에 있어서 대단히 깊이 있고 세련된 지도자였다고 생각한다.

두 분 다 나보다 일본어를 훨씬 더 잘하기 때문에 그 앞에서 통역한다는 게 쉬운 일은 아니었다. 지금 돌아보면 '참 겁도 없었구나' 하는 생각이 든다. 더구나 나는 통역대학원 같은 곳에서 전문적으로 일본어를 공부한 사람도 아니고, 외무고시 준비를 위해서 대학교 4학년 때 처음으로 일본어를 공부하기 시작했을 뿐이다. 그때는 통역 요원을 별도로 특별 채용하지 않았던 시절이었기 때문에 장차 통역 업무가 주어질 경우를 대비해 열심히 공부할 수밖에 없었다. 전문 통역사 출신이 아닌 외무고시 출신으로 대통령 일본어 통역을 한 것은 내가 마지막이었다. 조그만 자부심을 가지고 있다.

사실 외교부에 계속 남아 있으면 고위공무원으로 10년 정도 화려한 생활을 할 수 있었는데, 사표를 제출했다. 특별한 이유가 있었나.

'인생의 목적이 뭘까' 하는 생각을 많이 했다. '재외공관 대사가 되는 것이 내 인생의 목적일까?' 하고 생각했을 때 결론은 '아니다'였다. 우연한 일에 부딪혀 내 인생을 되돌아보면서 내 마음 속 소리에 귀를 기울여 봤다. '내가 뭘 하고 살면 행복할까? 내가 지금 뭘 하고 싶은 걸까?' 했을 때 드는 생각이 '자유롭게 살아보는 것'이었다. 한 번 사는 인생인데 내가 생각한 대로 한 번 살아보고 죽어야 후회가 없겠다는 생각이 들었다. '생각하는 대로 살지 않으면 사는 대로 생각하게 된다는 말'도 곱씹어 봤다. 자유롭게 생각하고 그걸 글로 옮겨서 사회와 소통하고 그래서 더 좋은 세상을 만드는 데 기여하고 싶다. 굳이 이름 붙이자면 실천적 문필활동가나 실천적 평론가라고나 할까.

세상의 기준에서 보면 지금 나의 선택이 엉뚱할 수 있다. 실제로 정년도 8년 정도 남았는데 편하고 안락한 것들을 많이 포기한 셈이 됐다. 어떤 사람은 '오십이 넘어서 갑자기 이게 무슨 짓이냐?'라고 했고, '갑자기 맨땅에 헤딩해서 뭘 할 거냐? 준비가 그렇게 돼 있느냐? 틀림없이 실패 한다'는 말도 들었다. '대사를 한 번 하고, 3년쯤 후에 대학에 가서 가르치는 일을 해도 되지 않나? 은퇴하고서도 할 수 있는 일인데 왜 꼭 지금 하려고 하느냐?' 하는 사람도 있었다. 그랬을 때 '만일 내일 죽는다고 하면 오늘 뭘 하겠는가'라는 생각을 또 해 봤다. 역시 '젊었을 때부터 한 번은 살아 봤으면 하던 삶을 살고 싶다'는 생각이 들었다. 막연하지만 자유롭고 독립된 영혼으로 살아보고 싶은 선택이었다.

공식적으로 외교부 생활이 끝난 지난 9월 2일, 눈을 떴을 때 기분이 어땠나.

작년에 국장 보직을 내놓고 난 뒤 1년 2개월 정도 무보직 상태로 있으면서 학교에서 강의를 하는 등 예행연습이 됐다. 그래서였는지 30년 공직을 마무리하고 민간인이 된 첫 날이라고 해서 특별히 다를 건 없었다. 30년이란 세월은 짧은 게 아닌데도 충격이 덜할 수 있었던 것은 옛날부터 내 마음 속에 '자유로운 영혼이고 싶다'는 씨앗 같은 게 있었기 때문이었던 것 같다. 지위나 직책이 어느 날 갑자기 사라진다고 해도 혼란에 빠지지 않을 수 있다는 생각이 늘 있었다.

외교관이 되어 해외에 나가면 품위를 유지하라고 나라에서 집도 빌려 준다. 대사가 되면 멋진 대사관저도 주고 운전기사가 딸린 큰 차도 준다. 그런데 항상 '어차피 내 것이 아니지 않나' 하는 생각을 했다. 내게 국장실을 따로 주었을 때도 '내일 갑자기 그만두면 내 방이 아니지 않나'라는 생각이 있었다. 약간 허망하고 염세적일지 모르지만, 이상하게 오래전부터 그런 생각이 있었다. 높은 위치에 갔을 때 마치 자기가 그걸 영원히 가져갈 것처럼 착각하고 사는 경우가 많다. 내겐 다행히 그런 생각이 없어 갑자기 자유로운 입장이 됐을 때 당황하거나 패닉에 빠지지 않을 수 있었다.

개인 이메일 주소를 1998년에 처음 만들었는데, 그때부터 명함에 외교부 공식 이메일 주소(mofa.go.kr)가 아니라 개인 이메일 주소를 적었다. '공식 메일 주소는 내가 퇴직하면 없어지지 않나. 내가 죽을 때까지 갖고 있을 주소를 써야지.' 늘 이런 식이었다(웃음).

공직에 있으면 항상 본인이 작성한 문서나 글에 '조세영'이라는 이름보다는 외교부 직함으로 나가기 마련이다. 이젠 '교수'라고 불릴 텐데, '조세영 교수'라고 나갈 첫 글로 준비된 게 있나.

완성된 것은 없고 글의 재료로 쓰일 씨앗들은 많이 모아서 다듬고 있다. 아무래도 30년간 한 일이 외교 업무이다 보니, 이와 관련해서 현장에서 느꼈던 것으로 글을 쓰려고 한다. 그리고 오랫동안 담당했던 일본, 중국, 동북아 현안에 대해서도 다루고 싶다. 이 일이 앞으로 내 생활의 중심이 될 것이라 생각하고 계속 정리하는 아이디어를 모으고 있다.

젊은 시절, 회사에 취직하기보다는 공공의 이익을 위해 일하는 쪽에 더 끌려 공직을 택했다. 그런데 그곳에서는 항상 다른 누군가를 위해 글을 썼다. 대사의 연설문을 쓰는 경우도 있었고 장관이나 차관, 또는 대통령 회담 자료를 만들 때도 있었다. 그럴 때마다 마음 한구석에 '다른 사람이 아닌 나의 것을 쓰고 싶다'는 욕망이 있었다. 그런데 이제 앞으로는 그렇게 할 수 있게 됐다. 막상 내 이름을 걸고 할 수 있게 되니, 한 자 한 자가 주는 중압감이 더 큰 것 같다. 부담되고 두렵다.

눈빛이 '불안'을 즐기는 것 같다(웃음).

아니다. 그래도 자유롭고 독립된 것이니 좋다(웃음).

자유를 찾아 광야로 나왔다. 그 의미가 남다를 것 같은데, 조세영에
게 자유란?

자유란 '리스크 테이킹risk taking', 즉 위험 부담을 감수하
는 것이다. 위험을 감수해야 얻어지는 자유도 많은 것 같다. 거
꾸로 편하고 안락한 길을 가다 보면 자유를 포기해야 하는 경
우도 많이 있다. 나 역시 자유롭고 독립된 입장으로 홀로서기
위해서 '리스크 테이킹'이 필요했다. 풍요롭고 안락한 삶을 일
정부분 포기했다. 그런데 내가 지금 글을 쓰고 책을 낸다고 해
서 과연 사람들이 공감해 주고 읽어 줄지, 칭찬이 많을지, 비판
이 많을지 알 수가 없다. 한두 번 하다가 더 이상 원고 청탁도
안 들어올지도 모른다. 이 모든 것이 '리스크'다. 이 리스크들을
'테이킹' 하는 거다. 그래야 자유가 얻어지는 것 같다.

자녀 교육과 관련해서 나름의 철학이 있는지 궁금하다.

자식에 대해서는 자유방임주의다. '너 하고 싶은 것 해라'
이다. 아이의 인생이지 않나. 어렸을 때, 대학교에서 전공을 선
택할 때 내가 하고 싶은 대로 하지 못했기 때문이다. 나는 문학
이나 역사, 또는 철학을 하고 싶었지만 '가정형편'이라는 압력
때문에 법학과에 가서 이 길을 걸어왔다. 그런데 차남인 내 동

생은 자신이 하고 싶은 고고미술사학과에 가서 지금은 교수를 하고 있다. 당시 동생이 고고미술사학과를 간다고 했을 때 집 안에서 아무도 반대하지 않았다. 나는 자식들에게 '정말로 자기가 하고 싶은 것을 해야 행복하고 그래야 성공한다'고 말한다. 나는 정말로 그렇게 믿는다.

청년들에게 하고 싶은 말은?

요즘 젊은이들을 보면 만감이 교차한다. 우선 굉장히 부럽다. 우리 땐 그렇게 풍족하질 못했다. 특히 홍대 앞, 북촌마을 등에 가보면 예쁘고 아기자기한 카페들, 맛있고 좋은 음식점들이 많다. 젊은이들이 그런 곳에서 맛있는 음식을 사진 찍어 블로그에 올리는 것을 보면, '우리 사회가 참 풍요로워졌구나'하는 것을 느낀다. 우리가 청년이었을 때는 갈 데가 없었다. 술을 마신다고 하면, 의자 없이 쭉 서서 카운터에서 직접 가지고 온 맥주와 땅콩을 벽보고 먹다 담배를 피우며 이야기하다가 집에 가곤 했다. 지금은 정말 많이 윤택해졌다.

반면에 사는 게 너무 힘들어진 것 같다. 우리는 별로 공부를 안 해도 금방 취직이 됐다. 그래서 대학교에서 학생들이 학점이나 스펙에 매달리지 않았다. 스펙이라고는 졸업장뿐이지 그 외 자격증, 해외 연수 경험 등이 전무했다. 그러고도 다들 졸업하고 취직했다. 또 취직하면 취직한 대로 경제가 성장하니 노후 걱정도 안 하고 살았다. 그런데 요즘 젊은이들은 공부도 많이 해야 하고 경쟁도 세고 갖춰야 할 것도 너무 많다. 취직이 잘 되는 것도 아니고 설사 취직이 된다 해도 고령화 사회가 되면서 노후가 막막한 것이 현실이다. 참 안됐다는 생각이 든다.

이 두 가지가 생각 속에서 나는 청년들에게 좀 더 용기를 가지고 '리스크 테이킹'을 해 보길 권하고 싶다. 남들이 다 해도 자기가 싫으면 좀 안 하고, 남들이 다 가는 길이지만 내가 내키지 않으면 안 가 보기도 하는 용기를 갖고 살아 주었으면 좋겠다. 두렵지만 여기에도 길이 있을지도 모른다는 생각을 하면 좋겠다.

또한 젊은이들의 현재와 미래가 조금이라도 덜 힘들도록 만드는 게 우리 기성세대의 책임이다. 기성세대 또한 노력을 많이 해야 한다. 경제성장은 둔화되기 시작하고, 고령화 사회에 접어들면서 사회 안전망 같은 것이 채 정비되지 않은 상태에서 변화를 맞이하고 있는 힘든 시기다. 젊은 사람들은 이것을 바꾸는 데에 한계가 있을 테니 사회에서 중심적인 역할을 하고 책임을 가지고 있는 기성세대가 이 사회를 좋은 방향으로 만들어서 물려줘야 한다. 그런 면에서 젊은 세대와 기성세대가 힘을 합쳐 좋은 세상을 만들었으면 좋겠다. 나도 그런 글들을 많이 쓰겠다.

인터뷰 담당 손정욱, 손어진, 정인선

절대로 혼자서
자유로워질 수 없다는 사실

은수미

생계형 정치하는 민주당, 추락하는 길밖에…

2013. 3. 19

은수미

한국에서 노동 운동가가 된다는 것은 스스로 불편한 삶을 선택하는 것과 마찬가지인 듯하다. 무엇이 은수미 의원을 노동으로 이끌었는가? 어떤 개인적인 계기라도 있었는지 궁금하다.

스스로에게도 질문해보지만, 그 이유는 정확하게 모르겠다. 어렸을 때 인상적인 기억이 두 가지가 있는데 그 중의 하나는 중학교 2학년 때 사회선생님이 '동일방직사건'을 이야기해 주셨던 것과 그분이 추천해 주셨던 조세희 작가의 《난쟁이가 쏘아올린 작은 공》이라는 책이었다. 그 두 가지가 한참 정체성이 형성되던 시기에 나에게 가장 크게 영향을 준 것 같다.

또 하나가 그 당시에 내가 살던 신림동의 판자촌에 대한 기억인데 당시 내가 살던 집에서 몇 백 미터만 걸어가면 판자촌이었고 친구들이 거의 그곳에 살았다. 한번은 친구 집에 놀러가서 술래잡기를 하다 몸을 밀쳐 벽에 부딪쳤는데 벽에 구멍이 났다. 벽이 스티로폼이었던 것이다. 그것을 보면서 내 친구들의 삶과 나의 삶이 너무 다르다는 게 납득이 안 갔다. 이야기로 듣거나 책을 통해 보았던 현실 세계와 실제 내 친구들의 삶을 통한 본 현실이 도저히 납득하기 어렵다는 만연한 인식 속에서 그 때는 '수녀가 되어서 이 사람들을 위해 살고 싶다'는 생각을

했었다. 우리 집이 성공회 집안이라 중·고등학교 때까지 수녀가
되고 싶다는 생각을 하다 부모님의 반대로 뜻을 접었다. 그 이
후 공부만 하다 대학에 들어와서야 '이게 정말 현실이구나'를
스스로 인정하면서 그때부터 사회적 약자에 관심과 활동이 본
격적으로 시작되었다. 이것이 의원이 된 지금까지 내 인생의 과
정 동안 내내 가지고 온 화두인 것 같다. 그냥 그렇게 정착이 돼
버렸다.

아마도 어렸을 때의 형성된 기억이 굉장히 오래가는 것
같다. 그래서 내가 박근혜 대통령이 무섭다고 하는 것인데, 아
마 어렸을 때 부모로부터 배운 것에서 쉽게 벗어나지 못할 거
다. 나도 어린 시절, 오디오 세트가 있는 중산층 가정에서 피아
노를 배우며 클래식을 취향으로 살면서 살던 사람이라 이런 삶
의 스타일을 바꾸기가 매우 힘들었다. 그럼에도 '사회적 약자
의 문제를 어떻게 해결할까', '나의 소명은 무엇일까'를 항상 고
민하면서 살아왔는데 답을 찾기가 쉽지 않았다. 하지만 그렇게
오래 지내다 보니 어느새 노동문제에 천착하는 것이 나에겐 참
자연스러운 일이 되었다.

자신이 살아온 배경과 활동한 배경이 달라서 주변의 반대가 많았을
것 같다. 그런 상황을 뚫기까지 쉽지 않았을 텐데, 그런 반대들을 어
떻게 뚫어냈나?

굉장히 힘들었다. 가끔 '당신이 20대로 되돌아간다면?'
이라는 질문을 받으면 나는 '절대로 20대로 돌아가고 싶지 않
다'고 이야기한다. 내게 20대는 최선을 다했지만 다시 돌아가

고 싶지 않은 시기이다. 그만큼 힘들었기 때문이다. 스무 살에 처음 서울대 사회학과를 들어갔을 때 그 당시 서울대에서 여성 비율은 굉장히 낮았고, 특히 사회대에서 여성 비율은 10%도 안 됐다. 중·고등학교 때 여학교만 다닌 탓에 대학교를 들어와 보니, 거친 남성들이 늑대처럼 느껴졌다(웃음). 남녀 간의 격차도 컸고, 문화도 달라서 상당히 힘들었다. 또 그때는 '백골단'이라고 불리는 전경들이 학교 잔디밭에 쫙 깔려있었는데, 가끔 전경들에 의한 성폭력 사건도 일어났다. 그런데 심지어 남자 교수들이 '한강에 배 지나가면 자국이 남냐?'라고 이야기하는 게 학교의 현실이었고 이런 무지막지한 현실을 용인하는 상황이 너무 싫었다. 자유도 정의도 없는 그리고 평화도 민주도 없는 심각한 상황에서 청년기를 보낸 것이다. 지금처럼 생계나 일자리에 대한 고민과는 달랐지만 나름대로 고민이 심했다.

그다음에 더 문제가 되었던 것은 선배들이 이야기하는 마르크시즘을 받아들이는 것이 쉽지 않았다는 것이다. 해군사관학교 출신 군인이었던 아버지 슬하에서 살아왔던 나의 환경과 여러 사회문제들을 착취와 계급전쟁으로만 인식하는 것이 납득하기 어려웠다. 나에게 마르크시즘은 그 문제들을 해석하는 여러 관점 중에 그중에 하나일 뿐이지 특별한 게 아니었다. 그래서 선배들이 그다지 나를 좋아하지 않았다. "왜 사회대에 들어와서 물을 흐리느냐"는 말도 여러 번 들었다.

옷차림도 문제가 되었다. 처음 대학에 들어왔을 때 스커트를 입었었는데 몇몇 주변의 상황과 분위기 때문에 어느 날부터는 입지 않게 되었다. 아예 색깔 있는 옷을 입지 않았다. 원래 예쁜 것을 참 좋아했는데 그것 때문에 갈등이 생기는 것을 피해야겠다고 생각하고 완전히 태도를 바꾸었다. 구두도 신지 않고 청바지나 짙은 색 바지에 검은색 티셔츠를 입는 방식으로 바꿨다. 예쁘고 아름다운 것을 추구하고 싶은 내 자신과 매번 싸웠다. 한창 사노맹('남한사회주의노동자동맹'의 줄임말, 은수미 의원은 1989년 백태웅·조국 교수와 박노해 시인과 함께 사회운동 조직인 사노맹을 결성했다) 활동을 할 때였는데 어느 날 유명한 외국 테너가수가 세종문화회관에서 공연을 하는데 우연히 그 공연의 티켓을 구하게 됐다. 비밀활동을 할 때라 늘 안전을 위해 서로의 동선을 체크했는데 너무 가고 싶어서 처음으로 알리지 않고 몰래 공연을 보고 왔다(웃음). 10만 원이나 되는 공연을 보기 위해 거기까지 걸어가서 그것을 보고 나오는데 너무 행복했다. 늘 돈이 별로 없어서 라면을 먹거나 굶어야했기 때문에 원래라면 그 티켓을 팔아야 했는데 말이다(웃음). 그러면서 공연을 다 보고 나오는데 '여전히 내가 문화적 격차를 극복해내지 못하구나.'하는 생각에 갑자기 미안함과 자책감이 들었다.

그렇듯 20대 내내 운동하는 나와 원래 내가 서로 충돌하며 '나는 왜 이 정도밖엔 안 될까.'라는 고민을 달고 살았던 것 같다. 그래서 그 당시에는 살아야 하는 것 자체가 굉장히 고통스러웠다. 운동을 하면서 정의와 민주를 위해 사는 것이 옳다고 생각했지만, 돌이켜보면 20대 청춘을 보내며 사랑도 마음대로 못해보고 발레나 오페라 같은 내가 좋아하던 것도 감추고 심지어 내가 좋아하던 옷 색깔도 숨겨야 하는 상황에서 살아야 했던 것이 참 힘들었던 것 같다.

이 과정에서 내가 배웠던 것은 끊임없이 스스로에 대해서 반성하는 것이다. 의원이 된 지금도 문제가 생기면 "내가 무엇을 잘못했는가에서부터 왜 내가 의원생활을 하지?"에 이르기까지 끊임없이 질문한다. 그러다 보니 내 탓을 과하게 하는 경우가 많다. 사람들 중에는 더러 남 탓을 많이 하는 사람도 있고 어쩌면 그게 필요한 경우도 있는데, 자신만 탓하다 보니 힘이 빠질 때도 더러 있다. 그래도 어떠한 현실의 문제를 정면으로 마주하여 끊임없이 스스로에게 묻고 생각하며 선택하는 것이 힘이 된다. 그러지 않고서는 그 일들을 스스로 버텨낼 방법이 없다.

92년 '사노맹' 활동으로 6년간 옥살이를 했다. 감옥에서의 시간에 대해 "언제나 저를 살려준 하늘의 뜻이 무엇일까를 묻게 하는, 그런 겸손함을 좀 배운 것 같다"고 한 기사를 보았다. 창문이 없는 독방에서 6년을 지낸 끔찍한 경험을 했음에도, 그 상황을 긍정적으로 받아들일 수 있는 힘이 어디서 나왔을까 궁금했다.

옥살이를 하는 동안 많이 아팠다. 여성으로 감옥에서 6년 정도를 산 사람도 드물지만, 나만큼 아픈 사람도 드물었을 것이다. 두 번이나 수술했고, 폐렴에서부터 폐결핵까지 환경이 안 좋으면 걸리는 질환으로 시달렸다. 동시에 심리적인 문제가 생겨 항상 내가 정상인지에 대한 불안감이 있었다. 안기부의 남산분실에 끌려가서 고문을 당했을 때의 기억은 꽤 오랫동안 심리적인 타격을 준 것 같다. 나를 고문하는 고문기술자들도 나와 같은 보통 사람들이었는데, 나를 고문하고 잠시 쉬는데 자기들끼리 자식 이야기도 하고 전셋값 이야기도 하고 "오늘 식사로 뭐 먹을까?"하는 이야기도 하더라. 그리고 나서 한 30분 뒤에 다시 고문을 한다. 그때 내가 들었던 생각은 '내가 사람인가'라는 것이다. 이 사람들에게 있어서 나는 사람이 아니고 그냥 고문을 할 대상일 뿐 인 거다. '내가 동물인가보다'하는 생각이 들기도 했다. 그 경험을 벗어나는데 시간이 많이 걸렸다.

또 그 과정에서 내 입으로 동료들과의 활동을 진술해야 한다는 것이 참 힘들었다. 물론 나는 영화 〈남영동 1985〉의 고 故 김근태 선생님처럼 심하게 고문을 당하지는 않았지만, 너무 고통스럽기도 하고, 고문관들이 이미 친구들이 다 진술을 했다기에 "그러면 진술을 한 것에 대해서만 맞는지 아닌지 '예, 아니요'로만 대답하겠다"고 하고 진술을 했다. 고문관들이 친구들이 진술하는 목소리를 녹음하여 들려주는 것도 고통스러웠지만, 녹음 내용대로 그 이야기가 맞는지 틀린지 진술한다는 것이 정말 힘들었다. '나를 비롯해 모든 동료들이 이렇게 무너지는구나, 인간이 참 나약하구나'라는 생각에 절망했다. 나 자신이 용서가 안 되는 것이다.

출소 2년 전 즈음에야 그런 나를 스스로 용서하게 되었는데, 그 덕분에 사람을 참 예뻐하게 된 것 같다. '사람이란 참 약한 존재이고 각자 굉장히 무거운 짐을 가지고 있다. 고문과 같은 강압에 의해 무너지면 누구나 심지어 나조차도 내 뜻과 의지와 정반대되는 대답도 할 수 있다. 그런 나약한 인간이 이나마 버틴 것은 참 잘 살아온 것이다. 그런 인간들이 그래도 민주와 정의, 인권과 평화를 위해 싸울 수 있을 때까지 싸워본다는 것이 참 가상하고 대단한 모습인 거다.' 그렇게 스스로를 토닥이니 갑자기 자유로워졌고, 내가 한결 예뻐진 것 같았다(웃음). 그러면서 나에 대해 그리고 다른 사람에 대해서 무척 관대해졌다.

내 스스로 무너져본 경험을 하면서 들었던 생각은 첫째로 사람들에게 무너질 정도의 힘겨운 삶을 강요해서는 안 된다는 것이다. 두 번째로는 사람이 무너지면 반드시 바뀐다는 거다. 사람들의 변화는 어쩌면 당연한 것이다. 세 번째로 무너졌음에도, 다시 새롭게 살아나려고 노력한다면 그것이 성공하든 아니든 엄청 많은 칭찬을 해주어야 한다는 것이다. '이 사람이 이렇게 무너졌구나, 무너져 이렇게 변했구나, 그렇지만 이 사람은 이렇게 많이 노력하는구나'라고 감싸 안는 것이 필요하다. 그 당시 내가 참 싫어했던 노래 가사가 '아픈 만큼 성숙해 지는 거

야'인데, 오히려 아픈 만큼 무너지는 게 맞고 아파서 성숙해지는 경우는 별로 없다. 그렇기 때문에 애초에 아프게 해서는 안된다. 내가 지금의 20대·30대에게 가장 미안하게 생각하는 것이 바로 이것인데, 이 사회가 이들을 아프게 만들고 있는 것이다. 사회가 그들을 너무 아프게 하고 무너지도록 만들고 성숙하지 못하도록 하는 것에 대해 우리가 반성해야지 그들을 비난할 권리는 없는 것이다. 아마 이것이 감옥에서 나와서 내 삶의 기조가 되었던 것 같다. 지금도 아파하는 사람들이 많은 것이 고통스럽다. 의원이 되어서도 제대로 해결하지 못하는 것 때문에 간혹 잠을 자기 어렵다.

6년이란 시간을 감옥에서 보내고 일상에 정착하기가 쉽지는 않았을 것 같은데….

　감옥에서 나오고 처음 2년 동안은 적응이 안 되고 많이 힘들었는데 그 후에 결혼도 하고 나름 소박한 삶을 살았다. 그런 소박한 삶을 꿈꿨다(웃음). 내 취향대로 옷을 입고, 음악을 듣는 것, 책을 읽고 커피를 마시는 것, 말하는 것 모두가 자유로웠고 어떤 것을 해도 내가 크게 거스르거나 바뀌지 않을 것이라는 자신감도 있었다. 그러면서 한편으로는 '더 이상 정치는 하지 않겠다고 마음먹었다. 2·30대처럼 무엇인가 소명을 가지고 벽에 부딪혀보고 넘기도 하고 혹은 그 벽을 뚫어보려고 하는 일을 다시는 하지 않겠다'라고 생각했다. 어쩌면 이제는 우리 사회가 옛날에 화염병을 들고 가시 철망을 제거하고 억지로 올라가고 벽을 뚫으려는 노력을 하지 않아도 될 사회가 될 것이라는 막연한 기대가 있었다. 그러면서 다시 공부를 시작했고 지금까지 노동 연구를 해왔다. 그런데 40대 후반에 이명박 정부가 들어서면서 '내 생각이 잘못된 것이 아닌가'라는 반성을 했다. 할 만큼 했다고 생각한 것이 교만한 것이었나, 내 세대가 여전히 책임지고 바꿀 소명이 있는 것인가, 이런 고민이 많았다. 정치인이 되라는 제안을 받았을 때 결론을 내린 것 같다. 필요하다면 벽을 뚫어야 한다고. 소박한 삶을 포기해야 한다고. '또 해야 하나? 좀 지겹다, 힘들다'는 생각도 했지만 이것을 20대나 30대에게만 맡겨 두어서는 안 되고, 결국 20대 때 내가 나의 세대의 문제에 직면했던 것처럼 50대인 내가 내 세대의 문제를 정면으로 마주해야 한다고 마음먹었던 것 같다. 그래서 거부하지 않았고 이 길을 선택했다. 내가 국회의원이 된 것은 그런 시대정신, 역사의식의 발로이자 사회적 주문이었다고 생각한다.

얼마 전 대선평가토론회에서 발제한 토론문 때문에 많이 비난을 들었던 것으로 알고 있다. 지금껏 살아오면서 그렇게 비판을 받는 입장에 서 본 적은 없었을 것 같다. 실제 정치인이 되고 나니 어떤 부분이 가장 힘들고 어려웠나?

　　의원이 된다는 것은 사생활을 포기하는 것이라는 사실을 되고 나서야 알았다. 좋아하는 친구들하고 만날 시간이 없고 나의 모든 발언이 공적으로 처리되어 오해를 받기도 했다. 정말 어항 속의 물고기 같다. 우리도 이런데 연예인들은 어떻게 사는지 모르겠다(웃음). 또 다른 힘든 것 중의 하나는 정치적 비판이다. 노동문제를 연구하다 보면 서로 다른 이해당사자들로부터 다른 견해를 가진 사람들로부터 비판을 받는다. MB정부 때 정부와 다른 견해이면 무조건 틀린 견해로 간주되어 온갖 비판과 인신공격을 받았다. 그래서 비판에 익숙하다고 생각했다. 그런데 정치인이 되어보니, 정치적 비판은 전혀 다르다. 내 의견이 제대로 전달되지 않은 상태에서 기사 제목만을 가지고 낙인찍히고, 비판받게 된다. 내 의도와 무관하게 해석된다. 처음엔 이 모든 상황이 당혹스럽고 심지어 억울하기조차 했다. 게다가 한번 문제가 터지면 해명이 소용없는 경우도 많다. 하지만 이것 또한 '정치가 가진 속성, 혹은 정치인이 감내해야 할 일이었는데, 내가 이것을 모르고 있었구나', '초선으로서 아직 내공이 한참 부족하구나' 싶어 반성을 많이 했다(웃음).

지난 대선평가서에 관한 것도 당시 맥락은 이런 것이었다. 나는 민주당 선거 패배의 원인을 자기 당 후보에 대한 전략이 없었던 것으로 보았다. 예를 들어, 국가보안법으로 감옥에 갔던 사람을 후보로 내세우면 그 후보가 '종북 좌빨'로 공격받는 것은 자연스럽다. 이를 넘어설 전략이 필요하다. 마찬가지로 문재인 당시 대선 후보를 선택하면 '친노 수장'이라고 공격받을 터. 이것을 넘어설 전략이 있어야 하는데, 그런 전략은커녕 경선 과정을 '친노-비노'로 치르고 대선 후보가 된 이후에는 '노무현대 박정희'였다. 나는 이런 전략 부재를 비판했던 것이다. 그런데 이 내용들을 빼고 '문재인, 친노 수장, 구시대의 막내, 구태'라는 세 문장 정도만 기사 제목이 되면서 당의 대선후보를 공격했다는 식으로 해석되었다.

대부분의 정치가 언론을 통해서 구현되기 때문에 정치인의 말이 언론을 통해서 왜곡될 수 있다는 것도 알아야 하고, 동시에 언론을 넘어설 수 있는 방법도 알아야 한다는 것을 경험했다. 다만 개인적으로 문재인 의원에게만은 사실을 제대로 알리고 싶었다. 그래서 거두절미하고 "발제문을 읽으시라"고 메시지를 보냈다. 그리고 "그것이 18대 대선에 대한 나의 객관적인 평가이고, 여러 사람들의 평가이기도 하다. 비록 힘드시겠지만 다른 사람들의 평가도 다 읽어주실 바란다"는 내용을 담아 연락을 했다. 나중에 들으니 문재인 의원에게 어떤 분이 "어떻게 은수미 의원이 이런 평가를 할 수 있냐?"고 매우 서운해 했더니, 문 의원이 "맥락을 보십시오"라고 대답했다고 한다(웃음). 그 정도면 제대로 이해하신 것이라 생각하여 더 이상 그 문제에 대해 연락을 드리지 않았다.

언론중재위까지 간 사건도 한 번 있다. 대선 전 〈중앙일보〉에서 내가 음주 국감을 했다고 기사를 낸 적이 있다. 마침 대선이 시작되어 어찌할 수 없어, 대선 끝난 후 언론중재위에 제소하고 동영상을 포함한 사실 자료를 제출했다. 사실이 아니었지만, 언론사 측에서 '정정 보도를 받지 않겠다'고 하여 반론 보도를 내는 것으로 합의를 보았다. 그때도 꽤 힘들었다. 내게 사실 확인도 하지 않고 새누리당에서 제보한 대로 기사를 쓴 것인데, 이런 일이 항상 터질 수 있다는 것도 새삼 알게 되었다.

민주당은 총선과 대선에서도 실패했지만, 대선 이후에도 실패하고 있다는 평이 많다. 대선 내내 야권의 맏형임을 자임했지만, 기대어 울 수 있는 맏형은커녕 쓰러져가는 가계를 일으켜 세울 방법조차 모르는 것 같고, 심지어 관심도 없는 것 같다. 민주당을 밀어주었던 사람들은 민주당이 대선 실패를 한 것보다 어쩌면 그 모습에 더 많이 분노하고 실망하는 것 같다. 이제 10개월 정도 민주당을 경험했는데, 민주당의 이런 총체적 부실의 근본적인 원인은 무엇이라고 생각하는가?

　대선 이후에 잘 못하고 있다는 데 동의한다. 요즘이 더 절망스럽다. 대선에서 패배한 뒤 석 달이 지났지만 바뀐 게 없는게 사실이다. 대선 패배 직후 많은 사람들이 낙담하고 분노하고 절망했는데 지금은 그 절망을 넘어서 민주당 꼴을 보고 싶지 않다고 한다. 죽이고 싶다고 댓글을 다는 사람들도 있다. 심지어 기자들도 민주당 더러 망해야 한다고 하더라. 상황이 심각하다. 물론 5월 4일 전당대회도 있고 혁신위원회나 전당준비위원회도 가동되고 있고 많은 노력은 하고 있지만, 그 조차도너무 부족하다. 나 스스로도 민주당이 바뀔지에 대해 100% 자신이 없는 경우도 있고 이 상황에서 무엇을 할 수 있는가에 대한 절망감도 크다.

　서민을 표방하면서 서민의 지지를 받지 못하는 문제를 넘어서기 위해서 노동특위가 필요하다고 생각했고 이를 통해 민주당이 노동문제를 우리의 문제로 끌어안도록 나름 열심히 노력했다. 그래서 노동특위를 만들고 27명 정도의 의원들과 결합해서 함께 현장도 다니고 문제 해결을 위해 노력하는 활동도 했지만 딱 거기까지였다. 이러한 활동이 민주당의 혁신에 기여하지도 못하고 민주당의 것으로 제도화되거나 내면화되지는못했다. 비례 초선은 지역 초선과 달리 당원이나 대의원과 소통하기 어렵다. 당내 선거에서 득표를 조직할 수도 없다. 정책적기여는 눈에 보이지 않는다. 게다가 당직을 맡지 못하면 당 활

동에 대한 기여도 하지 못한다. 이런 한계 속에서 초선 비례가 당 개혁을 위해 과연 무엇을 할 수 있는지 정말 고민스럽다. 또한 초선 비례는 지역구가 없기 때문에 한 번 하고 나면 끝난다. 당을 바꾸어야 한다는 문제의식은 있지만 실제로 할 수 있는 능력이 없는 현실이 나를 더 절망케 한다. '넌 왜 의원을 하니?'라고 끊임없이 자문한다.

　옛날에는 민주당이 혁신할 수 있다고 믿었는데 요즘은 '정말 혁신이 가능할까?' 하는 생각이 든다. 민주당 정치인 중에 상당수가 소명으로서의 정치보다는 생계형 정치 쪽으로 돌아선 것 아닌가라는 의심이 든다. 생계형 정치는 특정한 시대적 소명을 가지고 무엇을 개혁하기 위한 정치가 아니라, 돈과 권력을 위한 정치를 하는 경우를 뜻한다. 소명으로서의 정치가 없어지면 정치적 거래만 남는다. 예를 들어 공천권을 시대정신을 구현할 수 있는 좋은 정치인을 뽑기 위해 행사하는 것이 아니라, 자신의 권력자원과 이익을 확대시키는 수단으로 활용하는 것이다. 당내 계파정치가 그렇다. 당을 건설적으로 발전시키고 총선과 대선에서 승리하는 것을 목적에 두는 것이 아니라 자기 계파의 인물들을 늘려 당내 지배권을 확보하고 권력자원을 확대하기만 하면 된다는 식이다. 정확히 말하면 이익공천인 것이다.

밖에서 생각했던 정치와 국회에 들어와 느끼는 정치가 어떻게 다른지 궁금하다. 지난번 유시민 전 통합진보당 공동대표가 트위터에 정계은퇴 선언을 한 것에 "직업으로서의 정치 아닌 '소명으로서의 정치'가 무엇일지, 남은 자의 고민이네요"라고 남긴 것을 보았다. 정치인 은수미가 되어 소명으로서의 정치가 무엇인지에 대한 답을 찾았나?

솔직히 지금까지는 '정치가 뭐고, 사회운동이나 연구활동과는 어떻게 다른가?'를 잘 몰랐다. 하지만 민주당을 바라보는 국민들의 깊은 절망과 좌절을 보면서 '내가 왜 정치인이어야 하고 어떤 정치인이어야 하는지', 그리고 '정치가 사회운동과 어떤 점에서 다른지'도 깨닫고 있다. 소명을 가진 정치인으로서 정치활동을 한다고 함은 시대적 정신을 구현하며 그것을 국민의 눈높이와 맞추는, 정치조직과 정당을 만드는 것인데 그것이 중요한 의무라는 사실에 소홀했다. 노동전문가로 대선 직전까지 청문회를 세 건, 정기국회 때 국정감사를 하면서 굉장히 많은 노동 현안을 다루었고, 노동 의제를 사회적 쟁점과 정치적 의제로 만들었다고 스스로 자부하기도 했다. 하지만 '정치인 은수미로서 해야 할 일이 무엇인지'에 대한 분명한 자각이 없었다. 내가 하나는 알고, 둘은 몰랐던 것이다.

그래서 반성을 많이 했고, 더불어 '아~ 이제 정말 정치인으로서 시작하는구나' 하는 생각이 들었다. 앞으로 내가 정치활동을 하는 동안은 민주당이 혁신적인 정치조직과 비전을 가진 정당이 되게 해서 다시 국민들의 마음을 얻고, 그래서 다음 총선과 대선에서 승리할 수 있도록 하는 것. 이를 위한 계획들을 세우고 추진하려고 한다. 그것이 정치인 은수미가 감당해야할 역할이고, 그것의 기초는 노동이 될 것이다. 정치인으로서 아직은 50점 미만이지만 내년 이맘때쯤이면 과락(낙제점)은 좀 면해야 하지 않겠나(웃음). '60점은 넘는 정치인, 나아가 80점에 근접하는 정치인으로 거듭나야겠다'는 다짐을 요즘 많이 한다. 물론 그럴 수 있을지, 간혹은 마음이 너무 무겁다. 친한 의원 한 분이 나더러 너무 무겁다는 평을 하던데 지금 내 상태가 그런 모양이다.

좋은 정당을 만드는 것을 본인이 감당해야할 과제라고 꼽은 것이 인상적이다. 그러나 이런 고민을 초선 의원이 한다는 것이 어떤 면에선 참 아이러니한 것 같다. 사실 앞선 사람들이 해왔어야 했던 질문이 아니었을까. 잘 조직화된 조직 속에 정책전문가들이 들어와서 그들이 마음껏 국민을 위한 정책을 생산해낼 수 있도록 하는 게 원래는 정상 아닌가?

지금 민주당 지지율은 20% 대이다. 10%로 떨어질 수도 있다. 그동안 민주당이 좋은 정당 조직을 만드는 것에 대한 고민을 충분히 했다면, 민주당 지지율이 이렇게 낮지 않을 거다. 나 역시 밖에 있을 때 민주당을 많이 비판했지만 민주당이 가진 한계가 무엇인지 잘 몰랐다. 그런데 들어와 보니 알겠더라. 민주당은 실제로 좋은 정당으로서의 모습을 가지고 있지 못하다.

첫째로, 기간조직이 무너져 있다. 중앙당이든 지역이든 대중과 접촉하는 풀뿌리 조직이 없고 있어도 대부분이 선거에 동원되는 수준에 불과하다. 대중정당이라고 할 수 없다. 대중정당은 단순히 표를 주는 지지자 정당이나 유권자 정당이 아니라 세대든 지역이든 계급·계층이든 간에 자기 기반을 가지고, 그들을 항시적 조직화하고 교육시키고 그것을 통해 민생문제와 현안 문제를 해결하는 힘을 가지고 활동을 하는 정당을 말한다. 여기서는 당원들이 내는 당비가 상당 부분 중요한 자원이 된다. 그런데 우리는 이러한 기간 조직들이 완전히 무너져 있다. 당원의 범위가 어디까지인지도 모르고 실제로 당비를 내는 당원도 파악이 안 되어 있거나, 있다 하더라도 얼마 되지 않는다.

또한 당원의 의견을 들을 수 있는 어떠한 소통 구조도 없다. 내가 비례의원이기 때문에 당원의 의견을 못 듣는 것이 아니라, 들을 수 있는 통로가 없는 것이다. 그래서 나는 직접 현장으로 간다. 의원이 중요한 이슈를 정할 때 당원들의 의견을 듣는 것이 매우 중요하다. 그런데 그 과정에서 당원의 의견을 들을 수 없다면 전적으로 의원 개인의 결정에 입각할 수밖에 없다. 현재 민주당은 당내 소통구조, 당원과 의원 간의 조직체계가 많이 무너져 있다.

또 하나는 당내 계파정치가 오래되다 보니까 계파로부터 자유로운 가치나 비전을 가지는 새로운 의견그룹이 존재하지 않는다. 계파라는 것이 가치나 비전으로 형성되는 것이 아니라, '어떻게 하면 공천을 받을까', '어떻게 하면 자기 계파의 권력자원을 확대시킬까' 하는 거래에 의해 형성되다 보니 새로운 의견이 받아들여지지 않는다. 지난 선거에서 나를 포함한 41명이 반대서명을 했는데, 이것에 대해 곧바로 언론에서는 '친노 주류의 반란'이라고 나오지 않았나. 그럴 수밖에 없는 현실이다. 친노, 비노, 486을 뛰어넘는 새로운 가치와 의견을 던지는 강력한 그룹이 형성되지 않는 한, 어떤 이야기를 하든지 그것은 '비주류의 저항, 친노의 반란, 486의 어쩌고' 하는 얘기가 나올 수밖에 없다. 마치 꽉 물려 움직이지 않는 톱니바퀴 같은 느낌이다.

사실 민주당이 나같이 잘 알려지지 않은 노동전문가를 의원으로 발탁한 것 자체는 매우 놀라운 일이었다. 그런데 그것은 시대정신이 경제민주화, 노동, 복지를 이야기하니까 당이 '우리도 이런 사람을 뽑았노라' 하면서 살짝 반응을 보인 것에 불과했다. 정확히 이야기하면 시대정신이 나를 뽑은 것이었고 당은 그 시대정신을 구현하는 시스템이나 룰, 목표조차 가지고 있지 않았던 거다. 당에 의견그룹도 많고 시대정신을 어떻게 구현할지 고민과 방안들이 준비되어 있었다면, 나 같은 전문가들은 그에 맞춰서 의정활동을 잘 하면 되는데 그렇지 않다 보니 앞으로 나 같은 사람이 들어올 때 잘할 수 있도록 좋은 정당을 만들어야 하는 것이다.

민주당에 대한 평가가 매우 냉철하다.

너무 솔직했나(웃음). 민주당은 더 이상 추락하는 길밖에 없는 것 같다. 그렇기 때문에 민주당 의원으로서 민주당 혁신이

꿩장히 중요하다고 생각한다. 그러니 최선을 다해서 당 혁신을 해보고, 그래도 안 되는 것은 하늘의 뜻이겠지 생각하련다. 해보지도 않고 포기할 수 없다는 게 내 결론이다. 그런데도 너무 마음이 무겁다. 스스로 무거움에 짓눌리지 않으려고 노력한다.

고민을 하는 과정이 무척 치열하게 느껴진다. 원래 그렇게 끝까지 고민을 해보는 편인가?

성격인 것 같다. '너무 근본적이다'라는 지적도 받는다. 다른 한편으로는 '권력 욕구가 적은 것이 반영된 것'이라는 생각이 든다. 나는 사실 공적이고 정치적 삶보다는 사적인 삶에서 가장 큰 행복을 느낀다. 사랑하고 사랑받으며 살고 싶다. 그럼에도 불구하고 매번 도전해야 하는 과제가 나에게 찾아온다. 사적인 삶을 좋아하고 권력욕이 적다보니 이럴 때마다 '왜 또 나인가'라고 고민하고 '무엇을 해야 하는가'를 생각한다. 그렇다고 항상 답이 있는 것은 아니다. 다만 끊임없이 질문할 뿐이다. 결국 특별한 이유가 없는 한, 그리고 내가 도저히 감당할 수 없다는 결론을 내리지 않는 한, 할 수 있는 한 끝까지 가 볼 것이다. 그것이 지금까지 변하지 않은 부분이다. 20대 때 내 삶을 완전히 뒤바꿔야 하는 운동을 선택했던 때도 그랬고 지금도 그렇다.

사회를 바꾸는 운동에 뛰어들겠다고 최종적으로 결심한 것이 대학교 2학년이었는데 그때 그 결정을 내리기가 너무 어려워서 내장이 다 뒤집힐 정도로 게워냈던, 너무 고통스러웠던 기억이 있다. 새로운 삶을 받아들이는 영혼을 바꾸는 느낌이었다고 할까. 실제로 조직에 그다지 맞지 않는 인간형인 탓도 있다. '내 영혼에 검은 상장을 단다'는 느낌으로 운동을 했다. 그러나 그만큼 치열하게 고민했기에 운동을 시작한 이후론 단 한 번도 뒤돌아보거나 도망가지 않았고, 내가 선택한 것에 대해 당당하게 자기 평가를 했다. 그리고 나의 잘못에 대해서는 책임을 졌다. 그랬기 때문에 서른다섯 살에 구속생활을 마치고 나왔을 때 더 이상 후회도 없었고 내가 할 만큼은 다 했다고 생각했다.

운동을 하기로 결정했을 때 영혼을 바꾸는 느낌이었다고 했다. 그런데 악마와 싸우다가 악마를 닮아간다는 말이 있듯이, 운동을 위해 일하다 '조직을 위한 로봇'형 인간이 되어버리는 경우도 있을 것 같다. 운동을 위해 자기의 영혼을 버린 듯 열심히 활동하는 것과 정말 영혼을 잃어버리는 것은 다른 문제인 것 같은데, 운동을 하면서 이 둘 사이에 내적 긴장감은 없었나?

긴장감이 굉장히 컸다. 그건 지금도 마찬가지다. 나이 쉰이 넘어서 '소명형이냐, 생계형이냐'를 묻는 것도(웃음) 그런 긴장감 때문이다. 가끔 이런 근본적인 질문을 하는 스스로에게 정말 짜증이 난다(웃음). 그냥 편안하고 쉽게 가지 왜 이런 피곤한 질문을 하게 되는지 모르겠다. 그게 내 약점인 것 같기도 하고, 다른 사람들이 보기에 얼마나 진지하고 무거워 보일까 싶어(웃음).

얼마 전에 '당신의 삶에서 가장 크게 영향을 주었던 사건 5가지를 이야기해보시오'라는 질문을 받은 적이 있다. 그래서

몇 개를 꼽아보니 어린 시절의 강렬한 경험 외에도 고문을 당했던 것, 6년간 구속생활을 했던 것, 뒤늦은 결혼을 했던 것, 박사학위를 딴 것, 노동 연구원에 들어간 것, 이혼을 했던 것, 국회의원이 된 것 혹은 누군가를 강렬히 사랑했던 것 등 따져보니 열 개가 넘는 거다. 순탄한 삶은 아니었고 매번 선택의 순간마다 '너는 무엇을 원하니, 너는 어떻게 살아야 한다고 생각하니'하는 물음을 끊임없이 던지고, 그에 답하며 살아왔다. A를 하기 위해 B를 포기해야했다면 B를 포기했었던 그 아쉬움 때문에 A를 참 제대로 했어야 했다. 그러다 보니 늘 지금 잘하고 있는지 끊임없이 물어보고, 돌아본다. 나의 인생을 손에 올려놓고 관찰하는, 현실에 완전히 안주하지 않는, 경계인으로서의 느낌을 가지고 살았다고 해야 할까. 잘못하고 있다는 느낌이 올 경우 내부에서 빨간불 신호가 작동을 한다. 그렇게 살다보니 안정적인 것보다 불안정한 것을, 기득권을 옹호하는 쪽보다 반대하는 쪽에 늘 서게 되었던 것 같다. 아마도 앞으로도 내가 선택할 수 있는, 하늘이 내게 뜻하는 삶도 그런 삶이 아닐까 싶다. 포기했다(웃음).

〈조선일보〉에서 "친야·노동에 사노맹 출신까지", "23년 전 박노해와 사노맹 결성한 은수미"라는 기사를 연이어 낸 적이 있다. 은수미 의원과 소위 '빨갱이'라는 급진적 이미지를 엮으려는 의도가 보이는 제목이었다. 하지만 사회주의라는 단어가 아직도 금기시되는 한국 사회에서, 일반 사람들에게 '사노맹'이라는 이름이 과격하게 들리는 것 또한 사실이다. 당시 노동 운동에서 그런 과격함은 어쩔 수 없는 것이었나? 특별히 이 질문은 그 당시 상황을 잘 모르는 20대 대학생 친구가 은수미 의원을 만난다고 하니 꼭 물어봐 달라던 질문이었다.

만약 현재의 사회질서를 바꾸려고 한다면 지금의 2030이든, 과거 2030이든 다른 세대에게는 언제든지 과격하게 보일 것 같다. 다만 그 양상이 다른 것 아닐까. 현재의 사회질서를 바꾸기 위해서는 자기 몸에 체화되어 있는 구질서를 부정하게 되는데 우리 때도 마찬가지였다. 예를 들어 1980년대 열아홉, 스물의 여대생이라고 하는 것은 중산층이거나 얌전하게 자란 상류층 여성들이라고 할 수 있다. 소수이고 특권층인 경우도 있다. 그러면 이들이 사회에 나오게 되었을 때 한 번씩 자기부정을 하게 되는데 예를 들어 술을 떡이 되도록 마셔본다든가(웃음), 찐한 연애든 저항이든 그런 과정을 겪는다. 나는 원래 욕을 못하는데 한 6개월간 일부러 욕을 해본 적이 있다(웃음). 늘 입던 스커트를 벗고 고무신을 신어 보기도 했다. 이러한 모든 표현이 지금 생각해보면 굉장히 과격해 보이는 것 같다.

마찬가지로 지금의 2030은 다른 방식으로 우리가 했던 똑같은 과격함을 가지고, 자기부정을 하고 있는 것이다. 다른 음악을 하고 다른 패션과 문화를 가지고 부모 세대가 알아듣지 못하는 자신들만의 이상한 말을 하면서 말이다. 나는 그게 바로 청년이라고 생각한다. 어느 세대든 기존 질서를 과격하게 저항하는 것, 그게 바로 청년이다. 가끔 누군가 "요즘 애들은 정말 무례하고 이해가 안 된다"라고 하면, 막 웃는다. 아마 우리 때도 어른들이 그렇게 이야기했을 것이다(웃음). 과거 70년대, 80년대는 만약 20대가 운동을 하지 않고 저항을 하지 않는다면 죄의식에 시달릴 정도로 운동 문화가 지배적이었다. '종북 좌빨'이라는 언어적 폭력 외에도 노골적인 물리적인 폭력까지 동원되는 사회에 붉은 띠를 두른다거나, 분신자살하거나, 화염병을 던지며 저항하였기에 과격해 보이고, 그래서 비난을 많이 받았다. 그런데 지금의 청년들은 굉장히 다양한 문화적 코드를 가지고, 다양한 시도를 통해 기존 질서에 저항한다. 가수 서태지의 랩은 그 자체로는 매우 과격해 보일 수 있지만, 피를 튀기지 않고 대중 매체를 통해서 나타났기 때문에 덜 과격해 보이는 것이다. 하지만 그 정신은 과격한 것이라고 생각한다.

게다가 '노동'이라는 말 자체가 여전히 한국에서는 이질적이다. 그래서 왠지 과격하게 느껴질 수 있다. '노동이란 말 말고 다른 말 쓰면 안 돼?'라는 질문도 듣는데, 그렇게 못 하겠다. 다른 말도 생각해 봤는데 더 좋은 대안이 있으면 그것을 쓰겠지만 다른 대안이 없다. 여전히 정면도전이다. 노동의 가치가 여전히 사회적으로 대단히 낮게 인정받고 있는 상황에서 노동이란 말을 정면에 쓰는 것이 필요하다. 이게 일종의 과격함이다. 하지만 지금 이런 이야기를 할 때는 거리에서가 아닌 의회에서 얌전히 이야기하니까 예전의 나보다는 덜 과격해 보일 거다(웃음).

의정활동 하면서 '아, 이게 정말 정치구나! 이래서 정치를 하는구나'라고 느꼈던 순간들이 있다면?

분명히 있다. 예를 들어 쌍용차문제를 다룰 때 천막에서 농성을 같이 할 수도 있지만, 국정조사를 하고 청문회를 통해 증인을 부르고 이것을 국민들에게 알리는 일을 할 수 있게 되었다. 운동의 요구를 의회로 가지고 와 정치적으로 재해석하고 관철시키는 것이다. 새누리당 의원들과 기업들하고 논쟁을 하기도 하고 노동자들과도 논쟁을 하기도 했다. 이 모든 과정을 의회가 중심이 되어서 조정하고 조율하고 해봤던 것이다. 그리고 노동을 대선과제로서의 최상의 사회적 쟁점으로 만들어 내었다는 것이 참 뿌듯했다. 그래서 대선 후보들이 쌍용차 문제를 언급할 때 짜릿했다.

또한 의원의 입법활동이라고 하는 것은 공권력 동원을 가능하게 하는 일이기도 하다. 예를 들어 최저임금을 논쟁을 하면서 가장 문제가 되는 것 중에 하나가 바로 재가 간병인(병원에서 환자를 간병하거나 집에서 간병하는 노동자)에 대한 최저임금적용 부분이다. 재가 간병인은 지금 하루 24시간에 6만 원에서 7만 원 정도를 받는데, 시간당으로 이천 몇 백 원 정도로 최저임금을 못 받는 상황이다. 만약 최저임금을 적용한다면 몇 가지 문제가 생긴다. 우선 재가 간병인은 24시간 대기를 하는데, 이것을 '24시간 노동으로 해야 할지 아니면 밤에 자는 것 빼고 16시간이나 그 이하로 해야 할지' 하는 문제가 있다. 만약 24시간 일한 것으로 하면 지금의 임금에서 두 배로 올려줘야 한다. 내가 재가 간병인을 써봤는데 하루에 6만 원씩 30일을 썼다고 치면 180만 원이다. 거기에 점심이나 저녁을 지급을 해 드리기 때문에 200만 원이 넘게 나가는데, 이러면 환자 가족은 너무 힘이 든다. 반대로 그대로 두면 간병인은 최저 임금을 못 받는 거다. 그렇다고 해서 두 배로 늘리면 매달 400만 원을 지급해야 하고. 이러면 정말로 환자 가족은 다 직장 그만두고 직접 간병을 할 수밖에 없다.

게다가 환자 가족들은 최저임금을 주지 않았다는 이유로 고발을 당하면 범법자가 된다. 지키기 힘든 법이 통과하면 상당수 시민이 범법자가 될 수 있는 것이다. 법 하나로 공권력 동원이 가능한 것이다. 따라서 상호가 원윈win-win할 수 있는 시스템을 만드는 것이 입법이고 의원은 그런 역할을 담당해야 한다. 그렇기 때문에 입법을 할 때 가장 합리적이고 보편적으로 설계될 수 있도록 노력을 해야 한다. 아직까지 이 법을 통과시키지 못했는데 앞으로 통과시킬 계획이다. 물론 대안이 필요하다. 시민을 범법자로 만들거나 시민들에게 그렇게 많은 부담을 지울 수도 없지만 노동자들이 최저임금도 못 받게 할 수는 없다. 이것이 입법을 하는 사람들의 고민이고 정치인들의 고민이고 정치적인 조율과 협의가 필요한 내용이다. 이런 문제들을 고민할 때 '아~ 이게 정치구나. 운동과 다른 점이구나'를 느낀다.

영화 〈레미제라블〉을 보면 혁명을 꿈꾸며 바리케이드를 쳤던 청년들이 나온다. 그들처럼 은수미 의원도 바리케이드를 쳤던 청년에서, 연구자로, 그리고 지금은 법과 제도를 만드는 국회의원이 되어 있다. 20대의 은수미가 지금의 은수미에게 하고 싶은 말이 있다면? 지금의 은수미가 20대의 은수미에게 하고 싶은 말이 있다면?

20대의 은수미는 50대의 은수미에게 이야기를 못한다(웃음). 그 이유는 조금 과격한 생각이긴 했지만, 나는 내가 서른 살이 안 돼서 죽을 줄 알았다(웃음). 20대 초에 운동을 시작했을 때부터 사람이 죽는 것을 많이 보기도 해서 그런지 내가 서른 이상까지 살 거라는 생각을 해본 적이 없다. 그런데 감옥에서 서른이 되었을 때 얼마나 놀랐겠는가(웃음). 20대의 은수미는 50대의 은수미에게 "내가 참 소녀적이라서 너를 상상하지는 못했어. 그런데 그게 내 진심이었고 미안해"라고 이야기 하겠다(웃음).

50대의 은수미가 20대의 은수미에게 하고 싶은 말은 늘 실수 투성이었고 부족함 투성이었던 나에게 "너 참 잘 버텼다. 고문도 잘 버텼고, 구속 생활도 잘 버텼어. 생각한 것처럼 우리 사회가 많이 개선되지는 못했지만 너의 책임이 아니야"라는 이야기를 해주고 싶다. 왜냐하면 내가 20대 때 이런 이야기를 들었다면 정말 행복했을 것이기 때문이다. 선배나 어른들로부터도 그런 격려의 이야기를 한 번도 들어본 적이 없었고, 늘 죄의식에 시달리는 나날들이었다. 업무에 집중하다 보면 다른 것을 안 돌아봐서 실수도 하고 스물다섯에 지도부가 되다 보니까 나보다 나이 많은 노조원들하고 일을 하면서 괜히 강하게 보이려고 하면서 뭔가 모르게 실수를 많이 했다(웃음). 지금도 실수를 많이 하는데 그때는 얼마나 실수를 많이 했겠나(웃음). 그러면 그렇게 가슴이 많이 아팠고, 자책을 많이 했다.

'청년유니온' 자문도 해주시는 등 평소 청년들에 대한 애정이 남다른 것으로 알고 있다. 청년들에게 해주고 싶은 이야기가 있다면?

나의 20대에게 해주고 싶은 것처럼 지금의 노력하는 모든 20대 친구들에게 기회가 된다면 이런 이야기를 해주고 싶다. "너 참 예쁘다"고 말이다. 왜냐하면 20대 때 나는 내가 너무 밉고 부족하다 생각하여 자신감이 없었다. 사실 꽤 당당해 보이는 친구들조차도 상당수가 열등감에 시달린다. 그런 친구들에게 꼭 해주고 싶은 말은 "너 참 예쁘거든. 나는 네가 옳다고 생각해. 그러니 네가 즐겁고 네가 원하는 것을 그냥 해도 괜찮아. 나도 이렇게 실수를 하면서 살아보니 또 살아지고 그 과정에 꿈이 조금씩 이루어지더라. 그러니 너무 걱정하지 마. 너는 결코 혼자가 아닐 거야"이다. 만약 내가 아이가 있다면 지금쯤 10대 말이나 20대일 것이다. 조카들이 있어서 가끔 친구처럼 이런 이야기를 하는데, 마찬가지로 20대 친구들을 만나 같은 시대를 사는 다른 세대가 친구로서 그런 이야기를 나누고 싶다. 그리고 20대의 이야기를 들어보고 싶다. 가끔 서로 다른 세대가 너무 단절되어 있다는 느낌이 있다.

그리고 또 한편으로 나는 지금의 20대 청년들이 자신의 문제를 정면을 바라보길 원한다. 고통스러우면 고통스럽다고 이야기하고 슬프면 슬프다고 이야기하고, 자신의 문제를 회피하지 않았으면 좋겠다. 일자리 문제는 당신들이 해결해야 할 문제이고 이것은 누구도 대신 해결해 주지 않는다. 그렇지만 기성 세대로서 내가 약속할 수 있는 것은 당신들이 정면을 바라볼 수 있도록 지원하고 협력하고자 노력하겠다는 거다. 각 세대는 각 세대의 하늘과 무거움이 있고 그 무거움을 서로 존중하고 지원할 수만 있다면 세대 간 갈등이 조화롭게 될 것이다. 20대에 정면을 바라보는 힘을 길러 그 힘으로 30대와 40대를 살아야 한다.

이와 더불어 지금 20대들에게 '충분히 자기 부정을 하고 실수하면서 충분히 과격해야 한다'고 이야기하고 싶다. 그 속에서 자신이 과격할 수밖에 없는 진실, 즉 기존의 패러다임을 부정하고 나 자신과 타인과 세대를 넘어서는 새로운 패러다임을 만들라고 말이다. 그 과격함을 20대가 가지지 않는다면 바로 '꼰대'가 되는 거다. 그렇기 때문에 늘 경계인으로서의 긴장감을 꼭 가졌으면 좋겠다. 그렇지 않으면 그 과격함은 더 이상 신선지도 젊지도 찬란하지도 않는 자기 합리화가 된다. 가끔 누가 변절했다고 하는데, 다 이유가 있다. 오랜 시간 동안 제도화되어 그의 삶에 이 긴장감이 사라졌기 때문이다. 과격함조차도 주류가 돼버리면 그 과격함은 더 이상 의미가 퇴색돼버린다. 그렇기 때문에 새로운 패러다임을 만들려고 하는 사람들은 주류가 되는 것은 포기해야 한다. 새로운 패러다임이 만들어졌을 때 그 자리를 차지하는 것은 다른 사람이 되도록 자리를 내줘야 한다. '내가 새로운 패러다임을 만들었으니, 내가 패러다임을 운영하는 주체가 되어야 해' 하는 보상심리를 갖는 순간, 경계심을 잃어버리게 되고 그 순간, 꼰대가 되고 만다(웃음).

참 중요한 이야기인데, 사실 바로 그 부분에서 모두가 넘어지는 것 같다.

　굉장히 힘들다. 좀 더 안정적이고 싶고 돈도 더 많이 갖고 싶고 대접받고 싶고…. 그게 편하고 쉬우니까 말이다. 그러나 스스로 주변인으로서의 관점을 계속 가지다 보면 나중에는 중심인이 되는 게 재미없어진다. 내 경우는 스스로는 늘 주변인의 삶을 원했지만 정작 대체적으로 있었던 위치는 중심이었다. 그래서 끊임없이 주변인의 삶의 가치를 가지려고 했다. 이제는 많이 체화되었지만, 끊임없이 변하는 중심과 주변의 경계에서 주변인의 위치가 주류화 될 때, 다시 그것을 넘어선다는 것이 참 고통스러웠다. 그래서 늘 스스로를 끊임없이 살펴야 한다. 있는 곳에서 안주하지 말고, '내가 아니면 안 된다'는 생각도 하지 말고.

그런데 막상 새로운 패러다임을 만들었는데, 실력이 없고 야망만 있는 사람이 많은 이들이 수고해버린 판을 엉망진창으로 만들어 버릴 수도 있지 않나. 그런 경우는 어떻게 해야 하나?

그건 내가 해도 마찬가지라고 생각한다. 어떤 한 사람이 있어야만 그 판이 잘 돌아갈 것이라고 생각하는 것은 독재다. 그건 카리스마 있는 신이나 영웅을 원하는 거다. 그러나 사회는 영웅으로 구성되지 않고 보통의 사람들에 의해 구성된다. 나만이 운영할 수 있는 판이라면 그것은 실패한 거다. 물론 그 패러다임도 결국 썩는다. 그러면 당연히 또 다른 새로운 패러다임을 요구하는 세대가 나오기 마련이다. 그런데 '기존의 패러다임을 뒤흔든 내가 새 패러다임을 운영도 하고 그 성과도 얻겠다. 그 방법밖에 없다'고 생각하는 그 순간, 그것은 정말로 독재 사회와 다름없어진다. 완벽한 꼰대이고.

하지만 그 과정에서 나에게 주어진 역할이 무엇인지를 정확하게 알아야 한다. 그래서 그것을 잘 수행하는 것에 대해서는 야망을 가져야 한다고 생각한다. 여기서 말하는 야망은 보상심리하고는 굉장히 다르다. 자기한테 부여한 혹은 자기가 직접 선택한 역사적 소명에 올인하고(집중하고), 그것을 정말 즐길 수 있는 능력이다. 그것에 입각해 정말 즐겁게 최선을 다해서 했다면 나중에는 보상받을 게 없다. 그것을 잘 이뤄낸 것만으로도 족하다. 그럼에도 불구하고 내 안에 그 이상의 돈이나 자리와 같은 보상을 원한다면 스스로에게 물어봐야 한다. 사람들이 나더러 "운동하면서 참 고생했다"고 그러는데, 그게 일면 맞는 말이기도 하지만 또 다른 한편으로는 '내가 그게 재미없었으면 했겠는가?'(웃음) 하는 생각을 한다. 후배들에게 가끔 "그때 나는 불새처럼 날았다"고 이야기한다. 아무리 힘들었지만 나에게 있어서 불새가 되는 경험은 정말 충만한 경험이었다. 누가 그런 경험을 할 수 있겠는가. 그러면 충분한 거다. 그 이상도 이하도 바라지 않았다. 하지만 대게는 이게 쉽지 않다. 어쩌면 나도 다시 계속 경계를 해야 할 위치에 서버린 귀찮은 정치인이 되어버렸다(웃음).

의정보고서에 의원실 배치도와 보좌관 이름이 들어가 있는 점이 인상적이었다. 그리고 보통은 독방을 갖고 싶어 하기 마련인데 의원실을 다른 보좌관들과 나눠 쓰는 것도 인상적이다.

　　의원실이 좁아서 그런 거다(웃음). 별거 아니다. 옆에 누가 있어도 일 잘한다. 의정보고서는 정한나 비서가 주도적으로 만든 것이다. 자유롭게 만들라고 했더니, 보좌진이 정말 마음대로 만들었다(웃음). 정말 재미있게 작업했다. 향후에 우리 보좌진의 이름을 내건 정책을 하고 싶다는 생각을 한다. 우리 보좌진들이 나랑 일하면서 최대한 기쁘고 자유롭게 자기가 원하는 꿈을 구현했으면 좋겠고, 우리 의원실이 그들에게 징검다리 같은 역할을 했으면 좋겠다. 그들이 나를 통해, 우리 의원실을 통해 날아오르는 것이 또한 나를 살리는 길이라고 생각한다. 서로가 충분히 돌보고 소통하는 문화가 형성되기를 원한다. 그런데 실제 의원실은 의원이 중심이 되니 그게 잘 안 된다. 바라는 것처럼 얼마나 실제 결과를 만들 수 있을지는 모르겠지만 어쨌든 최선을 다하고 있다. 그런데 내가 너무 권위가 없다, 카리스마가 있어야 한다는 이야기도 듣기도 해서 한편으론 조금 고민스럽다(웃음).

은수미에게 자유란?

나에게 '자유'란 집단적 자유이다. 노동문제를 하는 사람이라서 그렇다. 노동자와 자본가 사이에서 노동자가 언제나 약자이다. 그래서 그 사람들이 개인적으로 자유롭다는 것은 웃긴 소리이다. 상사가 부당한 명령을 내려도 해고당하지 않기 위해선 순응할 수밖엔 없다. 요즘 같이 어려운 상황에선 고문을 해도 당할 판이다. 거기서 자유란 해고될 자유이고 죽을 자유인 것이다. '위계적인 사회에서 모든 개인에게 자유란 뭘까?'라고 생각해보았을 때 자유란 약자에게는 '집단적인 자유, 즉 노동조합을 만들거나 협동조합을 만들어서 사회나 권력으로부터 가해지는 나에 대한 옥죄임을 벗어날 수 있는 것'을 말한다.

그러나 이것이 개인의 힘으로는 불가능하다. 특정한 개인이 목숨을 걸고 지키는 그런 영웅적인 자유가 아니라 보통사람들이 집단에 참여해서 목소리를 내는 결사체로서 조직에 참여해서 그 조직의 보호를 받으면서 저항할 수 있는 집단적 자유를 말한다. 그런 의미에서 노동의 핵심이 자유이고 그 자유를 누릴 권리이다. 그렇기 때문에 나는 노동, 자유, 권리를 중요시한다. 자유인이라 함은 바로 그런 집단적인 자유를 통해서 자유로워진 인간, 집단을 통과한 인간이라고 생각한다. 개인이 그런 집단에 참여하는 것이 자유의 시작이다. 비정규직은 조직에 참여할 자유조차 없지 않은가. 개인이 자유롭다고 생각해서는 자유로워지지 않고 또 그런 사람을 여태껏 보지 못했다. 그 사람은 특별히 자본이 있기 때문에 자유롭거나 돈 때문에 포기할 수 있는 사람인데 그 사람조차도 그다지 자유롭지 못하다(웃음). 돈이 없는 일반사람들도 협력하고 연대하고 결사할 수 있는 자유, 그게 자유다. 그러니 얼마나 어렵겠는가. 개인이 집단에 참여하기도 어렵지만 그 집단이 자유가 아닌 얽매임으로 바뀔 수도 있다. 조직이 원래의 목적을 포기하면 새로운 집단을 만들어야 하며 그런 점에서 집단적 자유는 영원한 도전인 것 같다.

인터뷰 담당 김경미, 손어진, 김민희

하승수

한국, 10년 내 기온 2도 오르면…
전쟁보다 큰 재앙

2013. 4. 17

하
승
수

핵발전소에 전력을 공급하는 송전탑 건설을 두고 밀양주민들이 8년
동안 반대운동을 하고 있고, 작년 1월에는 농민 한 분이 스스로 목
숨을 끊어 주위를 안타깝게 했다. 이런 문제를 보며 마음이 어떤가?

밀양 송전탑 반대 운동은 진작부터 알고 있었다. 재작년
10월 말 우연히 부산에서 밀양 주민분들을 만나게 되었다. 그
날 그분들을 통해 송전탑 건설에 대한 상세한 이야기를 들었는
데 이미 6년 동안 송전탑 반대 운동을 지속하고 있었고 그분들
스스로 송전탑에 관해서는 전문가가 돼 있었다. 대화 중에 그
분들이 '송전탑의 끝에는 원전이 있고, 그렇기 때문에 원전 반
대운동을 해야 한다'라고 말하는 것이 인상적이었다. 그 뒤 '내
가 뭐 도울만한 일이 없을까'하는 생각만 하다가 작년 1월에
밀양 주민 한 분이 분신한 사건이 일어난 것이다. 인터넷뉴스
를 통해 속보로 그 소식을 듣고는 가슴이 먹먹해졌다. 시골에
서 농사만 짓고 살던 분이 분신까지 했다는 것이 엄청난 일이
지 않나. '그동안 얼마나 상처와 고통이 깊었으면 분신까지 했
을까, 그동안 내가 너무 무관심했구나' 하는 생각이 들었다.
송전탑을 반대하는 내용은 그전부터 알고 있었지만, 내가
한 일이 아무것도 없었다. 그분들이 느꼈을 소외감을 생각하니

자책감이 몰려왔다. 마침 밀양에 있는 이계삼 선생과 연락이 되어 사정을 물으니, 밀양 시내에 있는 시민단체나 전국교직원 노동조합 활동을 하는 분들 역시 나와 비슷한 자책감을 느끼고 있다고 했다. 연대활동을 안 한 것은 아니지만, 사정을 자세히 알고 긴밀하게 결합되어 있던 상황은 아니었던 거다. 그러는 사이에 밀양에서도 송전탑 건설을 반대하는 주민들이 고립감을 느끼고 있었던 것이다.

이런 일들은 비단 밀양에서뿐만 아니라 전국 곳곳에서 일어나고 있다. 개발 사업이 진행되면서 이것에 반대하는 사람들은 점점 소수가 되면서 고립돼 가고 있다. 지역 내 기득권을 가진 사람들은 거의 다 찬성 쪽에 서버린다. 결국 반대쪽에는 평생 농사만 짓고 살아온 할아버지와 할머니들만 남는다. 좀 더 일찍 관심을 가지고 함께 했더라면 좋았을 텐데 많이 아쉽다.

자책감에 송전탑 건설 반대 현장에 나간 것인가.

일본 후쿠시마 사태를 계기로 사회를 보는 눈이 많이 바뀌었다. 그전까지는 우리 사회가 그나마 이대로 유지할 수 있다는 전제하에 모든 것을 생각했는데, 후쿠시마 사고를 보면서 '이제는 더 이상 이 사회가 유지가 안 되겠구나' 하고 생각했다. 밀양 송전탑 문제도 조금 늦기는 했지만 문제의 실체를 알고, 밀양 주민들을 만나 생생한 얘기를 듣게 되면서 생각이 바뀌고 실제로 몸이 움직이게 되었다.

《녹색평론》의 김종철 선생도 후쿠시마 사고가 굉장한 충격이었고 사회를 보는 눈이 바뀌었다고 했다. 그동안 사회참여를 많이 해왔지만, 후쿠시마 사태 이후 달라진 것이 있다면 구체적으로 무엇인가?

　　후쿠시마 전에 우리 사회에서 내가 가장 많이 의문을 가지고 있었던 부분은 환경문제보다는 사회경제적인 부분이었다. 이런 의문도 문제가 심각해지고 나서야 갖게 되었는데, 1997년 IMF 위기가 발생한 뒤 10년이 지나고 나서야 이것이 가지고 온 진짜 영향에 대해서 깨달았다. IMF위기 직후에는 우리나라 경제위기가 재벌중심의 경제체제가 낳은 문제이고, 그렇기 때문에 재벌문제만 해결되면 한국사회가 나아질 것이라고 생각했다. 그때부터 많은 시민단체에서 재벌문제를 제기했다.

　　그런데 아이러니하게도 IMF 이후 재벌에 대한 경제력 집중은 훨씬 더 심해졌고 문제는 해결되지 않았다. 뒤늦게 '그동안 우리가 사회의 흐름을 제대로 읽지 못하고 이슈와 현안만을 따라간 것은 아닌가'라고 생각하게 되었다. 경제위기 이후 10년 사이에 경제성장, 돈, 부동산, 경쟁 같은 주제가 이 사회 전체를 지배해 버렸고, 사람들의 대화 주제조차도 바꿔버렸다. 단순히 경제적인 측면만이 아니라, 사람들의 문화와 의식까지 바꿔 버린 것이다. 시민운동은 이런 사회의 변화 흐름에 제대로 대처하지 못하고 그냥 터지는 이슈에 따라가기만 바빴다는 생각이 뒤늦게 들었다.

　　후쿠시마 사고를 보면서 받은 충격은 IMF 때 보다 훨씬 더 큰 것이었다. '그럼에도 불구하고 불평등과 경쟁이 심해지는 것을 막고, 더 나은 사회로 갈 수 있지 않을까'하고 생각했었는데, 후쿠시마 사고가 터진 후에는 '지금과 같이 생태·환경문제를 고려하지 않는 사회시스템으로는 문명이 유지가 안 되겠구나' 하는 생각으로 바뀌었다.

그래서 '이제는 우리가 사회의 흐름을 바꾸어야 한다'고 생각하게 되었다. 이슈만 따라가면 사회를 바꿀 수 없다. 우리가 사회의 흐름을 읽고 흐름을 바꾸어야 하는 것이다. 이것은 단순히 법이나 제도 하나를 바꾸는 문제만이 아니라 사회를 지배하고 있는 사회경제시스템, 가치관, 문화, 사람들의 생각을 바꾸는 것이다. 그동안 시민운동이 전투(이슈)에서는 이기고 있었을지 모르지만 전쟁(흐름)에서는 지고 있었다. 후쿠시마 사고 이후에 이제는 우리가 큰 흐름을 바꿔야 한다는 마음으로 이 사회가 딛고 있는 문명의 전환에 대해서 이야기하게 된 거다.

후쿠시마 사고 1년이 되는 작년 3월 11일까지, 2011년 12월 2일부터 매일 정오에 1시간씩 총 311시간 동안 광화문에서 신규원전 부지 선정 반대 1인 시위를 했다. 이 과정에서 어떤 의미 있는 결과들이 있었나?

자기 스스로 실천으로 옮기지 않으면 그냥 생각으로 끝나버리는 게 있다. 내 경우도 마찬가지다. 내가 상황을 파악하는 데 매우 느린 편인데(웃음), 후쿠시마 사고를 보고 난 뒤 서너 달을 멍하니 있었다. 그 뒤 정신을 차려 '녹색당 같은 정당이 필요하다'고 생각했고 '이것을 위해 무엇을 해야 하나' 고민했다. 원전 반대 운동을 행동으로 옮겨야 하는데 조직도 없고 사람들도 모으기가 힘들었다. 많은 사람들이 후쿠시마 사고로 나처럼 충격을 받았지만 이것을 정확하게 설명할 수 있는 논리가 완비

되지 못한 상태다 보니 우선 1인 시위부터 하자고 생각했다. 이 과정에서 녹색당도 창당됐고 사람들도 많이 모였다(웃음).

작년 3월 14일에 녹색당이 창당했지만 4월 총선에서 지지율 0.48% 로 정당 등록이 취소되었다가 10월에 재창당 대회로 정식 정당으로 등록되었다. 이 과정도 쉽지만은 않았을 텐데 정당으로서 자리매김하기까지 초기 녹색당 내에서 어떤 노력들이 더 필요하다고 생각하나?

녹색당 창당을 위해 여러 군데를 돌아다니며 많은 사람들을 만났다. 가능하면 많은 사람들이 참여해서 자기의 역량과 끼를 발휘할 수 있도록 틀을 만드는 것이 중요하다고 생각했다. 그래서 처음 녹색당의 틀을 짤 때 굉장히 개방적으로 짰고 최대한 그렇게 운영되기 위해 노력하고 있다. 이 과정에서 정말 보석 같은 분들이 녹색당에 참여해서 역할을 하고 있다. 그동안 우리 사회에 알게 모르게 녹색의 가치를 실천해왔던 분들이 많이 있었는데 앞으로 이분들이 녹색당을 통해 자유롭게 자기 생각을 펼칠 수 있었으면 좋겠다.

녹색당이 추구하는 가치는 무엇인가?

녹색당이 지향하는 것은 '문명의 전환'이다. 화석연료와 원전에 의존한 문명은 지속 가능하지도 않고, 우리 사회를 점점 더 불평등하게 만든다. 화석연료와 원전에 의해서 만들어지는 에너지의 다수가 거대 기업을 위해 사용되고 있다. 이 시스템에서 이익을 보는 사람들은 소수의 기득권층일 뿐이고, 나머

지는 다 피해자인 것이다. 원전 건설에 반대하는 시골 농민들, 원전에서 실제로 위험한 작업을 하는 비정규직 노동자들을 보면 이런 것을 더 실감한다. 원전의 위험, 최소 20만 년 이상을 보관해야 하는 사용 후 핵연료 문제, 기후변화 문제 등은 청소년과 청년들 같은 미래세대에 심각한 부담을 떠넘기는 것이다. 이 자체가 정의롭지 않고 비윤리적이다. 이처럼 지속 가능하지도 않고 정의롭지 않은 문명을 전환하기 위해서는 우리가 서두르지 않고 긴 호흡으로 가야 한다. 그래서 작년 총선 이후부터는 '지역에서부터 변화를 만들어가자'라고 강조하고 있다.

정당의 역할 중에는 일정한 권력의지를 통해 정치권력을 획득하고, 그럼으로써 자신들의 지지 세력의 이익을 관철시키는 것을 포함한다. 앞으로 정당으로서의 녹색당이 하게 될 역할은 무엇인가?

물론 녹색당도 정당이기 때문에 선거 때 후보를 내고 국회의원도 당선시켜야 한다. 하지만 그것만이 녹색당의 목적은 아니다. 보통 정치를 하는 사람들은 정당의 목적이 권력을 획득하는 것이라고 하는데, 녹색당원들에게 이렇게 이야기하면 상당히 많은 당원들이 탈당할 것이다(웃음). 녹색당이 바라는 것은 우리 사회가 더 이상 원전에 의존하지 않고, 화석연료에 의존하지 않으며, 청(소)년들과 미래 세대들이 행복하게 살아갈 수 있는 지속 가능한 사회가 되는 것이다. 이런 사회는 특정 정치인이 4년, 5년이라는 짧은 임기 내에 만들 수 있는 것이 아니라 수십 년 이상의 시간과 노력이 필요할 수 있다. 녹색당이 생각하는 정치는 비록 시간이 오래 걸리더라도 이 과정에서 우리와 반대의 생각을 가진 사람들도 동의할 수 있는 정책을 가지고 끊임없이 설득하는 방식으로 진행될 것이다.

그럼에도 정치는 자신들의 지지 세력으로 하여금 정치적 효능감을 맛보게 하는 것도 매우 중요하다. 녹색당이 한 석이라도 국회에 들어가 실제로 정책을 바꾸는 힘을 증명하는 것도 필요하지 않겠나.

당연하다. 2016년 총선에는 꼭 녹색당 국회의원을 만들어야 한다(웃음). 국회의원이 되는 것도 중요하지만 지방의원이나 지방자치단체장이 돼서 우리가 생각하는 정책의 방향을 지역에서부터 실현해 나가는 것이 매우 중요하다. 독일의 경우 녹색당의 지지율이 국가 차원에서는 15% 정도인데, 어떤 도시에서는 이미 다수당을 차지하고 있는 지역이 있다. 거기에서는 녹색당이 추구하는 정책들이 현실로 되고 있고, 사람들이 그것을 보면서 '아, 이 방향으로도 갈 수 있구나'라는 것을 경험하는 것이다. 한국에서도 녹색당이 국회의원을 배출해야 하고, 지역에서는 어떤 한 지역이라도 녹색당의 정책을 관철시킬 수 있는 정치적 힘을 가져야 한다. 그러면서 에너지 문제, 먹을거리 문제, 농업 문제, 노동 문제 등 여러 가지 문제들에 관해 녹색당의 대안을 현실로 만들어가는 것이 필요하다. 그래서 지역이 참 중요하다.

녹색당원들이 정당 활동이 아니라 시민운동을 한다는 비판이 있다. 실제로 녹색당 안에는 기존 정당이나 정치권을 불신하는 사람들이 있다. 운동과 정치가 다르듯 환경단체와 녹색당은 엄연히 다른데, 운동이 아닌 정치를 하는 정당으로서의 녹색당은 이러한 비판 앞에서 어떤가?

운동과 정치는 다르다. 하지만 녹색당의 정치가 기존의 정치와 똑같을 필요는 없다고 생각한다. 보통 정치를 이야기할 때 사람들은 사회의 거대 담론이나 정치 현안만을 말하는 경우가 많은데, 녹색당은 우리 주변과 일상의 변화에 대해서 이야기할 때가 많다. 이것이 바로 녹색당의 정치가 기존 정치와 다른 점이라고 생각한다. 사회의 가치와 비전을 거창하게만 이야기하는 방식이 아니라, 우리 생활 속에서도 이야기하고 실천할 수 있다고 믿는다.

예를 들면 많은 사람들이 선거로 대표자를 뽑아 맡기는 대의제 민주주의의 문제점을 지적한다. 그렇다면 우리 스스로 다른 민주주의를 시도해 봐야 한다. 이번에 녹색당은 100% 추첨제로 뽑힌 대의원들로 구성된 대의원대회를 치렀다. 이것을 보면서 많은 사람들이 녹색당의 새로운 시도에 대해 인정했다. 처음에 우리가 추첨으로 대의원을 뽑는다고 했을 때, 지금까지 정치를 해온 사람들은 대부분이 안 될 것이라고 했다. 그러나 해 보니 그렇지 않았다. 대의원을 추첨하는 과정이 너무 재밌었고 함께했던 당원들이 매우 즐거워했다(웃음). 정당의 대의원 선출이 엄숙하지 않고 제비뽑기, 종이비행기 날리기, 뺑뺑이 돌리기를 통해 진행되는데 뽑는 사람이나 엉겁결에 뽑힌 사람이나 다들 좋아했다.

책임감 문제가 발행하지는 않나?

그렇지는 않다. 물론 갑자기 전화를 받았는데, 대의원으로 추첨됐다고 하니까 처음에는 황당해하는 당원도 있었다. 그러나 기왕 이렇게 된 김에 한번 해보자고 하는 경우가 많았다. 그 과정에서 대의원으로서 스스로 책임감도 가지게 된다.

실제로 이번 대의원대회는 매우 진지하게 진행되었다. 지방에서 온 대의원들은 교통비도 지급하면서, 대의원대회가 녹색당의 최고대의기구이므로 중요한 역할임을 강조했다. 안건도 발의할 수 있도록 미리 안내했다. 그래서 추첨으로 뽑힌 대의원들이 발의한 안건들이 4개나 되었다. 안건 한 개는 현장에서 대의원 3분의1 이상의 동의를 얻어 발의되었다.

추첨제 대의원이라고 해서 책임감이 없으리라는 것은 선입견이다. 사실 권한이 주어지면 책임감도 가지게 된다. 문제는 그럴 수 있는 참여의 기회가 주어지지 않는다는 데 있다. 정당이나 노동조합, 시민단체에서도 선거를 통해서만 대의원 같은 역할을 맡을 수 있다고 하면, 늘 적극적으로 참여하는 소수의 사람들만이 역할을 맡게 될 것이다. 그렇게 의사결정을 하는 것이 오히려 더 책임감이 떨어지는 것이다. 추첨제를 활용해서 누구에게나 참여할 수 있는 기회를 부여하고, 그렇게 구성된 대의원들이 결정하는 것이 전체 당원들의 의사를 잘 반영할 수 있는 방법이고, 그렇게 결정하는 것이 조직 전체의 책임성이라는 측면에서 봐도 떨어지지 않는다고 생각한다.

뉴질랜드에서 녹색당은 소선거구 일위대표제 하에서 국회의원을 배출하기 어려운 상황이었다. 그러나 1996년 비례대표제로 선거개혁을 단행한 이후, 2011년 총선에서 지역구에서는 한 석도 못 얻었지만 정당득표율이 총 11% 넘어 무려 14명의 비례대표 국회의원을 배출했다. 뉴질랜드의 사례가 한국의 녹색당에게 어떤 의미를 줄 수 있나?

녹색당은 이해관계나 지역에 기반을 둔 정당이 아니고, 가치를 중심으로 모인 정당이다. 생태환경, 평화, 인권, 민주주의, 사회정의 등과 같은 기본적인 가치를 중요하게 생각하고 이것을 보고 모인 사람들인 것이다. 비례대표제가 확대되면, 사람들이 정당의 가치나 비전을 보고 투표할 수 있게 될 것이므로 정치가 많이 바뀔 수 있을 것이다. 한국을 비롯해서 지역구 소선거구제 중심의 선거제도를 가진 국가들을 보면 유권자들이 사표를 방지하기 위해서 당선 가능성이 높은 사람에게 투표하는 경향이 많다.

독일이나 호주, 뉴질랜드, 스웨덴 같이 녹색당이 강세를 보이는 대부분의 국가들은 비례대표제 중심의 선거제도를 가진 국가들이다. 반면에 영국, 캐나다, 미국 등은 소선거구제로만 국회의원 선거를 치르다 보니 녹색당이 고전을 하고 있다. 영국과 캐나다에서는 최근에야 지역구에서 1등을 해서 최초의 녹색당 국회의원을 배출했다. 이것은 기적과 같은 일이다(웃음). 당선 가능성과 지역개발 욕구를 반영하는 선거제도에서는 거대 기득권 정당들이 힘이 세기 때문에 소수정당이 지역구에서 의석을 차지하기란 매우 어렵고 또 오랜 시간이 걸린다. 영국의 경우도 브라이튼Brighton 지역에서 최초의 녹색당 국회의원이 배출되었는데, 이 도시는 녹색당이 시의회에서도 1당을 차지하고 있는 도시이다. 정말 대단한 일이지만, 영국의 다른 지역도 이렇게 되기란 쉽지 않다.

결국 선거제도가 크게 바뀌지 않고서는 기득권 정치구조가 깨지기 어렵다. 다양한 정당들이 가치와 정책으로 경쟁하는 정치가 되기 어렵다. 그래서 독일식이든 스웨덴식이든 비례대표제의 전면 확대가 필요하다.

녹색당은 현재보다는 미래를 내다보고 행동 기준을 미래에 맞춰 움직이는 조직이다. 그만큼 앞이 보이지 않아 답답하고 포기하고 싶을 때도 있을 것 같다. 무기력, 자포자기하고 싶을 때 어떻게 극복해 내는 편인가?

조급하면 지치는 것 같다. 나도 사람이기 때문에 조급하거나 불안할 때가 있는데(웃음) 굳이 그것을 숨기지 않는다. 조급해지면 판단을 잘못 하거나 행동이나 말에서 실수할 때도 있는데, 그러면 솔직하게 인정하고 사과하는 편이다. 인간이기 때문에 당연히 그럴 수 있다고 생각하는데 그러면서 자기 주문을 거는 것이 '절대 조급하지 말자'이다(웃음).

지난 1월 녹색당원들과 함께 풀뿌리정치 워크숍을 했는데, 어떤 한 모둠토론에서 나온 결론이 '조급하면 지는 거다'였다. 그게 맞다고 본다. 당원들도 우리가 아직 작은 정당이고 우리가 원하는 방향으로 사회를 변화시키기 위해서는 가야 할 길이 멀다는 것을 알고 있다. 사회를 변화시키려고 하는 운동이나 정치가 조급해지는 순간, 처음에 하려고 했던 것을 잊어버리기 쉽다. 그러면 잘못된 선택을 하게 되고, 결국 그 운동이나 정치는 변질되고 조직은 무너지면서 정작 하려던 변화가 늦춰진다. 그렇기 때문에 조급하지 않으면서 중심을 잃지 않고 꾸준히 가는 것이 정말 중요하다.

그럼에도 불구하고 조급함이 들 때는 없나? 어떤 부분에서 가장 위기감을 느끼는가?

사실 조급하지 않으려고 노력하지만, 절박하긴 하다. 마냥 천천히 갈 상황은 아니다. 가장 심각한 문제가 바로 기후변화 문제다. 기후변화 문제만 하더라도 앞으로 10년 안에 이 문제를 해결할 만한 큰 계기를 만들지 못하면 굉장히 암울한 상황이 될 것이다. 대기 중에 이산화탄소 농도가 300ppm 이하이던 것이 산업혁명 이후에 올라가기 시작해서 390ppm을 넘어섰다. 많은 전문가들이 마지노선이라고 이야기하는 450ppm이 되기까지는 10년에서 20년 정도밖에 남지 않았다. 유엔 식량농업기구FAO에서 나온 보고서에서는 2050년에 도달할 것이라고 예상했던 기후변화 상태가 2020년에 올 가능성이 높아졌고, 2100년에 도달할 것이라 했던 상태가 2050년에 도달할 수 있다고 예상했다. 반기문 유엔 사무총장도 생각보다 기후변화 속도가 굉장히 빠르다고 우려하고 있다.

한국은 기후변화로부터 가장 큰 영향을 받을 나라 중 하나이다. 그래서 녹색당 자체는 조급하지 않게 일을 해야 하지만, 녹색당이 해야 하는 일로 보면 상당히 절박한 상황이다. 얼마 전에 기상청에서 낸 보도자료를 보면, '2100년에 한반도 평균기온이 5.5도가 오른다'고 나왔더라. 그러면 사람들은 '이것은 2100년에 걱정하면 되는구나'라고 생각한다. 하지만 2100년이 2050년으로 앞당겨질 수 있고, 10년~20년 내에 2도가 오를 수도 있는 상황이다. 기온이 2도가 오른다는 것은 재앙이다. 한반도에서도 벼농사를 비롯한 농업이 큰 타격을 받게 될 것이고, 전 세계적으로도 식량위기가 더 심각해질 것이다. 그런데 우리처럼 외부에서 식량을 조달하고 있는 시스템은 이런 상황이 오면 매우 심각한 위기에 처할 수 있다. 이런 것에 대해서 아무도 준비하지 않고 있고, 많은 사람들이 심각한 상황인 것을 모르고 있다.

이것은 마치 전쟁과 비슷하다. 전쟁이라는 것이 일어나기 전까지는 아무도 안 믿지만, 실제로 전쟁이 일어났을 때 이것이 얼마나 무섭고 비참한 일인지 알게 된다. 어떤 사람들은 기후변화를 '기후붕괴·기후재난'이라고도 부른다. 인류에게 생태적 지혜가 있다면 그때 가서 뒤늦게 대비하는 것이 아니라 지금부터 준비해야 하는 문제다. 어느 정도의 마지노선을 지나버리면 걷잡을 수 없는 상태가 되기 때문에 절박함과 위기감을 가지고 이 문제를 바라봐야 한다.

변호사 시절 참여연대에서 권력감시운동을 하다가 '세상이 바뀌려면 사람들의 생활과 밀착하는 일을 하는 것이 필요하다'고 하여 풀뿌리운동 네트워크를 조직하는 일에 뛰어들었다. 이런 생각은 어떻게 하고 시작할 수 있었나?

솔직히 나는 공부를 많이 한 사람은 아니다(웃음). 활동을 하다가 문제에 부딪치면 그 문제에 대한 답을 찾는 식으로 살았다. 1996년에 처음으로 참여연대에서 자원활동을 하면서 시민운동을 시작했다. 그 때는 참여연대의 회원이 1,000명이 안 되었는데 2000년이 됐을 때는 1만 명 정도로 성장했다. 당시 참여연대의 소액 주주운동은 정말 대단했다. 하루에 몇 백 명씩 회원이 가입할 정도로 급성장했다. IMF 위기 직후에 사람들이 누군가에게 불만을 터트리고 싶은데 해소할 데는 없고, 그 속에서 참여연대가 재벌을 상대로 '너희들 잘못이다'라고 해주니 거기에서 대리만족을 느꼈던 것 같다(웃음).

그런데 참여연대 운동을 하면서 '과연 이렇게 한다고 우리 사회가 바뀔까' 하는 막연한 생각이 들었다. 당시 참여연대의 운동방식은 주로 미디어에 의한 것이었다. 우리가 하는 주장을 기자회견이나 퍼포먼스 등의 방식으로 언론을 통해 보도되게 하는 메시지를 전달하는 방식이었다. 그러다 보니 언론이 주목하는 운동은 사람들에게 알려지지만, 언론이 보도하지 않으면 아무리 중요한 일이라도 별로 의미가 없는 것처럼 되었다. 이렇게 미디어에 의존하는 방식으로만 운동을 계속할 수 없다는 생각이 늘 있었다.

또한 2000년까지만 해도 신문사와 방송사마다 NGO 출입기자가 있었고, 이들과 시민운동은 굉장히 우호적인 관계였다. 예를 들어 〈동아일보〉의 경우에는 신문에 NGO면이 따로 있을 정도였다. 그런데 2001년 김대중 정부 때 언론사 세무조사를 하고, 여기에 시민단체가 찬성을 한 뒤부터 보수언론과 시민단체의 관계가 확 틀어졌다. 더 이상 언론을 통해 시민단체가 성장하기 힘든 환경이 되어버린 것이다.

그런데 나 같은 경우는 운이 좋았다. 다른 운동의 흐름을 만났던 것이다. 그동안 우리나라에서도 사람들을 직접 만나고 조직하면서 해왔던 운동의 흐름이 있었다. 바로 풀뿌리 운동이다. 1970년대 빈민운동으로부터 이어진 흐름도 있었고, 각 지역별로도 시민들의 참여 속에 만들어지는 흐름이 있었다. 이런 활동을 하는 분들을 만나면서 한국사회의 시민운동이 풀뿌리운동과 같이 가지 않으면 굉장히 공허할 수 있겠다는 생각을 했다.

그래서 풀뿌리 운동이 중요하다고 생각하는 사람들이 모여 '풀뿌리자치연구소 이음'(과거 '시민자치정책센터'라고 불렸다)이라는 단체를 만들어서 여러 지역에서 진행되는 풀뿌리운동을

네트워킹하는 일을 시작했다. 나도 내가 사는 지역에서 활동을
했고 다른 지역에서 활동하는 사람들과도 연계해서 조례제정
운동, 주민참여예산, 마을 만들기, 협동조합, 풀뿌리시민교육,
어린이·청소년 인권 등과 관련된 활동을 했다.

　　다행스럽게도 한국사회에서 풀뿌리운동은 많이 발전하고
있다. 지역마다 다양한 풀뿌리 단체들이 생겼고 생활과 지역
에 밀착한 다양한 활동들을 많이 하고 있다. 그동안 풀뿌리운
동의 기반이 많이 확대된 것 같아서, 풀뿌리운동이 중요하다고
생각해 온 한 사람으로서 무척 기쁘다(웃음).

변호사로서 의뢰인을 만나는 것과, 운동가로서 사람들을 만나는 삶이 있는데 어떻게 이 두 가지 삶을 병행할 수 있었나?

　　내가 사법연수원을 수료할 때는 판사, 검사, 변호사를 선택할 수 있었다. 그런데 그 당시 검찰과 법원에서 나를 좋아하지 않았는데, 연수원에 있을 때 검찰을 비판하는 글을 쓴 게 문제가 되어서다(웃음). 이것저것 신경 쓰고 싶지 않기도 하고, 그냥 변호사를 하면서 시민운동에 참여하는 게 좋겠다고 생각했다. 처음에는 변호사와 시민운동을 병행하려고 해서 민주사회를 위한 변호사모임(민변) 선배들이 있는 사무실에 가 변호사 일을 시작했는데, 하다보니까 둘을 병행하기가 참 힘들었다. 변호사 일에 집중하게 되면 시민운동을 제대로 할 수가 없고, 시민운동을 제대로 하려니 변호사 일을 제대로 할 수가 없었다(웃음). 그래서 변호사 일을 2년 하다가 접고, 시민운동에 전념하기도 했다. 그러다가 중간에 다시 또 변호사 일을 반反 상근 정도로 하기도 했다. 그러다가 제주대학교 교수로 가게 되었다. 그 과정에서 '내 정체성이 활동가인가, 변호사인가' 하는 것에 대해서도 상당히 고민을 많이 했다(웃음).

그동안 해온 시민운동을 뒤로하고 교수직으로 갈 때의 마음은 어땠나?

　　풀뿌리 운동 관련된 일을 하면서 변호사 일도 반 상근 정도하면서 생계를 해결하고 있었을 때였는데, 그 당시 로스쿨을 준비하는 대학들이 늘어나면서 교수 자리가 생겼다. 두 가지 생각이 있었는데, 하나는 활동가와 변호사 일을 병행하기 힘들어 편하게 살고 싶다는 생각이 있었고(웃음), 다른 한 가지는 비非 수도권에 살면서 활동하고 싶다는 생각도 있었다. 제주대학교 교수 자리가 이 두 가지에 다 맞았던 것이다. 그래서 거기에서 4년을 근무했다. 월급도 안정적으로 나오고 학생들을 가르치는 것도 즐겁고 굉장히 좋았다(웃음).

교수직을 그만두기 쉽지 않았을 텐데, 왜 나온 것인가?

그만두기 쉽지 않았다(웃음). 제주대학교에서의 교수 생활은 지금까지 내가 했던 일 중에서 가장 오래 했던 직업이었기 때문에 더욱 그랬다(웃음). 그만둘 때는 그만두고 싶은 마음이 강해서 그렇게 한 것인데, 처음에는 왜 그만두고 싶었는지 나도 설명이 안 됐다. 하지만 지나고 나니까 정리가 되더라. 처음에는 대학에 간 것도 좋았고, 제주도에 있는 것도 참 좋았다. 그런데 그곳에서 4년을 생활하는 동안 내 마음을 불편하게 하는 일들이 많이 있었다. 노무현 정권에서 이명박 정권으로 바뀌면서, 2008년 광우병 촛불시위가 일어났다. 그때 나만 편하게 있는 것 같아서 마음이 굉장히 불편했다. 제주도의 경우에도 강정 해군기지 문제가 심각해지고 있었다. 그런데 나는 대학교에 있으면서 할 수 있는 일이 별로 없었고, 마음의 부담만 커지고 있었다.

또 하나는 대학에서 가르치는 학생들을 보면서 이들이 별로 행복하지 않다는 것을 알았다. '아! 이렇게 가면 대학은 교수만 행복한 곳이겠구나' 하는 생각이 들었다(웃음). 학부 수업에서 만나는 학생들이 대학생활에서 의미를 찾지 못하고, 취업과 앞날에 대한 막막함으로 고민하는 모습을 보면서 마음이 아팠다. 실제로 졸업할 때가 되어 사은회를 한다고 해서 가면 진로가 결정된 졸업생들이 별로 없어서 마음이 무거웠다.

한번은 친하게 지내던 남학생이 졸업을 하고 두어 달 후 밤에 나한테 전화를 했더라. 그런데 그 친구가 엉엉 울었다. 키도 크고 성격도 밝고 좋은 친구였는데 공무원 시험을 준비하면서 마음이 너무 힘들다고 우는데, '정말 대학이라는 것이 나한테만 좋지. 학생들에게 무슨 의미가 있을까' 하는 생각이 많이 들었다. 그러던 중에 내가 있던 법학부가 로스쿨이 되었다. 그런데 로스쿨도 애초 취지와 달리 변호사시험을 위한 학원처럼 변해가는 모습을 보면서 더 이상 학교에 있는 것이 행복하지 않게 되었다. 대학도 결국 우리 사회 안에 있기 때문에, 사회의 흐름이 나쁜 방향으로 가면 대학도 마찬가지일 수밖에 없다고 생각했다. 그래서 다시 시민운동으로 돌아가자고 마음을 먹고, 대학을 그만두고 서울로 올라왔다. 그전에 서울에 '투명사회를 위한 정보공개센터'라는 단체를 다른 분들과 함께 만들었는데, 다행히 이곳에서 내가 할 일이 있었다(웃음). 막상 서울에 올라왔더니 세상이 많이 거칠어지긴 했더라(웃음).

'나는 편한데 학생들은 행복하지 않은 것, 사회는 나빠지는데 대학에서 편하게 지내는 것이 불편해서 박차고 나왔다'고 했다. 보통사람들은 좋은 집이나 좋은 직장이 없을 때, 혹은 돈이 넉넉하지 않을 때 불편함을 느낀다. 이에 반해 스스로 불편함을 느끼는 기준이 다른 사람들과는 다른 것 같다.

사람은 관계 속에서 살아가는 것이고, 이것은 '같이 행복해야 진짜 행복하다'라는 것을 의미한다. 내가 대학에 있으면 그 대학에 있는 학생들이 행복해야 나도 행복한 것이다. 함께 느끼는 만족감과 행복감이 중요한 것 같다. 진짜 행복은 개인이 혼자 안정된 직장에서 돈을 많이 버는 것에서 오는 것이 아니라, 함께 살면서 그 안에서 서로가 행복한 관계를 맺는 것에서 오는 것이라 생각한다.

그런 점에서 사회운동에 참여하게 된 것은 참 행운이라고 생각한다. 나는 본래 무디고 느린 사람으로 사람과 사회에 그다지 관심이 많지 않았다. 시민운동에 참여하고 사람들을 만나면서부터 사람이 어떤 순간에 행복을 느끼는지 깨달았다. 풀뿌리 운동을 하면서 사람들과 이런저런 살아가는 얘기들도 나누고, 함께 행사도 준비하고 텃밭도 가꾸고 하면서 '행복이란 날씨 좋은 날, 좋은 사람들과 정자에서 이야기 나누는 것이구나. 작은 동네 텃밭에서 일하면서 느끼는 것이구나'라는 걸 알았다. 만약 운동을 안 하고 변호사로 날마다 사무실에 앉아서 의뢰인을 만나는 생활을 했다면 참 불행했을 것이다. 딸아이를 낳으면서 여러 사람들과 '공동육아 협동조합'을 했었는데, 그런 경험도 소중한 경험이었다. 이런 경험들을 통해서 '사람은 혼자 사는 것이 아니구나, 진정한 행복이란 같이 어울려서 사는 거구나'를 경험했다.

2008년에 설립된 '투명사회를 위한 정보공개센터' 소장으로 있었다. 1998년 '공공기관의 정보공개에 관한 법률'이 시행된 이후, 참여연대를 통해서 꾸준히 노력해 오다가 독립된 단체를 만든 것으로 안다.

남들이 생각하지 않았던 일을 시작하고 성과를 내는 작업을 계속할 수 있는 힘은 무엇인가?

　　공부를 잘 안 한다고 했는데, 그렇다고 해서 일을 잘하는 편도 아니다(웃음). 체계적이거나 계획적으로 하는 게 잘 안 된다(웃음). 보통 일을 시작할 때 처음 하겠다고 모인 사람들을 보고 '이 사람들하고 하면 일이 되겠다' 싶으면 결정하고 하는 편이다. 정보공개센터도 그랬다. 처음 준비모임을 하는데 모인 분들을 보니까 일이 되겠더라(웃음). 실제로 정보공개센터가 2008년 10월에 창립해서 지금껏 4년이 넘게 지나오면서 자리가 많이 잡혔다. 이것은 열정적으로 활동하는 활동가들과 적극적으로 참여하는 회원들이 있었기 때문에 가능했다. 대표나 이사 같은 분들도 실질적인 역할을 하면서 함께 조직을 성장시켰다.

　　역시 일이라는 것은 좋은 사람들이 함께 모여 즐겁게 하면 잘되게 되어 있다. 여기서 나는 별로 하는 게 없다(웃음). 처음에 일이 되기 위해서는 그 일을 제안하고 틀을 잡고 시작하는 사람이 있어야 하니까 그 역할을 하는 거다. 거기까지만 내 몫이고 나머지는 실제로 참여하는 분들이 조직의 정체성과 문화를 만드는 것이다. 나는 사실 그 분들의 열정에 묻어가는 스타일이다(웃음).

변호사로서 개인이 누릴 수 있는 넉넉한 삶이 아니라, 공동체와 함께 나누며 살아가는 활동들을 할 수 있었던 것은 가족들의 동의가 없었다면 불가능했을 것 같다. 이런 삶의 방식에 대해 부인과 딸이 지지해주는 부분이 있나?

가족들 모두 내가 살고자 하는 기본 방향에 대해서는 이해하고 동의해준다. 작은 공동체로서 가족이 함께 살면서 서로 생각이 다른 부분이 있는 것도 있다. 그래도 서로 이해하고 인정하는 과정 속에서 문제가 풀리는 것 같더라(웃음). 삶으로 보면 좀 어려운 점도 있고 불편한 것도 있을 텐데 행복이란 게 물질에 있는 것만은 아니지 않나(웃음).

올해 7월에 충남 홍성으로 귀촌하려고 하는데, 딸은 시골에 내려갈 생각이 없다고 하면서도 아빠·엄마가 내려가는 것은 인정한다(웃음).

청년 하승수는 어떤 사람이었나?

늘 좌충우돌하는 삶을 살아왔다. 선배들과도 싸우기도 많이 싸웠다(웃음). 고집이 세고, 해야 할 말은 하는 성격이라 가끔 부딪치는 일이 있었는데, 그렇다고 해서 내가 사심이나 악의를 가지고 이야기하는 것이 아니라서 그분들이 나를 미워하지는 않았을 것이라고 믿는다. 20~30대는 그런 좌충우돌하는 경험을 통해서 계속 배웠던 것 같다.

원래 판사가 될 생각도 있었다. 처음 사법연수원에 들어갈 때는 이후에 법원에 들어가서 사회에 기여할 수 있는 일을 하고 싶다는 생각을 했었다. 지금 생각해보면 어처구니없는 생각이었다(웃음). 그런데 연수원을 수료할 때에는 법원 쪽으로는 가지 못했다. 사법연수원 내에 사법연수생들이 만들던 잡지가 있었는데, 잡지 편집부가 있었고 나도 참여하고 있었다. 그때 내가 검찰의 역사를 다루는 기사를 맡았는데, 기사를 쓰려고 한국 검찰 역사를 보니 그동안 검찰이 잘한 게 없더라(웃음). 그래서 솔직하게 한국 검찰은 별로 잘한 게 없고 옛날에 이러이러한 잘못을 많이 했다고 썼는데, 그것이 사법 연수원 내에서 문제가 되었다.

당시 사법연수원의 부원장이 검찰에서 파견된 분이었는데, 그분이 연수원에 있는 검찰 교수들을 전부 소집해서 이 기사는 못 내보낸다고 하면서 삭제하라고 했다더라. 나는 절대 못한다고 했고 그렇게 실랑이를 하다가 결국 일부 삭제·수정된 상태에서 기사가 나갔다. 이 일이 있은 후 '이런 식으로 꽉 막힌 집단에서는 일을 못하겠다'라는 생각이 들어 변호사의 길을 선택했다.

참여연대에서 활동할 때도 비슷한 일이 있었다. 당시 변호사들의 탈세 문제가 많이 이슈가 되었다. 그래서 '변호사에 대해 부가가치세를 과세해야 한다'라는 주장이 나왔다. 지금도 변호사들이 어느 정도 탈세를 하겠지만(웃음) 그때는 정말 많이 했었다(웃음). 참여연대 안에 있는 여러 팀 중에서 내가 있는 조세 개혁팀에서 이 이슈를 제기하면서 '변호사에게도 부가가치세를 과세해야 한다'고 주장했다. 이것이 어떤 변호사들에게는 매우 불편한 주장이었다. 그래서 미묘한 압력 같은 것도 있었다. 대한변호사협회에서도 반대했지만, 우리 팀이 세게 밀어붙여 결국 변호사 부가가치세 과세 법안이 1998년에 국회를 통과해 변호사들도 부가가치세를 내게 되었다. 이 과정에서 정말 많은 충돌과 갈등이 있었다.

이 모든 것이 좌충우돌의 과정이었다. 이제는 문제를 푸는 방법도 알게 되고 많이 유해졌다(웃음). 부딪치는 과정에서 많이 배웠다. 지금은 어떤 사람은 나를 유하다고 하기도 하고 어떤 사람은 고집이 세다고 하는 사람도 있다. 지난날 재벌감시운동이나 사법개혁운동할 때는 누군가 나를 '불독, 독사'라고 부르는 사람도 있었다(웃음). 아마 요즘에도 영양댐 문제로 독하게 물고 넘어지니까 그런 별명이 어울릴 것 같기도 하다(웃음).

좌충우돌하는 과정에서 이 부분 만큼은 후회되거나 내 잘못이었다고 느낀 적은 없었나?

사람들과 의견이 다른 것은 얼마든지 있을 수 있는 일이다. 그중에는 내가 반드시 지켜야 할 원칙과 관련된 것도 있고, 어느 정도는 다른 사람의 의견도 받아들여 조율할 수 있는 부분도 있다. 그런 부분을 구분하는 것이 참 어려웠다. 그래서 때로는 내가 너무 불필요하게 세게 말해서 다른 사람에게 상처를 주지는 않았는지를 돌아보게 되더라.

요즘에도 나와 다른 사람들의 의견이 다를 때에는, 어떤 부분이 내가 반드시 지켜야 할 원칙인지 많이 생각하게 된다.

청년들에게 해 주고 싶은 이야기가 있나?

지금 사회라는 것이 워낙 청년들이 힘들게 살 수밖에 없는데, 내가 어떻게 살라고 조언한다는 것이 오히려 미안한 일이다. 그래서 '나는 이렇게 하겠다'라는 이야기 정도만 할 수 있는 것 같다. 얼마 전 이계삼 선생이 보내준 《청춘의 커리큘럼》이라는 책에 이런 구절이 있더라. "결국 청년들 스스로 깨닫고 친구들의 손을 잡고 일어설 수밖에 없는 문제인 것이다."

나는 이게 맞는 것 같다. 내가 청년들에게 어떻게 하라고 얘기하는 게 아니라, 청년들 스스로가 하고 싶은 일을 하는 것이 중요하고, 나는 그것을 도와주는 역할을 할 수 있는 거라고 생각한다. 녹색당 내에서도 청년녹색당원들이 뭘 하겠다고 하면, 나는 '하시고 싶은 일을 하시라'고 말하는 편이다.

많은 청년들이 녹색당원으로 활동하고 있다. 하지만 요즘 대다수 청년들은 산업사회가 주는 혜택과 도시생활에 길들어 흙과 자연, 느림과 나눔 등이 있는 녹색의 가치를 쉽게 동의하기 힘든 세대다. 그럼에도 이 청년들에게 녹색의 가치를 이야기 할 수 있는 이유는 뭔가?

작년에 '씨앗을 뿌리는 사람들'이라는 텃밭활동을 하는 청년들을 만났는데 대부분이 도시에서 자란 청년들이라는 것에 깜짝 놀랐다. 이들이 스스로 텃밭 가꾸기 모임을 하는 것을 보면서 '누구나 다 작은 경험을 통해 녹색의 가치를 깨닫고 긍정적이고 즐거운 경험을 할 수 있겠구나'라고 생각했다.

그 청년들이 초등학교 특별활동 시간에 자원봉사자로 가서 아이들에게 텃밭농사 교육을 한 보고서를 읽어봤는데, 초등학생들이 너무 즐거워하더라는 것이다. 처음에 지렁이를 보고 도망가던 아이들이 나중에는 흙을 만지고 채소를 가꾸는 것을 참 좋아했다고 한다. 이런 경험이 아이들에게는 물론 본인들에게도 좋은 경험이었다고 보고서에 쓴 것을 보았다. 본인들이 너무 즐거워하면서 이런 일들을 하는 것을 보면서 우리 청년들이 이런 경험을 많이 할 수 있으면 좋겠다고 생각했다.

　어찌 보면 녹색의 가치라는 것은 우리가 상당 부분 잃어
버리고 있었던 면이지만, 누구에게나 필요한 가치이기도 하다.
그리고 막상 경험해보면 좋은 변화가 있다. 나도 상당히 도시화
가 된 속에서 자랐기 때문에 녹색의 가치를 몰랐지만, 텃밭이
라도 가꿔보고 내 삶 속에서 실천할 수 있는 것들을 찾아 실천
해 보면서 많은 것을 느꼈다.

　청년들도 비록 도시 생활에 익숙해 있지만 녹색과 관련
된 활동에 참여해 보면 지금까지와는 다른 삶의 의미를 발견할
수 있을 것이다. '내가 무엇을 어떻게 시작해야 하느냐'고 물어
보면 베란다에 작은 화분을 만들어 최소한 상추부터 가꿔보라
고 이야기한다. 실제로 청년들 중에 이런 것을 물어보는 사람
이 많은 것을 보면, 청년들 안에 녹색의 가치에 대한 목마름이
있는 것 같다.

녹색당에는 일회용품을 쓰지 않거나, 반려동물을 키우거나, 채식을 하는 등 환경·생명 등의 이슈에 관심을 가지다가 당원이 된 사람이 많은 것으로 알고 있다. 그런데 개인의 삶에서 녹색의 가치를 실천하는 것과 달리, 원전 폐지는 우리 사회구조적인 것을 근본적으로 바꿔야 하는 매우 지난하고 힘든 일이다. 녹색 당원들이 일상의 작은 문제들에서 출발해서 원전반대운동과 같은 사회 구조적인 문제들에 적극적으로 동참하게 되는 과정이 궁금하다.

녹색당원 중에는 여성 당원이 절반 이상인데, 이 중에는 주부도 있고 비혼非婚 여성도 있고 연령과 처지가 다양하다. 이분들이 녹색당에 가입하게 된 동기도 굉장히 다양하다. 원전에 반대하는 사람, 농사에 관심이 있는 사람, 채식을 하는 사람, 길고양이를 돌보는 사람 등 다양한 관심사를 가진 사람들이 모였다.

녹색당 내에 어떤 변화가 있느냐 하면, 다양한 사람들이 모여 서로의 관심사들을 공유하는 것이다. 그러면서 자연스럽게 '이것도 중요하구나'라는 걸 느끼면서 자신의 관심사가 넓어지게 된다. 신기한 것이 녹색당원들끼리 만나면 이야기가 잘 통한다. 원전에 반대하는 사람이 알고 보니 길에 버려진 동물도 돌보고 있고, 텃밭도 가꾸고 있는 경우가 많다. 아마도 이런 관심들이 모두 생활 속에서 자연스럽게 '녹색'의 가치와 연결되는 문제들이기 때문인 것 같다. 녹색당 안에서는 이런 삶의 문제들 어느 하나도 가볍게 취급되지 않고 다양한 방식으로 이야기되고 있다.

하승수에게 자유란?

늘 가슴 뛰게 하는 말이다. 그리고 자유가 결핍되면 너무 답답함을 느끼게 된다. 자유는 공기와 비슷하다. 사람에게 '자유'가 없다면 행복하지 않을 것이다. 그런데 지금의 사회시스템은 사람들을 자꾸 꽉 짜인 틀 속에 넣으려고 한다. 그래서 개인이 '자유'나 '행복'을 지키려고 노력하지 않으면 잃어버릴 수도 있다. '자유'라고 할 때에, 하고 싶은 일을 하고 산다는 것이 매우 중요하다. 그렇지만 현실에서는 그것이 쉽지 않다. 인생의 어느 순간에는 '자유'를 유보해야 하는 상황이 되기도 한다. 그렇지만, 자유에 대한 갈망을 잊어버리지 않은 것이 중요한 것 같다. 그래야만 언젠가는 자유를 누릴 수 있을 것이다.

인터뷰 담당 손어진, 김경미

전순옥

삶을 바꾼 질문…
'한강의 기적'이 박정희의 공?

2013. 7. 17 / 24

전순옥

노동자에서 학생으로, 또다시 노동자와 노동운동가로 살다 작년 총
선에서 통합민주당 비례대표 1번으로 국회의원에 당선됐다. 경제민
주화라는 뜨거운 아젠다 속에서 노동자 권익보장의 중요성을 체감
한 민주당의 결정이었다고 보인다. 지난 1년을 돌아보니 어떤가.

　　국회에 들어올 때 기대를 많이 하지 않았지만, 그럼에도
답답함을 많이 느낀다. '현실정치'라는 담이 더 두껍고 높게 느
껴질 때도 있다. '이것이 일반 국민들에게는 정말 높겠구나, 내
가 이것을 뚫고 나가려면 정말 힘들겠구나' 하는 생각이 들기도
한다. 물론 현실정치에 있어서 타협과 절충 같은 유연함도 있어
야 된다고, 이해하는 부분도 있다. 그렇다고 해도 다수의 국민
을 위해 꼭 이뤄내야 하는 원칙적인 부분에서조차 정치적 타협
이 관례적으로 이루어진다. 그러다 보니 지켜내야 될 것들을 지
켜내지 못하는 경우가 생긴다.

　　그럼에도 사회에서 누군가의 도움을 기대하지 않고 개미
처럼 자기가 노력한 것만을 가지고 살아가는, 소외된 사람들의
목소리를 조금이라도 반영할 수 있는 것이 보인다. 거기에 보람
을 가지고 있다.

　　또한 정치권은 갈등이 있는 곳에서 양쪽의 소리를 모두

들고 중재 역할을 잘하면 되는데, 양보와 타협을 어느 선에서
어떻게 할 것인지 고민해야 한다. 뺏기고 빼앗는 게 아니라, 서
로 주고받으면서 새로운 것을 창출해 더 크고 가치 있는 '발전
의 단계'로 나가야 한다. 이를 위해 '어떤 합의점을 찾아야 하
나?'가 국회에 들어와 생긴 고민이다.

사실 경제민주화 그 중심에는 재벌이 있다. 그들의 역할이 무엇이라
보는가?

　　얼마 전 미국 워싱턴에서 한 회의에 참석했는데, 거기에는
다른 나라 의원들도 많이 참석했다. 그 중 일본 국회의원이 "경
제민주화는 재벌을 해체하자는 것이냐?"라고 물어보더라. 내가
"경제민주화란 재벌을 해체하자는 것이 아니다. 다만 재벌과
재벌이 아닌 중소기업들 그리고 노동자들이 함께 윈윈할 수 있
게 하는 것"이라고 대답했다.

　　재벌에 관한 부정적인 시선이 많지만 모든 것에는 늘 장
단점이 있기 때문에 이 두 개를 다 봐야한다. 박정희 전 대통령
이 쿠데타를 통해서 정권을 잡았기 때문에 정권에 대한 정당성
을 확보하기 위해 무언가를 해야 했는데, 그때 경제성장을 선택
했다. 외자와 노동력 등 우리가 갖고 있는 온갖 자원을 활용해
몇 개의 재벌을 만들어내는데 특혜를 줬고, 법적으로도 많은
것을 눈감아 주면서 세계적인 재벌로 키워냈다. 이렇게 큰 재벌
을 통해 우리나라가 세계적인 인지도를 가지게 된 것이다. 삼성
이나 엘지 등이 국제적으로 한국 상품을 만들어서 팔고 있고,
이들이 세계시장에 매우 큰 영향력을 갖는 게 사실이다. 대만

과 한국을 비교해보면 대만은 자체적으로 안정된 일자리도 있고, 지방중심으로 수평적 경제구조와 지역 구도를 가지고 있긴 하지만, 세계적인 브랜드는 못 갖고 있다. 그래서 그들은 우리를 굉장히 부러워한다. 이렇게 부러움을 살만큼 재벌이 성장했으니, 이제는 세계적인 재벌답게 글로벌시장에서 경쟁력을 도모했으면 좋겠다.

또한 재벌들 스스로 인식을 전환할 필요가 있다. 소비자들이 물건을 사 줬으니까 장사가 된 것이고, 또 그 회사에서 일하는 노동자가 있었기 때문에 계속 물건을 만들 수 있었던 것 아닌가. 산업화 과정을 지나면서 정부에서 기업들에게 전기요금을 얼마나 싸게 해 주었나. 상대적으로 산업용 전기요금이 너무 싸서 국민들이 지금도 많은 고생을 하고 있다. 혼자의 노력으로 된 게 아닌 것이다. 재벌 총수와 일가들이 그들의 성공을 '모두 다 내 것'이라고 생각하는 게 문제다. 경영에 있어서 많은 사람들의 도움에 의해 쌓은 부를 어떻게 나눌까 하는 게 '경제민주화'다. 내가 재벌에게 바라는 것은 재벌로서 제 역할을 하면서 공정한 경쟁을 하는 존경받는 재벌이 되는 것이다.

정치가로서 이전과는 다르게 건전한 공권력이란 무엇인지를 체감하고 있을 것 같다. '노동자의 삶의 개선'이라는 목표를 성취하는데 있어 이전 활동가일 때와 차이를 느끼는 것이 있는가.

활동의 역량과 범주가 넓어졌다. 사실 처음에 의원직 제의를 받았을 때 많은 고민을 했다. 어머니가 계셨다면 분명히 어머니께 물어봤을 거다. 새벽기도를 나가서 '하나님 제가 이런

제안을 받았는데, 제가 왜 이런 고민을 해야 합니까?' 하고 아
주 기초적인 질문을 했다. 그다음에는 봉제 공장에서 일하고
있는 노동자들에게 가서 물었다. 유학 후에도 현장에서 11년쯤
일하며 꾸준히 만났고, 개별적으로 인터뷰도 굉장히 많이 했던
사람들이었다. 그분들에게 "의원직 제안을 받았는데 어떻게 했
으면 좋겠나?"라고 물어보니, 아주머니 한 분이 "대표님, 저는
했으면 좋겠어요"라고 하더라. 이유를 물으니 "대표님이 10년
넘게 여기서 우리의 문제들을 개선하기 위해 많은 것을 해 왔
는데 법이나 제도, 정책적으로 가로막히는 것들이 많아서 못한

것들이 많지 않느냐? 국회의원이 되면 그런 걸 할 수 있으니 하는 게 좋겠다"라고 말하더라. 나도 그게 맞다고 생각했다.

　'현장에서 사람들과 수년 동안 함께 노력했지만 이룰 수 없었고 한계를 느꼈던 것들을 제도 속에 들어가서 법으로 제정해 보자. 그러면 실제로 노동자들의 삶을 바꿀 수 있겠다'라는 생각이 들었다. 들어와서 보니 활동 영역이 넓어진 것이 사실이고, 그래서 재미있게 일을 하고 있다. 법 제정이 굉장히 어려운데 법학연구회나 중소기업연구원들의 도움을 받아 함께 좋은 법안을 만들기 위해 분주히 노력하고 있다.

어떤 법안을 중점적으로 다루고 있는가?

　소규모 제조업에 대한 법이다. 그동안 정부에서는 제조업에 대해서 관심이 없었고 정책도 많이 부실했다. 상인들에 관한 법이나 제도는 많지만 공장 제조업에 대한 것은 거의 없는 상황이다. 여기서 말하는 중소제조업은 상시근로 열 명 혹은 열 명 미만으로 고용돼 있는 소규모 제조 공장들인데, 이 공장들의 상황은 60~70년대나 지금이나 변한 게 없다. 노동시간도 12시간 이상이고 근무환경도 너무 열악하다. 종로를 비롯한 강북지역에 수만 개의 봉제 공장이 있다.

　예를 들면, 창신동만 해도 소규모 제조 공장들이 창신1, 2, 3동에 2,500개 정도 있다. 한 공장에 평균 5명이 일한다고 하면 노동자가 1만 명이 넘는다. 그런 공장들이 강북지역 쪽에는 정말 많다. 전국적으로는 경기 남부, 부산, 대구 등 주로 대도시 도심에 공장이 있고, 거기에서 수십만 명이 아직도 열악한 제조업 환경 속에서 일을 하고 있다. 그 사람들은 십대 때부터 지금까지 몇 십 년간 이 분야에서 일을 해온 기술자들로, 우리나라의 경제성장을 위해 가장 밑에서 헌신한 사람들이다. 그럼에도 그저 기술이 있어서 일 할 수 있는 것만으로 오히려 고맙다고 생각하면서 일하고 있다. 국가가 이런 노동자들이 지속 가능하게 일할 수 있는 환경을 만드는 일을 해야 한다. 만약 이들이 직업을 잃고 실업자가 되어 국가에 의존하는 수급자가 된다면 국가 전체가 어려움을 겪을 거다.

이들 소규모 제조업을 위해 '도시형소공인 지원법' 제정을 준비하고 있다. 어쩔 수 없이 도심에 있을 수밖에 없는 소규모의 영세한 공장들이 조금이라도 쾌적한 환경에서 일할 수 있는 환경을 만들어 주어야 한다. 이들은 서로 경쟁하지만, 한편으로는 공생하면서 관련 산업의 근간을 이루며 모여 있다. 예를 들어, 종로에 귀금속이나, 성수동에 수제화 등을 만드는 공장들이 집적화되어 있다. 여기서 일하는 노동자들은 수 십 년씩 물품을 만들고 납품하는 숙련된 기술을 보유한 장인들이다. 이들이 만든 물건의 공임은 몇 천 원 정도에 납품이 되는데, 이것이 백화점에서는 20~30만 원 이상에도 팔린다. 이런 상황의 공장들이 부가가치를 올리고 소규모로 운영하고 있지만, 그 자체의 기술로도 글로벌 시장에서 살아남을 수 있도록 경쟁력을 키워내는 개선책을 마련하고 싶다. 그러면 생산하는 사람들도 정당한 공임과 장인으로서의 자부심도 가질 수 있을 거라고 확신한다.

또한 이러한 제도적인 뒷받침을 통해 이 노동자들이 자신의 기술을 업그레이드 할 수 있도록 새로운 기술을 도입하고 가르칠 필요도 있다. 지난 6월 대표발의 한 '산업기술혁신 촉진법' 개정안이 통과됐다. 산업부가 산업을 위한 인력 인프라를 위해 산업기술 부분에 전문 인력을 양성하여 적재적소에 전문 인력을 공급할 수 있도록 하는 법이다. 그동안 기술자들이 암묵적으로 연마한 기술을 국제 표준에 맞는 기술로 업그레이드할 수 있게 재교육받는 시스템을 만든 것이다. 이런 법들을 통해 독일처럼 제조업의 경쟁력을 강화시키고 일하는 기술자들이 대우를 받고, 사회적 경제적으로 소외당하지 않는 환경을 차차 갖추어 나가려는 것이다.

청년 실업 문제가 심각하다. 제조업을 통한 일자리 창출이 가능하다고 보는가?

우리는 일반적으로 대학을 나온 사람은 깨끗하고 쾌적한 사무실에서 일해야 한다고 생각하고, 제조업처럼 더럽고 힘들고 위험한 일은 외국인 노동자가 와서 해야 한다고 생각한다. 그런데 독일은 그렇지 않다. 독일은 제조업 강국이다. 그것은 독일 사람들이 노동을 존중하는 가치와 철학을 가지고 사회적으로 일하는 사람들을 대우하고 기술자들을 인정해왔기 때문이다. 직업에 대한 선입견이 없다. 그런 환경을 만드는 것도 결국 사회의 일이고, 정책의 몫이다.

나는 앞으로 제조업을 통해 우리의 일자리가 만들어질 수 있다고 생각한다. 제조업은 기획에서부터 디자인까지 다양한 범위의 좋은 일자리를 많이 만들어 낼 수 있는 가능성이 풍부한 산업이다. 때문에 제조업을 발전시켜 나가야 한다. 그렇다면 그 이전에 제조업 환경을 다시 둘러보고 개선해야 한다. 젊은 사람들에게 "왜 너희는 공장에 가서 일은 안 하고 커피숍에서 아르바이트나 하면서 직장이 없다고 하느냐?"라고 묻는 것은 말이 안 된다. 젊은 사람들은 어디든 일할 수 있는 환경이 마련된다면, 일할 것이라고 생각한다. 청년들이 (탁자 위 수공예 컵을 가리키며) 이런 컵을 하나 만들어도 '내가 이런 것을 예술적으로 만들 수 있구나. 노동환경도 이 정도면 할 만 하구나. 노동 시간도 괜찮네'라고 생각하면 어디든 일할 수 있을 것이라는 말이다. 국가가 먼저 청년들이 자기 꿈을 펼치면서 신나게 일할 수 있는 좋은 플랫폼을 만들어 주어야 한다. 또한 대학은 나왔지만 결혼을 하면서 경력이 단절된 여성들을 활용해야 한다. 이들을 활용하지 못한다는 것은 너무나 자원 낭비다.

오빠 전태일 열사가 열악한 노동조건에 항거하며 분신했을 때 16살이었다. 생계에 어려움이 많았을 것이다. 당시 봉제공장 시다로 일을 시작했다던데, 공장에서 일하던 시절의 삶은 어떠했나.

당시 내 또래 아이들은 일하러 오면서 점심조차 못 싸오는 경우가 허다했다. 싸가도 먹을 시간과 공간이 거의 없었다. 조그만 공장에는 다락이 있었는데, 그 밑에서 어린 소녀들이 고개를 못 들고 구부리고 일해야 했다. 내가 지금도 조그맣지만 열여섯 살 때부터 지금 이 키였다. 아마 다락방에서 일한 탓이 아닌가 싶다. 동료 중 한 명은 열두 살부터 구부리고 일해서 지금도 어깨가 굽은 사람이 있다. 공장 안에는 먼지가 너무 많아서 도시락을 열어 밥을 먹을 때 옆 사람이 부스럭대기만 해도 내 밥으로 먼지가 떨어졌다. 전깃줄의 먼지가 마치 눈이 온 것처럼 쌓여 있었고 창문은 하나도 없었다. 움직일 수가 없을 만큼 공간도 좁았다. 더 어린 시다 아이들은 옷 무더기 속에 파묻혀 먼지를 한껏 마시며 실밥을 따야 했다. 어디 있는지 보이지도 않았다. 화장실도 하루에 한 번 밖에 못 갔다. 두 번 가면 사장님에게 혼나니까 참았다가 쉬는 시간에 몰아서 가는데, 점심에 밥을 먹고 나서 화장실에 가면 화장실 앞에 이백 명 정도가 줄을 서 있었다. 그 많은 공장들 사이에 화장실은 단 하나뿐이었다. 더군다나 남녀 화장실이 안에 같이 있었다. 그렇게 졸면서 순서를 기다리다가 종이 치면 그냥 돌아와야 했다. 그럼 애들은 일하다가 오줌을 싸버리는 경우도 있었다. 그렇게 일을 했다. 아침엔 여덟 시까지 가야 하고 저녁엔 통행금지 시간인 열한 시까지 일을 했다. 나처럼 서울이 집인 사람들은 집에라도 갈 수 있었지만, 시골에서 올라온 애들은 그 좁고 먼지가 많은 공장 위 다락방에서 자야 했다. 그러면 새벽에는 외부로 물품이 나가야 해서 이른 아침에 일어나야 했다. 잠도 거의 못 자는 것이다.

두 번째로 취직한 공장은 부평에 있는 한 수출 공장이었다. 그 공장도 상황이 너무 열악하고 힘들었다. 열 몇 시간씩 일을 했다. 한 달에 한두 번 정도 주어진 휴일에 동료들과 밖에서 만나면 뭘 해야 할지 몰라서 멍했다. 어떻게 놀아야 할지 몰랐던 거다. 어딜 가야 할지도 서로 대화를 어떻게 할 줄도 몰랐다. 일만 그렇게 하다 보니 대화거리가 없었던 거다. 우리가 평소에 영화를 봤겠나, 책을 읽겠나, 신문을 봤나, 할 얘기가 없었다. 그저 앉아서 "이 일 그만 했으면 좋겠다"라는 이야기를 했다.

여름이 되면 "비가 억수로 많이 와서 홍수가 나 버스가 안 다녔으면 좋겠다. 다리가 다 끊어졌으면 좋겠다. 그러면 일도 하러 안 와도 되지 않느냐"라는 이야기를 하면서 시간을 보냈다.

수출 선적 날짜가 다가오면 날짜에 맞추기 위해 야간작업을 2주씩 해야 했다. 그런데 기숙사에서 나오는 밥은 형편없었다. 보리밥에 쌀은 하나 보일락 말락 했다. 콩나물국, 새우젓, 김치가 나왔는데 새우젓은 수염만 긴 대가리에 붙어 있고 몸뚱이는 하나도 없었다. 콩나물국도 콩나물 대가리와 껍질만 있고 몸뚱이는 누가 다 먹었는지 없었다. 김치는 완전 소금에 절인 게 고춧가루도 없는 것이 나온다. 더 힘든 것은 콩나물국을 담은 그릇에 구멍이 나서 물이 테이블로 계속 흐르는 것이었다. 먹다 보면 양말과 신발이 다 젖었다. 그것도 한참 부족해서 더 먹고 싶다고 하면 저녁에 일 끝나고 설거지를 해야 했다. 그럼 누룽지를 조금 더 주었다. 당시 나도 17살이었고 대부분이 10

대였으니, 얼마나 배가 고팠겠나. 야근을 하면 삼립에서 나오는 크림빵이 간식으로 나왔다. 기숙사에 살던 애들 중에는 그걸 가지고 "우리 이걸 먹지 말고 빵 계를 하자"고 하면서 그걸 모아 자기네 집에 동생들에게 우편으로 보내는 애들도 있었다. 기숙사에 열두 명이 살았으니 빵 열두 개를 모아 그마저도 자기들은 먹지도 못하고 동생들 먹게 해 주려고 보내는 거다. 나는 그게 하기 싫다고 내 빵은 내가 다 먹었다(웃음). 그때 나도 기숙사에서 살았는데 규율을 지키는 게 너무 힘들었다. "안 시켜도 내가 해야 할 일은 다 할 건데 꼭 왜 시키려고 하느냐?"라고 언니들이나 반장에게 대들기도 했다.

공장에서 잘린 적이 여러 번 있었다고 했다. 어떤 상황이었나?

수출 공장에서의 일은 너무 힘들었는데 월급이 삼 개월 정도 안 나왔다. 사장이 선적한 회사에서 돈을 안 줬다면서 월급을 안 주니까 애들이 집에도 못 갔다. 그래서 내가 월급을 받기 위해 데모를 하자고 했다. 이미 청계노조가 만들어졌을 때라 당시 청계노조의 조직국장을 하는 언니를 찾아가 상담을 하고 우리도 파업에 들어갔다. 당시 그 공장에서 800명이 일하고 있었는데 400명이 파업에 들어갔다. 기숙사 생활을 한 사람들은 거의 다 파업에 들어간 것이다. 첫날에 식당에 모여 우리끼리 "월급을 받을 때까지 일할 수 없다"라고 이야기를 했다. 그러면서 내가 한 가지 행동을 옮기자고 한 것이 "우리가 밥 먹을 때마다 양재기에 난 구멍 탓에 국물이 줄줄 흐르는데 이걸 없애는 게 어떠냐? 양재기를 다 모아서 발로 밟아버리자"라고 했다. 그래서 모두가 식당에 모여 구멍 난 양재기들을 다 모아 신 나게 밟았다. 다음날 엿장수에게 그것을 다 내주고 엿을 바꿔서 먹어 버렸다. '이것을 다 없애면 그릇을 새로 살 거고, 그러면 구멍이 안 난 그릇에 국을 담아 줄 테지? 그러면 양말이 안 젖고 먹을 수 있으니 얼마나 좋겠나' 하는 생각이었다. 그러나 나중에 기물 파손이라고 해서 회사 측으로부터 벌을 받았다. 결국 나와 내 친구들 네 명 정도가 완전히 잘렸다. 월급 삼 개월 못 받은 것은 양재기 값으로 해서 한 푼도 받지 못하고 나왔다.

그렇게 인천을 떠나 다시 서울에 와서 취직한 게 창동에 있는 남영물산이었다. 가죽을 만들어 수출하는 회사였는데 그 공장도 장난이 아니게 힘들었다. 잔업이 있는 날이면 타이밍 약을 많이 주었다. 그걸 먹고 새벽 네 시까지 일을 했다. 그렇게 한 열흘 정도 일하면 화장실을 가려고 복도를 걸을 때 발이 땅에 닿는 느낌이 안 든다. 붕붕 떠서 가는 것 같았다. 그렇게 힘들게 일했다. 야근을 할 때면 새벽 두 시 쯤 라면을 끓여 주는데, 그것도 회사에서 끓여 주는 게 아니라 애들 몇 명을 뽑아서 끓이라고 했다. 천 명이 넘는 사람들이 먹을 큰솥에다가 물을 끓이기 위해서 가스로 불을 붙여야 하는데 불을 지피기 위해서 어떤 기구를 계속 돌리고 있어야 했다. 그걸 하다가 내가 불을 확 꺼버린 적도 있다. 같이 돌리던 동료들에게 "차라리 이거 먹지 말고 우리 그냥 가자"라고 하고 일하러 가버렸다. 나중에 난리가 났다. 다른 사람들은 라면을 먹으려고 기다리고 있었는데, 불을 다 꺼놓고 애들이 없어졌으니 말이다.

그런데 사실 그날 불을 피우려는데 한 친구가 "나는 너무 지쳐서 더 이상 이 일을 할 수가 없다. 저기 보이는 사층 건물에 올라가서 떨어져 죽어버리겠다"라는 이야기를 했다. 그 아이를 보니 얼굴이 완전히 샛노랗게 떠있었다. 그 말을 듣는 순간 마음도 아팠지만 무서웠다. 걔가 진짜 죽을 것 같았다. 그래서 불도 다 끄고 이거 끓이지 말자고 했다. "넌 방에 들어가서 자라. 내가 알아서 책임지겠다"라고 했다. 그 일이 있고 나서 거기서도 노동조합을 만들어야겠다고 생각해 시도했는데 무산됐다. 같이 만들려고 했던 사람들 중에 한 남자애가 회사 쪽에 정보를 줘 버린 거다. 결국 나는 또 잘리게 되었다.

그 당시 여공들에게 '결혼이 유일한 탈출구'였다는 이야기가 있다. 결혼 시기를 놓쳤다.

당시에는 스무 살만 조금 넘어도 결혼을 못 하면 손가락질을 받았다. 내 주변의 여성들은 거의가 시골에서 농사짓는 사람이나 같은 공장에서 일하는 동료들, 재단사, 공장장들하고 결혼을 많이 했다. 일하면서 친구들과 모여서 할 수 있는 대화가 겨우 결혼에 관한 것들이었는데 친구들은 "결혼하면 아이를 낳아서 어떻게 키우고 어떤 집에서 살고 싶다"라는 이야기를 자주 했다. 그런데 이상하게 나한테는 그런 일들이 전혀 상관없는 말로 들렸다. 나에게는 결혼해서 어떻게 살아야겠다는 꿈도 없었고 그저 그런 이야기들을 듣고만 있었다. (지금 생각하면 웃기지만) 당시에는 '배우지 못하고 가난한 여성은 결혼해서 아이를 낳으면 안 되겠다'는 생각이 있었다. 공부를 많이 하고 교양 있는 사람이 아이를 낳아야 한다고 생각했다(웃음). 집에서도, 주변에서도 결혼하라고 압박이 있긴 했지만 크게 신경 쓰지 않았다.

그래도 이십대 중반부터 꾸준히 연애는 했다. 그런데 당시 1977년에 어머니는 이미 구속 수감 중이였고, 나를 중앙정보부에서 미행하니 연애하는 게 정말 힘들었다. 어느 날 데이트를 하고 오면 나중에 중앙정보부 담당이 "그날 어디서 누구 만났지? 그 사람 누구냐?"라고 물어봤다. 나중엔 내가 만나던 사람이 민주화 운동하다가 수배자가 되는 바람에 서로 만나는 게 더 힘들어졌다. 나는 24시간 사생활이 노출되어 있는 상태였고, 만약 그 사람이 나를 만나면 잡히니 서로 만날 수가 없었다. 그런 것 때문에 내 청춘이 손해 본 것도 많다.

1989년 35세가 되던 해에 영국으로 유학길에 올랐다. 어떤 계기가 있었나?

공장에서 일을 할 때 틈틈이 공부를 했다. 천자문을 펴놓고 "하늘천 따지 검을현 누를황…"을 매일 외우고 썼다. 그러면 애들이 나에게 "넌 그걸 왜 하니? 너는 학생이 될래? 박사가 될래?" 하며 물었다. 실은 나는 오빠가 죽은 뒤, 장기표 선생님(대한민국의 정치가이자 재야운동가)을 만나면서 신문을 읽기 시작했다. 당시 신문마다 한문이 많았기 때문에 옥편을 사다가 한자를 찾아가면서 읽고 거기에 나온 이야기들을 애들에게 얘기해주곤 했다. 그러면 사장님이나 반장 언니들은 "그런 쓸데없는 일 말고 어떻게 하면 시다를 잘 할 지나 생각하라"고 말했다. 그렇지만 내 스스로 공부를 해야 하는 것에 대한 중요성을 인지하고 있었기 때문에 환경이 어렵더라도 공부의 끈을 놓지 않으려 애썼다. 그러면서 계속 일하는 중에 한국에서의 노동문제는 국내 차원의 활동만으로는 해결 할 수 없다는 것을 깨달았다. 대기업들이 자꾸 더 저렴하게 노동력을 착취하려고 이 나라 저 나라로 공장들을 옮기다 보니 국내 공장 노동자들이 직업을 잃어갔다. 그것을 보면서 이러한 노동문제를 해결하기 위해서는 세계적 연대가 필요하다는 생각을 했다. 그리고 그 가능성을 이루려면 우선 나부터 영어를 배워야 한다고 생각했다. 그렇게 유학을 결심한 것이다.

언어도, 금전적 문제도 모든 것이 막막했을 것 같아 보인다. 두렵지 않았나?

당시 없는 형편에 동료 노동자들이 어렵게 돈을 모아줬다. 그걸로 편도 항공권만 사들고 영국 유학길을 나섰다. 처음 영국에 들어갈 때는 국제테러조직원으로 의심받고 공항에서 쫓겨나기도 했다. 그 당시만 해도 우리나라 사람들이 영국에 들어가는 게 지금 우리나라에 제3세계 노동자들이 들어오는 것보다 아마 더 힘들었을 거다. 영국 공항에서 쫓겨나 한국으로 돌아갈 티켓값이 없어 그나마 가까운 독일로 갔다. 다행히 그곳에 있던 유학생들의 도움을 받아 다시 영국으로 들어갈 수 있었다. 돈도 없고 말도 안 되고 하니 걱정은 되었지만 두렵지는 않았다. 가기 전에 한국에서 한 수녀님이 영국의 가톨릭 단체를 하나 소개를 해 줬다. 그쪽에서도 좀 도와주기도 하고 일자리도 알선해줘서 자리를 잡을 수 있었다.

6개월을 계획하고 떠났다고 했다. 그런데 결국 11년 5개월 만에 한국에 돌아왔다. 그 사이 무슨 일이 있었나?

어학만 마치고 바로 돌아오려고 했는데, 가톨릭 단체CIIR 아시아담당인 친구가 영국노동운동사를 배울 수 있는 야간 2년제 전문대학을 추천해줘 일을 하면서 야간에는 공부할 수 있었다. 학기가 끝날 무렵에 이 학교 선배 한 명이 나에게 영국의 노동당 당수들이 많이 졸업한 학교인 러스킨 컬리지Ruskin College in Oxford에 와서 1년만 디플로마 과정을 공부하고 가면 좋겠다고 추천해 또 공부를 하게 되었다. 돈이 없어 독일의 미제리오Misereor라는 가톨릭 단체에 장학금을 신청했는데, 인생이 피는 건지 꼬이는 건지는 모르겠지만,(웃음) 서류상 오차가 생겨서 1년이 아닌 2년 치 장학금을 받게 되어 2년 과정을 하게 되었다. 다시 학기가 끝날 무렵에 지도교수가 불러서는 노사관계로는 유럽에서 최고인 워릭대학교University of Warwick가 있는데 거기서 석사를 하고 가라며 추천을 해줬다. 장학금을 위해 지도 교수Denis Gregory가 이전에 장학금을 받았던 미제리오 재단에 편지까지 써주었다. '이 학생이 꼭 석사만 하고 돌아가도록 했으면 좋겠다. 그럼 한국에 돌아가서 노동운동 분야와 관련해서 많은 일을 할 수 있을 것 같다'라고 추천서를 써주어 또 장학금을 받게 됐다. 석사 이후엔 지도 교수Richard Hyman가 박사를 하면 좋겠다고 했다. 그래서 나는 "이젠 정말 한국에 가야 합니다. 돈도 없고요" 하고 말했더니 이 교수가 나를 또 같은 대학 사회학과 교수Peter Fairbrother에게 소개를 시켜주고 장학금을 받아주어 박사과정까지 시작하게 되었다.

힘들지 않았나? 한국에 오고 싶은 생각은 없었나?

　　사실 나는 빨리 한국 가고 싶은데 주변에서 많이 도와주었다. 고향에 가고픈 마음으로 무엇을 새로 시작할 때는 '이것 때문에 못 한다, 저것 때문에 못 한다'라고 핑계를 대었는데 그때마다 동료들이고, 교수들이 다 해결해 주었다. 석사를 마치고 박사과정 들어가니 꽹장히 힘들었다. 방법론 1년을 통과하지 못하면 박사 과정에 들어갈 수가 없었는데, 그게 너무 힘들어서 그냥 그만두고 싶었다. 그래서 서울에 있는 사람들에게 돌아가고 싶다는 편지를 썼는데 '그래, 너무 힘들면 돌아와라. 그렇지만 기왕 시작한 거 박사까지 했으면 좋겠다'라는 답장이 왔다. 처음 내가 영국에 갈 때 후배들이 나에게 '사대주의자'라고 하면서 욕을 많이 했었다. "어머니도 거리에서 투쟁하다 잡혀가시지 않았느냐"라면서 내가 유학을 가는 게 말도 안 된다고 했다. 어떤 사람들은 "전태일 동생이 투쟁을 해야지 영어 배우러 가서 뭐 할 거냐"라고 했다. 그때가 1989년도이니 한참 분위기가 그럴 때였다. 그랬던 후배들에게 편지가 왔는데 '언니, 언니도 기왕 갔으니 우리를 대신해 박사를 하고 오세요'라고 하더라. 이렇게 되니 오히려 어깨가 무거워지고 공부하기가 더 싫어졌다. 그래서 안 할 궁리도 많이 했다.

　　그럼에도 돌아갈 수 없었던 이유는, 당시 한국의 여러 경제학자들과 연구진들이 한국의 경제성장에 대해 분석했는데, 전부 박정희 전 대통령이 추진했던 정책이 좋아서였지 노동자들이 어떤 일을 했다는 것에 대한 언급은 하나도 없었다. 화려함 뒤편에서 숨죽이며 일하던 노동자들의 희생이 없었다면 경제성장은 이뤄질 수 없었다는 것을 증명하기 위해 박사과정을 했다. 너무너무 힘들었지만 누구도 밝히지 않은 사실을 말하기 위해 소명감을 가지고 했다. 그때 쓴 논문이 "한강의 기적은 누가 만들었나"이다. 공부하던 시절 아시아에서 온 정부 기관 사람들이 많았는데, 하나같이 한국의 경제성장에 대해 높이 평가하면서 정부의 정책과 추진 방식을 벤치마킹해야 한다고들 했다. 물론 한 나라의 경제성장에 있어 정책적 리드와 방향도 중요하다. 하지만 우리나라가 경제성장을 하는 데 있어서 노동자들이 국가의 컨트롤을 받으며 얼마나 힘들게 일했는지에 대한 인식 없이 단순히 '경제성장 5개년 계획'을 가져가서 모델링을 한다고 해서 될 일이 아니라고 생각했다.

한국 사회에서의 노동자는 어떤 의미를 가지고 있다고 보는가?

우리 사회에서 '노동자'라고하면 인식이 안 좋다. 누구나 노동자가 되기 싫어한다. 노동자는 더럽고 힘들고 임금이 적은 열악한 곳에서 일하는 제조업이나 공장노동자만을 상상한다. 정부가 그렇게 만들었다. 우리나라에는 원래 식민지하에서 전국노동자평의회(전평)가 있었다. 그런데 해방과 동시에 이승만 대통령이 미국에서 와서는 전평을 다 없애고 빨갱이로 만들어버린 후, '대한노총'이라는 것을 새로 만들었다. 이후 박정희 전 대통령이 쿠데타로 정권을 잡으면서 산업화 시대의 빠른 경제성장을 위해서 노동자의 권리를 탄압했다. 노동조합을 모두 해산시켰고, 노동운동을 하는 자들을 빨갱이라고 선동하면서 짓밟았던 것이다.

마르크스의 《자본론》을 보면 내가 고용하지 않고 고용되어서 임금을 받으면 다 노동자다. 그런데 사람들은 '노동'의 대가로 임금을 받으면서도 '내가 노동자가 아니다'라고 생각한다. 기업에 고용되어 있는 88%가 지식인 노동자다. 제조업이나 공장노동자는 훨씬 더 많다. 이렇게 보면 한 3~5%만 빼면 국민 대다수가 노동자다. 우리가 노동하는 사람으로서 자긍심을 가지고 살아야 이 사회가 건강하다. 그런데 경제를 안정적으로 성장시킨다는 명분하에 노동자들을 그냥 순응하면서 일만 해야 하는 도구로 만들어 버렸다. 노동자라는 단어를 부정적으로 계몽해 왔고, 그렇게 노동의 가치를 부정했다.

영국에 있을 때 놀란 것 중에 하나가 어느 날 지하철 노동자들이 파업을 하는데, 그날은 영국에서 수능시험이 있는 날이었다. 우리나라 같았으면 온갖 신문들이 파업하는 노동자들을 '중요한 학생들의 시험을 발목으로 잡고 자기네 이익을 추구하는 이기주의, 독단주의 집단'이라고 쓰고 매도했을 거다. 그런데 거기서는 그런 논조의 신문이 하나도 없었다. 그냥 '런던지하철 노동자들이 민영화에 반대하면서 파업했다. 파업으로 학생들이 시험에 늦었다'라고만 썼다. 이렇게 객관적으로 서술하는 것이 신문이고 언론인 것이다. 우리처럼 아전인수 격으로 자기네들이 해석하고 주 달고 해서 완전히 소설을 쓰는 언론과는 다르다.

2001년쯤에 리버풀에서 소방대원들이 파업을 했는데 마침 그 주변에서 불이 나 집에 남아 있던 아이 두 명이 죽었다. 이것에 대해 우리사회에서 어떻게 이야기했을지 상상해 봐라. 우리는 소방대원들이 원래 파업도 못할 뿐더러 만약에 파업으로 아이들이 죽었다면, 그 노동조합은 완전히 매장되었을 거다. 영국에서는 '봐라, 소방대원들의 일이 너무 중요하다. 이들이 하루만 파업해도 사람이 죽지 않았느냐'라는 반응이 나왔다. 이런 부분들이 우리나라와는 다른 노동에 대한 인식이고 개념의 차이다. 그들은 노동 자체가 얼마나 가치 있는지 알고 있다. 우리는 그 가치와 권리를 인정하지 않기 때문에 쌍용차나 현대차와 같은 문제가 생기는 것이다.

2년 이상 근무한 사내하청 비정규직 노동자들은 정규직으로 전환해야 한다는 대법원 판결이 나왔음에도 현대차 사측은 불법파견을 계속 부정하면서 법원의 명령을 이행하지 않고 있다. 이에 대한 응집된 바람을 담아, 지난달 20일 현대차 비정규직 철탑 농성 현장으로 '희망버스'가 출발했다.(최병승, 천의봉 씨는 지난 8일 296일간의 철탑농성을 해제했다 - 인터뷰어)

나도 가려고 신청했었는데 그곳의 경제적 상황에 대해 듣고서 대신 후원금을 보내기로 했다. 지금 언론이 지난 집회 중 일부 과격 시위만을 확대 보도하면서 일방적으로 시위대를 매도하고 있다. 평화적으로 문화 집회를 했다는 사실은 보도조차 되지 않는다. 경찰의 진압 방식에 대해서도 입을 닫았다. 때문에 그 곳 사람들이 지금 굉장히 위축되어 있다. 현대자동차에서도 '자기네 생산을 방해했기 때문에 고발하겠다, 손해배상을 물리겠다'라면서 협박을 하고 있고 정부와 경찰도 '엄정하게 대응하겠다'라고 강경하게 나가고 있다. 여론의 반응도 좋지 않다. 사람들은 왜 그들이 이 힘겨운 싸움을 끈질기게 이어 나가고 있는지, 왜 두 명의 젊은 노동자가 300일이 다 되도록 그 높은 철탑에서 내려오지 못하는가에 대해서는 알고 싶어 하지 않는다. 그저 우리의 인식 밑바탕에는 노동자들이 사회에 무언가를 요구하고 권리를 주장하면 폭도로 모는 짙은 경향이 있을 뿐이다. 한국의 노동운동이 굉장히 힘들고 어려운 상황이다.

현대차 집회 중 한 노동자는 작업장에서 '너희는 무식하고 못 배워서 이런 일을 하는 거다'라는 이야기를 들어왔다고 고백했다. 이것은 비정규직과 정규직 차원의 문제가 아니라 여전히 사회에서 노동의 가치를 희생시키고 묵인하는 것이 진짜 문제가 아닌가 싶다.

　　우리사회는 여전히 '너희는 못 배워서 우리가 이거라도 직업을 주는 것 아니냐, 우리가 직장을 주고 벌어 먹고살게 해주는데 어디다 대고 감히 투쟁이냐'라는 계급적인 사고방식이 굳어져 있다. 더불어 대학교육도 문제가 많다고 본다. 사회는 '너희가 배우지 못했으니 이런 일을 하는 것도 당연하다'라고 하면서 대학을 나오지 않으면 인간취급을 하지 않는다. 그러니 모두가 대학을 가려고 발버둥치는 거다. 그렇기 때문에 중요한 것은 한 사회를 구성하기 위해서 무엇이 필요한지에 대해 다시 생각해 볼 필요가 있다는 것이다. 모두가 같은 식의 교육을 받고 같은 분야의 일만 찾는다면 그 사회가 얼마나 유지될 수 있겠는가 생각해 보라. 한 국가를 만들기 위해서는 글 쓰는 사람, 가르치는 사람, 옷 만드는 사람, 집짓는 사람 등 다양한 사람이 있어야 한다. 그러한 구성원들이 조화롭게 어우러져 있을 때 그 공동체가 건강할 수 있다.

　　1987년 대우조선 파업 때, 이석규 노동자가 죽은 뒤 대파업이 일어났다. 그때 이소선 어머니가 "여러분들아, 주눅 들지 마라. 비행기도 배도 여러분이 만들었다. 심지어 내가 식당에 가서 밥 먹고 이를 쑤시는 이쑤시개도 노동자들이 만들었다. 기업가들의 돈만 가지고 세상이 이루어지는 것이 아니다. 여러분이 있기 때문이다. 여러분 때문에 회사가 수출하고 성장하는 거다. 그러니까 절대로 기죽지 말고, 하나로 단결해야 된다"라는 연설을 하셨다.

이 사회에는 사람마다 각자의 역할이 있다. 한 사회의 공동체의 일원으로서 나도 필요한 부분을 담당하고 있고 다른 사람도 다른 그의 역할을 담당하고 있다. 이 사람도 나와 같이 사회의 중요한 일을 하는 구성원이라는 인식을 가져야 한다. 옷 만드는 사람이 없으면 우리는 입을 옷이 없을 것이고, 초콜릿 만드는 사람이 없으면 초콜릿을 못 먹는 거다. 나는 미용실에 가면 머리를 잘라주는 게 너무 고맙다. "원장님이 안계셨으면 내가 어디서 머리를 자르겠어요"라고 하며 감사하다는 인사를 많이 한다. 서로가 서로의 필요를 담당하고 충족시키는 공동체에 대한 존중함이 있어야 이런 문제들이 풀린다고 본다. 우리는 혼자 살수 없는 사람들이다.

지금의 노동운동은 어떻게 보는가?

요즘 노동운동과 관련해 내가 참 용기가 없는 사람이라는 생각을 많이 한다. 우리나라는 명백히 대기업 중심의 사회이고, 자본가들의 자세가 기본적으로 권위적인 것이 분명하다. 그러나 노동운동도 다 바람직하다고만 볼 수 없다. 그런 것에 대해 노동조합에게 '이런 부분은 잘못되었다'라고 말할 수 있어야 하는데 정치인이 되고 나서 그런 것들이 조심스러워졌다. 어떤 오해를 살까 봐 걱정이 앞서는 것을 보면 내가 너무 비겁해지는 게 아닌가 싶다. 이전에는 노동운동에 대해 쓴소리를 많이 했다. 언론매체와 인터뷰를 할 때면 "노동운동도 각성해야 된다. 노동자들도 기득권과 조직 이기주의에 빠져서는 안 되고 변해야 한다"라고 말했는데, 지금은 잘 못하고 있다.

용기를 내서 말해보자면 노동자들도 너무 한 방향으로 가는 측면이 있다. 지금 현대차의 대법원 판결 이행을 요구하며 최병승, 천의봉 동지가 송전탑 위에 올라가 있다. 벌써 290일이 넘었다. 이제는 내려 올 때가 되었다. 가족과 떨어져 얼마나 힘들고 외롭겠는가. '저러다 생명에 지장이 생기면 어쩌나? 목숨을 잃는 것보다 중요한 게 뭐가 있겠는가' 하는 생각이 든다. 인간이라면 누구나 이제 내려오고 싶어 할 거다. 하지만 그 사람들이 직접 내려가겠다고 말하는 것은 어려운 일이다. 그런 것을 우리 노동운동에서 헤아려줘야 한다. 물론 우리가 희망버스를 타고 가서 그 사람들에게 용기를 주는 건 굉장히 중요하다. 그렇지만 가장 먼저 할 일은 그 두 사람 앞에 가서 다 함께 "제발 내려와라. 그동안 아무것도 못해서 미안하다. 일단 내려와서 같이 싸워 이 문제를 해결하자"고 이야기하고, 그들을 내려오게 하는 것이다. 이번 집회에 참석한 3,500여 명 중에 노조와 관련이 없는 사람들도 많았다고 하니 참석하지 않았던 사람들에게는 이제껏 함께 동참하지 못한 것에 대해 미안한 마음도 생길 것이고, 회사 쪽에서도 어느 정도 양심의 가책을 느낄 것이라고 본다. 사람들이 저렇게 있는데 자기네는 집에 들어가 발 뻗고 자고, 아무렇지 않게 자기 자식들이랑 밥 먹고 웃으면서 생활한다는 것에 대한 반성 말이다. 그러니 우리가 격돌하는 모습보다는 동지들을 내려오게 하는 게 최우선이 되어야 한다고 생각한다.

또 다른 한편으로는 우리가 원하는 모든 것을 한꺼번에 다 얻고 내려오는 게 어렵다면 단계적으로 접근할 필요가 있겠다. 어찌 보면 수정주의자나 타협주의자 같아 보일 수도 있지만, 일단은 회사와 협상을 해야 한다. 즉, 단계적으로 비정규직을 정규직화하는 것에 대해 협상을 하려는 노력이 필요하다는 말이다. 내가 이런 고민을 친한 동생에게 말했더니 "누나, 이런

이야기는 절대 하지 마요"라고 하더라. 사람들이 그런 생각이 다 있지만, 말을 하면 욕을 먹으니까 말을 못한다는 거다. 나도 이런 이야기를 공개적으로 할 수 있어야 되는데 못하니까 용기가 없는 사람이다. 이렇게 중재와 조정 역할을 할 수 있는 기능이나 리더가 없다보니 현대차 외에도 재능이나 쌍용차, 충청도의 유성 등 장기 파업장은 늘어나고 있는데 도통 해결이 되지 않는 것이다.

지금 우리는 서로가 너무 적대적이다. 이 문제는 누가 지고 이기는 게 아니라 같이 해결할 문제이다. 어찌 보면 나 같은 사람들은 "정치권에서 도와줄 테니까 무조건 싸우세요! 투쟁하세요!"라고 말하는 게 편할 수도 있다. 하지만 그렇게 못한다. 노동자들은 정말 내놓으려고 해도 내놓을 게 없는 약자임이 분명하고 넘치게 가진 자본가가 더 많이 내려놓고 양보해야 하는 것이 맞지만, 이런 것을 어떻게 풀어야 할지 고민이 많다. 해법이 생긴다고 해도 또 양쪽 노사를 설득해야 하는 문제가 생긴다. 늘 당하기만 하고 살아온 사람들(어쩌면 나도 그 사람들 중 하난데)에게는 감정의 골이 깊을 대로 깊다. 어쨌든 희망을 가지고 나아가는 수밖에 없지 않겠나. 열심히 노력할 거다.

교육 시기도, 결혼한 시점도 이 사회가 일반적으로 요구하는 기준에 많이 벗어나 있다. 주변에서 나타내는 걱정, 염려, 압력 등을 어떻게 극복하셨는지 궁금하다.

보통은 사람들이 가고 싶은 길이 있어도 주변을 의식해서 그 길을 가지 못한다. 나는 솔직히 주변을 잘 생각하지 않는다.

내 인생에 충실하고, 내 감정에 충실하는 게 가장 잘 사는 거라고 본다. 전순옥이 뭘 원하는지가 가장 중요하다. 어떤 사람으로 살고 싶고 어떻게 행복하게 살고 싶은지 항상 자신에게 물어본다. '전순옥'은 전순옥이지만 내 안에 전순옥이 몇 개가 있는 것 같다. 어떤 전순옥은 이런 걸 원하고, 어떤 전순옥은 다른 걸 원하고 있다. 그럴 때마다 '정말 내가 원하는 것은 무엇이지?' 하는 질문을 하면서 원하는 것을 찾는다.

주변에서부터 전순옥은 누구의 딸이고 누구의 동생이기 때문에 "네가 지금 이런 것들을 하면 어떡하냐? 네가 감히 외국에 유학을? 외국 남자와 결혼을? 다른 사람은 해도 너는 안 돼"라는 말을 많이 들었다. 그럼 나는 "당신들이 내 인생을 살아 줄 건가? 책임져 줄 건가" 하고 말했다. 그렇게 생각하고 행동하는 것이 어떤 사람들에게 거슬렸을 수도 있다. 그러나 나중에는 선배들도 "그래, 네가 맞았다"라고 말했다. 이렇게 나는 고정관념에서 자유로웠고 크게 구애받고 살지 않았다.

그럼에도 47세의 나이에 외국인이랑 결혼을 한다는 것은 쉽지 않았을 것 같다.

당시에 외국인과 결혼한다는 것은 흔치 않은 일이었다. 1992년도에 유학 당시 만난 한 후배가 영국 사람과 결혼을 한다고 하기에 나조차도 '이건 아니다. 어떻게 감히 외국 사람이랑 결혼을 하냐? 말도 안 된다'고 했다. 그런 내가 2001년도 10월에 영국 사람과 결혼을 했다(웃음). 많은 사람들이 내 결혼에 반대했다.

그런데 어머니께서 내게 딱 세 가지를 물어보셨다. "너는 그 사람을 정말로 사랑하니?", "너는 네가 영어를 아무리 잘한다고 해도 너의 말이 아닌데 그 언어로서 서로의 문화와 가치를 충분히 소통 할 수 있겠니?" 그리고 "너는 결혼을 하게 되면 어디서 살 거니?"(웃음)였다. 나는 "정말 사랑한다"고 대답했다. 다시 "너는 그 사람이 없으면 안 되겠다고 생각하니?"라고 하셔서 나는 "이 사람이 아니면 결혼을 안 하고 아마 혼자 살 거예요. 근데 이 사람이라면 나도 결혼이란 걸 한번 해 볼래요"라고 했다. 그랬더니 어머니는 "그러면 결혼해라. 사람들이 욕을 하든지 말든지 신경 쓰지 말자"라고 하셨다. 결혼할 때 사람들을 다 초청해서 드레스를 입고 화려하게 하는 건 겉치레 같아 너무 싫어서 가족들만 모아놓고 우리끼리 간단히 식을 드렸다.

그런 어머니, 이소선 여사는 어떤 분이셨나?

우리 어머니는 사랑이 참 많고 남의 말을 잘 들어주는 분이셨다. 그리고 참 총명하셨다. 남의 말을 잘 들어서 그런지 몰라도 어머니는 또래 친구보다 초등학생에서 대학생까지 그런 친구들이 더 많았다. 젊은이들이 엄마를 너무 좋아해서 일요일만 되면 우리 집에 바글바글 모여서 같이 밥해 먹고 놀았다. 어머니는 이야기를 굉장히 재밌게 잘하셨다. 지혜가 있는 분이었다.

나에게 있어 어머니는 내 안에 강한 자신감을 심어준 분이었다. 어머니는 예전부터 "순옥아, 너는 잘할 수 있어"라고 많이 말씀하셨다. 유학시절에도 공부가 너무 힘들고, 장학금도 안 될 거 같다며 이런저런 걱정을 풀어놓으면 "아니야 잘 될 거야. 너는 지금까지 모든 게 다 잘됐잖니. 너는 다 잘할 수 있으니까 걱정하지 마. 엄마는 너를 믿어"라고 말씀하셨다. 그런 것들이 쌓여 지금껏 여러 고생들을 했지만 이만큼 성장할 수 있었던 것 같다. 가만 보면 어머니의 여장부 같은 면을 많이 닮은 것 같다(웃음).

예전에 어린 여공들이 좁은 공장 안에서 폐병으로 죽어갔다면 지금은 경제적으로 그 당시와 비교할 수 없는 발전을 이루었음에도 많은 젊은이들이 마음의 폐병을 얻어 죽어간다. 목적과 방향을 잃은 세대다. 2013년을 살고 있는 이 시대의 청년들에게 어떤 메시지를 던져줄 수 있을까?

청년들한테 무조건 '힘내라, 청년의 때는 아프다'라고 하는 것은 좀 가혹한 것 같다. '아무리 어려워도 이겨 내라'라고 하는 것도 그렇다. 사실 기성세대로서 젊은 친구들에게 비전을 가지라고 말할 자격이 있는지 모르겠다. '내가 이 젊은 세대를 알면 얼마만큼 아는가?' 하는 생각이 든다. 그럼에도 한 가지 메시지를 준다면 '내가 태어나는 것은 그냥 태어나는 것이 아닌, 뭔가 뜻이 있어서 태어나는 것이다'라는 점이다. 사실 우리가 세상에 태어나려면 굉장한 경쟁에 의해서 수만 마리 정자를 뚫고 태어나는 거다. 그렇기에 세상이 아무리 힘들고 어려울지라도 생명이라는 것 자체에 대해서 한번 다시 생각해 보았으면 좋겠다. 내가 스물두 세살쯤 어느 미국인 선교사님 아이를 돌봐주는 일을 했었는데, 그 일이 너무 힘들고 매일 그 집에 가기가 싫었다. 아침 8시까지 아이를 데리고 학교로 가야 했는데,

말도 안 통했고 참 힘들었다. 그렇지만 아침에 거기에 가기 위해 집 밖을 나가면 햇빛이 비치고 그것이 참 아름다웠다. 그때 '세상이 참 아름답구나. 이런 걸 볼 수 있다는 것, 내게 생명이 있다는 것이 참 좋다'라고 느꼈다(웃음).

세상을 성공적으로 산다는 것은 '내가 나로 사는 것'이라고 생각한다. 주변을 의식하지 말고 그저 자기 자신을 돌아보면서 '나는 정말 어떻게 살고 싶은가?'를 생각해 보면 비전이 생기지 않을까 싶다. 그리고 무엇보다 자기 자신을 사랑하는 것이 제일 중요하다. 다른 사람 사랑하는 건 나중에 하면 된다. '나'를 많이 사랑해 주길 바란다.

앞으로의 꿈이 있다면?

'전순옥'이 정말 행복하게 살고 싶다. 그렇게 내 친구들도 같이 행복하면 좋겠다. 그리고 일하는 사람들이 정말 신나게 일하는 것, 노동의 가치를 모두가 공유하고 인정해주는 그런 사회를 가지는 것이 꿈이다.

전순옥에게 자유란 무엇인가?

나처럼 자유분방하게 사는 거다. 다만 존 스튜어트 밀에 따르면 '자유는 또한 남에게 피해를 끼치지 않는 것'이다. 내가 자유롭게 하고 싶은 대로 하기 위해서 내 부모나 형제를 괴롭히거나 이 사회에 해를 주는 것은 안 된다고 생각한다. 내 자유만

큼 남의 자유도 보장해주어야 한다. 이를테면 내가 언론의 자유를 갖고 싶으면, 다른 사람의 언론의 자유도 허용해야 한다. 영국에 살면서 무정부주의자 친구들을 많이 만났었는데, 문득 '그들이야말로 진짜 자유인이 아닐까' 하는 생각이 들었다. 사람들은 보통 무정부주의자들을 볼 때 그들은 정부를 인정하지 않고 자기네들 스스로 이 사회로부터 방치되어 사는 사람이라고 생각하지만, 실제로 그들이야말로 자신의 자유를 한껏 누리면서 동시에 남들에게 전혀 억지로 무언가를 요구하지 않는다. 내가 볼 때 그들은 공동체에 살면서도 남한테 피해 주지 않고 제 임무를 다 하면서 살 수 있는 지능을 가졌다고 본다. 너무나 많은 사회의 법과 제도들이 인간의 스스로 할 수 있는 능력을 차단시키기에 그것들을 거부하며 살아간다는 것이 내게 깊은 인상을 주었다. 어떻게 보면 인간으로서 자연히 타고난 것들에 대해서 인정받기를 원하는 것일 수도 있다(웃음).

인터뷰 담당 김예리, 손어진, 조경일

유은혜

민주주의자 김근태에게 정치를
배운 건 축복이었다

2013. 8. 7

유은혜

《어머니의 이름으로》(호미 펴냄)라는 책을 썼다. 그 안에 1980년 초반 대학시절 학생운동을 했던 일, 노동현장에서 일했던 일에 대한 에피소드가 담겨있다. 위장취업으로 2년 여간 노동자 생활을 했다고 하는데, 하루 12시간 이상의 노동 강도를 어떻게 견뎠나.

내가 한 체력 한다. 오늘도 세 시간 정도 자고 지금 장외 투쟁 현장에서 버티다 왔는데, '약간 뜨겁다'라는 정도지 못 견딜 정도는 아니다. 처음 취업한 곳은 봉제공장이었는데 전자공장보다 봉제공장의 노동 강도가 세기 때문에 자임해서 간 것이다. 그때도 다른 친구들보다는 건강하고 버틸 힘이 있었다. 문제는 남들보다 목이 하나 더 있을 정도로 큰 키였다. 그곳에서 주로 시다 일을 했었는데, 주로 서서 일하다 보니 노동에 익숙하지 못한 몸놀림이 사람들 속에 묻히지 않고 항상 눈에 띄었다. 두세 차례 발각되어 쫓겨나기도 했다. 결국 전자공장으로 옮겼는데, 그때마다 일도 능숙하게 하지 못하고 적응도 잘 못해 스스로에게 자괴감을 느끼기도 했다. 그래도 전자공장에서는 납땜하는 일 등을 앉아서 하다 보니, 크게 도드라지지도 않았고 봉제공장보다 좀 더 수월하게 일을 할 수 있어 적응도 잘할 수 있었다.

체력적으로는 견딜 만했지만, 그 당시 노동자 신분으로 위장취업을 한다는 것은 내 이름이 아닌 다른 사람의 이름과 개인사를 내 것처럼 살아야 하는 것이었다. 머릿속에는 항상 외우고 살아야 할 것들이 많았기 때문에 늘 긴장한 채로 생활할 수밖에 없었다. 위장취업자가 가질 수밖에 없는 긴장감과 집중은 큰 고통이었다. 놓치고 흐트러지면 스스로가 생존할 수 없었고, 주변 친구와 조직에 누를 끼치는 것이었다. 하지만 동시에 그런 책임감이 힘든 시기를 버틸 수 있었던 힘이었다.

(편견일지 모르지만) 겉으로 보기에는 전혀 상상할 수 없는 학생운동, 노동운동 시절을 보냈다. 어떻게 소위 '운동권의 삶'을 선택하여 살아갈 수 있었나.

태어날 때부터 고등학교 3학년이 될 때까지 박정희 대통령 치하에서 유신교육을 받으면서 살았다. 박정희 외에 우리나라의 대통령이 있을 수 있다는 생각은 한 번도 해보지 못했다. 10·26 이후 국상을 치를 때도 굉장히 두렵고 슬펐지, 이 상황 전체를 정치적으로 이해하거나 해석할 수 없었다. 내가 1981년도에 대학을 입학했으니 80년 광주항쟁이 벌어진 때가 고등학교 3학년이었다. 그 시기 나는 광주에서 무슨 일이 벌어지고 있는지도 몰랐다. 언론에서 '일부 불순 세력들의 체제 전복 기도'라는 보도들만 접하는 상황이었다. 그런 보도들도 자세히 본 것도 아니고 그냥 '그런 일이 있나보다'하고만 스쳐 지나갔었다. 지금 알고 있는 사실들이 그 때 일어났으리라고는 전혀 생각하지 못했다.

대학 입학 후 한 달이 채 안 되었을 때 학교에서 충격적인 장면과 맞닥뜨렸다. 선배 한 명이 밧줄로 몸을 묶은 채 굴뚝에 올라 광주 시민을 무참하게 총칼로 진압했던 것을 비판하는 유인물을 뿌렸다. 그런데 그 유인물이 뿌려져 아래에 있는 사람들이 그것을 읽기도 전에 학내 상주하고 있던 경찰들이 그 선배의 머리채를 잡고 벨트를 잡아 개처럼 끌고 갔다. 그 일은 아직도 내 기억에 생생하게 남아, '과연 이것이 어떻게 된 일인가' 궁금해지기 시작했다. 그때까진 '학교에서 왜 저런 일이 벌어지는지, 경찰들이 왜 학교에 상주해있지?'하는 정도였지, 그것이 부당하다는 생각을 하지는 못했다. 그러나 그 일을 계기로 '광주의 진실'에 대해 관심을 갖게 됐다. 그땐 광주에 대한 자료가 없어서 당시 직접 경험했던 사람들이나, 친구나 가족이 겪었던 일을 주변 사람들을 통해 듣게 되었다. 또 교회나 성당 등 종교단체에서 나왔던 기록물들, 외국에 보도된 외신 자료 등을 통해 광주의 진실을 접할 수 있었다.

그러다 보니 우리 사회의 근본적 문제에 대해서도 관심을 갖게 되었다. 그래서 선배들과 친구들과 함께 사회과학 공부를 시작했다. 그러면서 유신 독재 체제하에서 받았던 교육이나 문화들에 대해 '내가 속고 살았구나'하는 생각이 들었다. '어떻게 이렇게 온 국민을 속일 수 있었을까, 어떻게 그런 교육으로 나는 대학생이 되었을까' 하는 생각에 충격이 컸다. 나와 같은 세대를 살았던 동년배나 선후배도 거의 비슷한 심정이었을 것이다.

청년 '유은혜'를 추동하는 시대적 사명감은 무엇이었나?

20여 년 배워온 것이 다 무너지는 기분. 거기에 '광주의 진실'이 더해지면서 정치적 민주주의에 대한 사명감을 갖게 되었다. '지금 나와 같은 시기에 살고 있는 평범한 사람들, 그리고 이후 세대들은 더 이상 속으면서 살아서는 안 된다'는 것이 심정적인 출발이었다. 그 출발은 광주의 진실을 밝히고 알리고 바로잡는 일에서부터 시작되었다. 그러면서 자연스럽게 당시 전두환 독재에 대한 저항, 민주주의의 실현, 이것들을 위해 내가 뭔가를 해야겠다는 결의가 매우 커졌다.

1945년에 해방되고 80년 광주항쟁 이후에도 제대로 된 민주주의 체제를 이루지 못하고 군사독재체제에서만 살아오지 않았나. 우리나라가 정치적 민주주의, 절차적 민주주의, 최소한의 기본권, 인권 등이 지켜지지 않는 열악하고 척박한 사회라는 것에 대해서 가만히 있어서는 안 된다고 생각했다. 나뿐만이 아니라 그 시절 대부분의 학생들이 느꼈다. 정도의 차이는 있겠지만 학생운동을 굉장히 열심히 한 사람도 있고, 그렇지 않은 사람은 일종의 부채감 같은 것이 있어 학생운동을 하는 친구들이나 선후배들을 지켜주고 도와주고 싶어 했다.

당시는 권력에 대항했다가는 자칫 목숨까지도 위험한 상황이었고, 실제로 소리 없이 죽었던 동료도 있었다. 두렵지는 않았나.

늘 두려웠다. 그때까진 나쁜 짓을 하거나 범죄를 저질러야만 경찰서에 간다고 알고 살아왔다. 우리 학교는 '금잔디 광장'이라는 곳에서 매년 5월이 되면 시위를 많이 했는데, 시위에 나갈 때마다 '오늘은 나갈까 말까' 하는 갈등이 컸다. 경찰서에

가리라고는 한 번도 생각해보지 않았던 평범한 삶을 살다가 이
제는 옆의 선배들이 경찰에 끌려가는 모습을 보면서 '나도 저
럴 수 있겠다'는 생각에 두려움이 컸다. 학내 시위를 하든 가두
투쟁을 나가든, 순간순간이 매번 선택이고 결심이었다. 두려움
과 나 자신과의 싸움이었다. 만약 혼자였다면 못 했을 것이다.
어떤 순간 어떤 사람이 좀 더 많이 흔들리면 좀 덜 흔들리는 사
람이 잡아주고, 함께하는 동료들과 선후배들이 서로 버팀목이
되었기에 가능했다.

　　2학년이 되던 1982년부터 가두투쟁이 시작됐는데 그해

11월 3일, 아마도 최초로 가두에서 성공적으로 투쟁을 했다고 이야기되는 날이다. 차도를 메우고 스크럼을 짜고 5분에서 10분 이상 구호도 외치고 달리기도 했는데, 그러던 중 경찰에 잡혔다. 여자이고 초범(?)이라는 이유로 하루만 있다가 나왔는데, 동기였던 남자 친구들은 강제징집을 당했다. 그 중 한 친구는 독자이기도 했고 몸이 약해 군을 면제받는 친구였는데, 이 친구도 군대에 끌려가 그 다음 해에 죽었다. 결국 '자살했다'는 식으로 가족들에게 통보됐는데, 그럴 정황이나 이유가 전혀 없고 사인도 밝혀지지 않은 의문사 중 하나로 남았다.

내게는 이런 여러 상황이 늘 두려움이었다. 하지만 진실에 천착해 가면서 독재체제가 가지는 논리와 억압구조를 알게 되고 동시에 거기에 저항하는 방법을 배우게 되었다. 그러면서 '우리가 가는 길이 옳은 길'이라는 확신을 갖게 되었다. 이것이 한순간에 된 것은 아니었고 반복되는 갈등 속에서 단련되면서 갈등의 폭 또한 작아졌다. 도종환 시인의 "흔들리며 피는 꽃"이란 시가 있다. 참 좋다. 두려움이 왜 없었겠나. 그런데 늘 그렇게 흔들리면서 서로 기대면서 그렇게 이겨왔던 것 같다.

20대의 여성들이 보편적으로 누리고 꿈꾸는 것들이 있다. 연애도 하고, 외모도 가꾸고, 문화생활도 즐기고 하는 것들을 일정 정도 포기하면서 20대의 청춘을 보냈다. 다시 돌아간다면 운동을 또 할 것인가.

그런 시대적 상황이라면 운동을 할 수밖에 없지 않을까. 20대 여성들만 꿈꾸는 게 아니라 인간의 기본적 문화 향유권, 인간이라면 누구나 갖는 본능적 욕구가 있는 것이고 젊음의 열정이 가득한 20대가 그런 욕구도 가장 클 수 있을 텐데, 그런 자유가 보장되지 않는 시대였다. 운동을 하다 어느 날 갑자기 끌려가 군대 가서 죽고, 고문당하는 현실을 외면한 채 외모를 가꾸고 문화생활을 하고 그런 것이 사치처럼 느껴지거나 죄책 감에서 자유로울 수 없었다. '껍데기 자유'가 있던 시절이었다. 같은 상황이라면 지금도 여전히 선택은 같을 것이다. 20대의 특권이든 인간의 기본적 문화향유권이든 우리 사회의 모든 사람이 이런 것을 보편적으로 누릴 수 있는 시대가 되어야 자유롭게 만끽할 수 있는 게 아닐까.

남편이 수배자 신분일 때 프러포즈를 받았다. 결혼식을 위해 가족들의 비밀 참석 작전이 필요했다고 들었다. 모두가 위험해질 수 있는 상황 아니었나. 결혼식 뒷이야기가 궁금하다.

남편은 학생운동을 함께했던 동지였고 그렇게 만나 사랑을 하게 됐다. 남편이 1985년에 학생운동조직사건의 배후로 연루돼 수배자 신세가 되었다. 같은 사건으로 수배된 후배들은 모두 잡혔고 마지막으로 남편만 남은 상태였다. 1985년에서 1987년은 고문이 가장 심했을 때라 연루됐던 사람들이 모두 구속되어 고문을 받아 모든 알리바이가 남편에게 집중될 수밖에 없는 상황이었다. '이렇게 잡혀 들어가면 정말 죽을지도 모르겠구나'하는 생각이 들었다. 그래서 '결혼해서 이 남자를 지켜야겠다'는 생각을 했다. 지금 생각하면 그때 그냥 가만히 뒀어도 안 죽었을 것 같은데 말이다(웃음).

그때는 옆집 남자가 직업도 없이 월세를 내고 살면 수상히 여겨 신고하던 시대였다. 의심되는 사람이 있으면 신고를 하라는 선전을 하기도 했다. 어떻게 하면 잡혀가지 않고 살 것인가를 고민하다 결혼이라는 걸 생각해 낸 것이다. 일단 부부가 같이 살면, 신분상의 의심은 받지 않는다. 그리고 내가 현장에서 일해 봐야 한 달에 10만 원을 채 못 버는 상황에서 활동하는 것조차 힘들었기 때문에 결혼해서 들어오는 축의금으로 수배 도피자금을 마련하자는 생각도 있었다.

연애 관계가 유지되고 발전하면 언젠가 결혼할 수도 있겠다는 막연한 생각은 있었지만, 그 시기에 결혼을 할 거라고는 생각도 못했다. 단지 같은 신념과 지향을 가지고 함께 운동하는 동지이자 앞으로 함께 살아갈 사람을 지키지 않으면 안 된다고 생각했다. 처음 결혼하자는 이야기가 나오고 일주일 정도 고민했지만, 하기로 작정을 하고 집에 통보했다. 내가 워낙 낙천적이고 어떤 결정을 하면 그냥 하는 편이다.

주변이나 집에서 깜짝 놀라지는 않던가?

부모님이 얼마나 기가 막혔겠나. 그 전에 남편을 한두 번 보긴 했지만, 결혼할 사람이 될 줄은 그리고 그렇게 금방 결혼할 거라고는 생각도 못하셨다. 하지만 결국 허락해주셨다. 그동안 대학에서 운동하면서 부모님과 계속 갈등을 겪었고 야단도 많이 맞았지만 이해해주시니 감사했다. 그동안의 우여곡절 속에 부모님도 '말려도 안 되는구나'라는 생각을 하셨던 것 같다. '못하게 해봐야 다른 사고만 더 칠 거다'라는 생각을 하셨을 수도 있고(웃음). 그렇지만 한편으로는 부모님도 전두환 독재 치하에서 나를 포함한 당신의 아들딸들이 겪는 아픔과 고통을 조금은 이해하셨던 것 같다.

딱 2주 만에 결혼 준비를 했다. 당시 시댁과는 전혀 만날 수가 없어 최소한 친정 쪽 친척들에게만 알리고 엄마가 다니던 교회에서 결혼식을 올리기로 했다. 그땐 지금처럼 통신수단이 없어서 남편이 공중전화로 전화해서 벨이 몇 번 울리면 끊었다가 다시 받는 암호 같은 것으로 시댁에 알렸다. 시부모님들이 그 전날 집에서 나와 다른 친척 집에 가서 주무시고 각자의 작전으로 미행을 따돌려 결혼식장에 오실 수 있었다. 남편은 가명으로, 나는 내 이름으로 결혼식을 치르고 친구들은 밖에서 경호를 섰다. 그렇게 결혼식에서 받은 축의금으로 우리는 도피생활을 시작했다. 이후 한 달이 되니까 부모님에게도 미행이 붙고, 나도 함께 수배자가 됐다. 1989년 말 노태우 정부 때 수배해제가 될 때까지 햇수로 4년 정도를 그렇게 수배 부부로 살았다.

스무 살 이전의 삶과 스무 살 이후의 삶이 완전히 바뀌었다. 그동안 익숙했던 것에서 새로운 환경을 선택하는 과정이 쉽지 않았을 것 같다. 어떻게 가능했던 것인가.

아버지가 은행 지점장이었기 때문에 경제적으로 어렵지 않은 시기도 있었지만, 아버지가 보증으로 크게 사기를 당한 바람에 초등학교 고학년 때부터 6~7년 정도 경제적 어려움을 겪었다. 그런 상황을 겪으면서 어려운 사람들, 없는 사람들, 먹고 살 방법이 없어 고통 받는 사람들, 그게 나를 포함해 내 형제, 내 부모일수도 있다는 사실을 받아들일 수 있었다.

　　노동운동을 하면서 현장에 같이 들어갔던 친구들이 '이
건 나의 길이 아니구나' 하면서 포기하고 출판운동을 하거나,
재야 시민단체 운동을 하는 방식을 찾는 친구들도 꽤 있었다.
그런 결정도 존중했다. 내가 현장에서 끝까지 버틸 수 있었던
것은 부모님이 물려주신 체력과 가정의 어려운 경제 여건에서
도 부모님과 언니들로부터 받았던 사랑과 신뢰, 그 안에서 키웠
던 자신감과 자존감이 스스로 그것을 선택하고 이겨낼 수 있었
던 힘이 되었다. 또 다른 한 가지는 지금껏 나와 굉장히 다른 삶
을 살아온 남편을 만나면서였다. '어떻게 저렇게 살 수 있을까'
할 정도로 어렵게 살았지만, 그의 삶에는 항상 치열함이 있었
다. 내가 포기하려하고 나약해질 때 남편이 늘 용기를 주었다.

보통은 '남자가 여자를 지킨다'라고 마음먹는 것이 대부분이다. 여자
이지만 남자를 지키기 위해 결혼을 결심했던 남편은 어떤 사람이었나.

어렵게 독학하다시피 공부해서 대학에 들어온 사람이었다. 육 남매 중 처음으로 대학에 입학했다. 그만큼 형제들과 부모님의 기대를 한몸에 받는 아들이었다. 집에서 행정고시를 보길 원해서 잠시 고민했다가, '행시 봐서 공무원으로 맘 편히 사는 것이 참 허망한 것이구나'라고 생각하고 학생운동을 선택했다고 한다. 그래서인지 쓸데없는 갈등을 잘 안 하는 사람이다. 잃어버릴 게 없기 때문이다. 솔직히 내가 느꼈던 두려움은 내가 운동을 함으로써 포기해야 할 것, 잃을 것에 대한 두려움이었다. 안정적이고 편한 삶을 놓치고 싶지 않은 욕심이었다. 그런데 남편은 그렇지 않았다. 내가 갈등의 순간에 있을 때마다 남편의 한마디가 내게 자유를 얻는 결단을 할 힘이 됐다. 물론 결혼하면서 삶이 변하고 포기해야 할 것들이 많이 생겼지만, 그것 또한 내가 받아들이고 만들어나가야 한다고 생각했다. 세계관, 신념, 가치 등을 함께하는 동반자가 있다는 것과 그것이 나를 더욱 단단하게 만들고 그런 단단함이 더 큰 생명력을 키울 수 있다는 생각을 하게 됐다.

1998년 고故 김근태 민주통합당 상임고문(보건복지부 장관, 민청련 의장 역임)의 후원회 사무국장에서부터 시작하여 2002년 보좌관을 하면서 국회에 발을 들였다. 지금껏 해왔던 운동이 아닌 실제 정치를 어떻게 하기로 결심한 것인가.

학생운동이나 노동운동을 하는 것과 정치를 하는 것은 내게 연속선에 있는 일이었다. 운동은 그 안에 구호와 선언, 주장이 있어 (거칠게 이야기하면) 이것에 대한 책임성보다는 사람들이 이 이슈에 관심을 갖게 하는 것이 중요하게 된다. 그렇기 때문에 다소 투쟁의 방식이 제한돼 있고 선도적이다. 반면 정치는 실제로 제기된 사회적 현안에 대해 구체적인 책임을 갖고 법과 정책으로 실현해야 하는 것이다. 내 주장과 상대 주장 사이의 갈등을 조정하고 타협해서 결과물을 만들어 내야 하는 거다. 운동을 할 당시에는 민주주의에 대한 강한 사명감으로 기본권, 인권, 노동권이 보장되는 민주주의 사회·한반도 평화를 실현할 수 있는 최선의 방법은 운동을 통한 것이라고 생각했다.

　김근태 의장과 함께 일하면서도 내가 직접 정치인이 돼서 정치를 해야겠다는 생각은 별로 하지 못했다. 그런데 점점 시간이 지날수록 '정치를 통해서 사회를 바꿔나가고 구체적인 정책을 실현해 나가는 것이 중요하구나'를 깨닫게 되었다. '김근태'라는 사람은 우리 역사에서 민주주의와 인권, 평화의 대표성을 가진 상징적 인물이었다. 김근태 의장처럼 원칙과 철학이 분명하고 합리적인 판단력을 지닌 분이 대통령이 되면 우리의 꿈을 폭넓고 깊이 있게 그리며 우리 사회를 바꿔낼 수 있겠다고 생각했다. 때문에 그 분을 중심으로 민주주의적 가치를 위해 실천해 왔던 사람들이 우리 사회의 중요한 곳곳에서 역할을 제대로 하게 되면 좋은 나라를 만들 수 있을 것이라 기대했다. 그래서 김근태를 대통령을 만들기 위해 뒷받침하는 일에 집중했다. 그런데 2002년 열린우리당 대통령 후보 경선 당시, 김근태 의장의 양심고백으로 중도사퇴를 했고, 노무현 대통령 후보가 경선에서 이겨 대통령에 당선되었다. 그 후 내가 직접 정당에 들어가서 그 안에서 김근태 의장과 함께할 수 있는, 더 많은 사람과 더 큰 힘을 만드는 게 좋겠다고 생각했다. 그래서 2004년 1월 열린우리당 공채 1기로 당직자 생활을 시작했다.

김근태 의장은 어떤 분이셨나?

한 번도 당신의 원칙과 신념을 포기한 적이 없었던 분이다. 더디 가더라도 그래서 욕을 먹더라도 그 가치의 끈을 한 번도 놓치지 않았던 분이셨다. 그래서 많이 배웠다. 지금도 늘 '내가 그분처럼 정치를 할 수 있을까'를 기준으로 생각하고 있다. 김근태 의장을 통해 정치를 배울 수 있었던 것을 축복이라 생각한다.

민주당에 있으면서 민주당이 새천년민주당, 열린우리당, 통합민주당 등으로 분열하고 새롭게 다시 조직되는 과정을 바로 옆에서 지켜봐왔다. 자기가 속한 당이 때로는 분열과 갈등을 반복하고, 또 새롭게 통합하고 재정비되는 속에서 어떤 생각이 들었나.

그동안 민주당은 여러 차례 이름을 바꾸긴 했지만, 2002년까지 김대중 대통령이라는 아주 큰 어른 한 분이 거의 모든 권한을 가지고 당을 운영해왔다. 당시 당내 김근태 의장을 비롯한 몇몇 정치인들이 총재가 명령하고 모든 공천권을 행사하는 정당구조의 폐해에 대해 문제 제기를 했다. 물론 군부독재 하에서 야당이 명맥을 유지해 왔던 것은 김대중 대통령의 리더십에 의존해왔던 바가 크다. 하지만 노무현 대통령이 정권을 잡은 후, 제왕적 총재를 중심으로 한 당 구조에 본격적인 변화를 요구하는 목소리가 나오기 시작했다. 노무현 대통령 당선 당시 정치개혁과 정당개혁이 시대정신이자 화두였다. 2002년 대선을 통과하면서 우리 정치의 권위주의적 정당문화를 깨고, 정치자금과 관련된 문제를 투명하게 바꾸고 법으로 제도화하는 측면에서 많은 진전이 있었다.

그 변화를 계기로 원내 정당화, 상향식 공천, 당원중심 정당 등을 과제로 개혁당과 민주당에서 나온 사람들이 합쳐 '열린우리당'을 창당하였다. 정당 민주화를 이루려 했던 큰 도전이자 실험이었으나 집권 여당이었음에도 불구하고, 정당 내 구조와 관련한 개혁은 실패했다. 구체적인 개혁 방식과 이것에 대한 내부의 충분한 공감, 그리고 대안에 대한 구성원 모두의 합의가 매우 부족했던 것 같다.

원내 정당화, 상향식 공천, 당원 중심 등의 다양한 의견들이 정당 내 존재한다. 정당 차원 어떤 것에서부터 무엇을 실현할 수 있을까.

지금까지 우리 당내의 구조는 새로운 젊은 리더들을 키우지 못한 구조였다. 누군가 성장하고 나타나야 하는데 그렇지 못했다. 다른 나라에서 당내 경쟁을 하는 과정을 보면 서로가 가지고 있는 각자의 재능을 바탕으로 조직에 능한 사람, 홍보에 능한 사람, 선거에 능한 사람이 있는데 이들의 합의를 통해 한 사람을 대중 정치 후보로 내세운다. 그리고 남은 사람들은 각자의 역할을 분담한다. 젊은 리더 후보군들이 자유롭게 내부에서 경쟁할 수 있고 이를 통해 리더의 교체가 이루어지기도 한다. 우리는 지금까지 그런 과정이 거의 없었다. 누가 더 큰 인물이라고 이야기하기 어려운 몇몇 분을 중심으로 계파정치로 정당 내부의 구조가 이뤄지다 보니 진보개혁적인 젊은 리더를 키우지 못했다.

2007년 대선 패배 이후 '민주주의'라는 것은 궁극적으로 서민들의 먹고사는 문제를 해결하는 것이어야 한다는 사실을 뼈저리게 깨달았다. 민주 정부 10년 동안 신주유주의적 시장경제는 훨씬 강화됐고, 그 결과 양극화는 더욱 심화됐다. 그걸 정치에서 책임져 주지 못했다. 그래서 집권 여당이었던 열린우리당은 국민에게 비판받고 외면당했고, 결국 대선에서 졌다. 그래서 그때부터 경제민주화를 화두로, 5년 뒤 대선을 나름대로 준비했는데 2012년 대선에서 박근혜 후보가 모방 내지는 선수를 쳐버렸다. 그런데 박근혜 정부가 경제민주화를 강조한 지 6개월도 안 돼 거의 아무런 약속도 지키지 않은 채 오히려 경제활성화 정책을 펴고 있다. 마음이 매우 착잡하고 속상하다.

우리가 5년 후 수권 정당으로 국민의 신뢰를 받고 정권교

체를 이뤄내려면 나를 포함한 의원들이 정당 시스템을 어떻게 바꾸고 밑에서부터의 조직들을 어떻게 만들 것인가, 그 내용을 무엇으로 할 것인가 고민해야 한다. 이것을 위해 동료의원들과도 치열하게 토론하고, 실천해야 한다.

민주당은 얼마 전 을乙을 위한 길路을 뜻하는 '을지로 위원회'를 출범했다. 절실하게 필요했던 부분임에도 불구하고 을만을 위하는 것으로 보며, 갑甲을 적대시하는 것으로 받아들이는 정치권 일각의 시각도 있다. 을지로 위원회가 추구하는 갑을관계는 무엇인가.

　　을이 있다는 것은 갑을 전제로 하는 것이고, 갑 역시 을을 전제로 하는 것이다. 어느 한 쪽의 일방적인 희생이나 강요만으로는 관계 자체가 형성될 수 없다. 불평등한, 불공정한 계약거래관계가 지금까지 갑을관계의 문제였다면 우리가 이야기하는 '갑을 상생관계'는 평등하고 공정한 계약 거래 관계, 즉 '더불어 함께 사는 관계'이다. 갑이 가졌던 그동안의 특권, 일방성, 반칙, 이런 것을 제대로 바로 잡아 놓는 게 갑을 살리는 길이기도 하다고 생각한다. 언제까지나 갑이 일방적인 횡포를 유지하면서 갈 수는 없기 때문이다. 그건 공멸하는 길이니까. 을 없이 갑 없고, 갑 없이 을 없다. 우리는 갑을 적대시하는 게 아니다. 갑과 을이 공생하는 관계, 어느 한 쪽에 치우치지 않는 공정하고 평등한 관계를 만들자는 것이다. 이것은 우리 사회의 원칙과 상식을 바로 세우는 일이기도 하다.

2012년 대선 당시 '경제민주화'가 시대의 화두였다. 이를 위해 어떤 것부터 해결해야 한다고 보나.

지난해 4·11 총선 선거유세 당시, 당장 먹고사는 게 힘들고 부채 더미에 앉아 고통 받는 사람을 많이 만났다. 그들에게 공약했던 것은 '먹고사는 문제를 제도적, 정치적으로 감당할 수 있게 만들겠다'는 것이었다. 노동에 대한 부당한 임금과 대우, 비정규직 문제 등을 해결하겠다는 포부였고 약속이었다. '경제민주화'라고 하는 것은 우리 사회에서 어떤 성장 동력을 끌어낼 것인지, 발전 전망과 로드맵이 확실하게 있어야 한다. 더불어 우리나라의 역사와 사회구조를 고려해 우리 사회에 적합한 복지모델을 구체화하고, 이를 가능하게 하는 재원과 구조, 우선순위 등이 정책적으로 합의되고 실현되어야 한다.

최근 박근혜 정부는 눈 하나 깜짝하지 않고 "경제민주화는 다 끝났다. 이제 경제를 활성화해야 한다"라고 말하고 있다. 학교 비정규직문제 등에 대해 근본적 해결은 하지 않은 채 생색내기만 하면서 넘어간다. 이것을 볼 때 박근혜 정부는 계속해서 경제민주화에 역행하고 있으며, 결국 이명박 정부 때 그랬던 것처럼 대기업과 재벌의 논리를 대변할 수밖에 없는 구조가 되겠다는 생각이 든다.

더 어려운 것은 언론 환경이다. 공영방송이라고 하는 KBS조차 '51대 49'의 구조 속에서 자신들이 겪는 어려움이 있다고 하더라. 이미 눈치 보기를 하고 있다는 것의 다른 표현 아닌가. 양쪽에서 질타를 받고 있기 때문에 '51' 측을 의식하는 보도를 할 수밖에 없는 것으로 해석된다. 그러니 다른 방송들은 어떻겠는가. 이명박 정부 때 미디어법 등을 통해 언론이 정권에 장악

되는 과정을 겪었다. 최근 박근혜 정부의 민주주의·경제민주화·한반도 평화와 관련된 모든 사항이 퇴행·역행하고 있고, 마치 독재를 예고하는 인사 등을 보면서 '우리가 들고 싸울 수 있는 무기가 대체 무엇일까' 하는 위기의식을 느낀다. '남은 국회의원 임기 동안 수권정당을 만들기 위해 계획적이고 집요하게 준비해야 한다'는 결의가 있는 한편, '그것을 하기까지 매우 어렵고 지난한 고통스러운 과정이 있겠구나'하는 생각을 많이 한다.

우리 사회는 급속한 산업화 과정을 통해 성장해 왔고 10여 년 이상을 신자유주의 체제 속에서 구조화됐기 때문에 이대로 가다간 양극화는 더 심화 될 것이고 서민의 삶은 더욱 힘들어질 것이다. 야당으로서 여당을 계속 견제하고 비판하면서 우리 내부에서는 이 구조를 어떻게 바꿔낼지에 대한 전망과 방안을 좀 더 구체적으로 만들고 국민적 합의를 끌어내야 할 것이다.

남성들의 전유물로 여겨졌던 한국 정치 영역에 많은 여성 정치인이 역할을 하고 있다. 남성 리더십, 여성 리더십 차원을 떠나 진짜 리더십이란 무엇이라 생각하나.

김근태 의장이 항상 말하며 몸소 보여줬던 것이 다른 사람들의 말을 경청하는 것이었다. 어떤 사안에 대한 결론을 내리거나 본인 주장을 하기 위해서라도 다른 사람의 이야기를 경청하는 게 중요하다는 말을 많이 하셨다. '경청한다'는 것은 소통한다는 것이고, 그것은 공감을 형성한다는 거다. 진정성이 있어야만 제대로 된 정치를 할 수 있을 것이라고 생각한다.

특히 지역에서 사람을 만날 경우 대부분의 사람이 자기

얘기를 들어주길 원한다. 그 문제가 해결되건 안 되건, 진심으로 귀 기울여 내 이야기를 들어주고 있다고 느끼면 사람들이 굉장히 좋아한다. 그리고 그것으로 문제가 반은 해결된 것처럼 고마워한다. 나는 정작 아무것도 해 준 게 없고 옆에서 들어주기만 했을 뿐인데 말이다. 지금 하고 있는 '을 지키기'도 마찬가지다. 자기가 불이익을 당해 억울하고 도움을 받을 곳도 하소연할 데도 없었는데 우리가 '을 지키기'를 한다고 하니까 찾아와서 여러 이야기를 한다. 풀리지 않는다고 해도 그 자체만으로도 고마워하고 속 시원해한다.

진심으로 공감하고 소통하면서 함께 희망을 만들어나가는 리더, 그런 리더십이 필요하다고 생각한다.

"'어머니'는 든든한 후원자라는 말도 되지만, 내 꿈의 원인 제공자라는 말과도 통한다"라는 말을 여러 번 했다. 여기서 어머니는 시어머니를 이야기한다고 들었다. 시어머니와 어떻게 이런 끈끈한 정을 주고받을 수 있나.

어머니는 산업화 시대에 노동자로 6남매와 가정경제를 책임지며 어려움 속에서도 당당하게 산 분이다. 당신의 어려웠던 삶 때문에 나를 이해하고 전폭적으로 지지해주는 것 같다. 더 크게는 당신의 아들이 수배생활을 할 때 경찰에게 협박도 받고 미행을 당하기도 하면서 우리의 상황을 정치적으로 먼저 이해하게 되신 것 같다. 노동자로서의 삶과 정치적 민주주의에 대한 훈련이 삶 속에 고스란히 당신 몫으로 체화되어 지금은 나보다 훨씬 진보적인 생각을 갖고 계신다. 매일 신문과 뉴스를 보고 '민주당, 그렇게밖에 못하냐'라고 야단도 친다(웃음).

　김근태 의장께 배웠던 철학과 가치 지향과 품성·태도를 배우고, 내 것으로 만들려고 노력한다. 하지만 다른 한 축에서는 어머니의 삶을 되돌아보면, 같은 여성으로서 또 내가 모셔야 할 어머니로서 우리 시대 우리 사회를 이끌어 온 어른으로서 우리 어머니가 갖는 존재감과 의미가 나에겐 매우 각별하다. 이제 팔순이 넘었는데, 그래서 그런지 더위에 힘들어하셔서 많이 걱정된다. 마음에 부담이 더 된다. 힘든 일을 하시면 안 되는데, 나는 매일 나와서 이렇게 살림은 '나 몰라라' 하고 있으니 이런 이야기를 할 자격이 있나 싶어서….

유은혜 의원의 삶을 포함한 모든 인간사가 그렇듯 그 안에는 세대별 상황과 아픔, 사랑과 이별 등이 존재한다. 이것을 지나고 있는 동시대의 청년들에게 해주고 싶은 말이 있나.

　최근 중·고등학생들이나 대학생들이 촛불집회에 나와서 이야기하는 것을 보면 대견스럽다. 하지만 우리 세대가 과거에도 이런 사회를 우리 자식들에게는 물려주지 말자고 나름대로 투쟁하면서 청춘을 바쳐 왔는데, 지금 또다시 우리가 이 청춘들과 같이 거리에서 투쟁하고 있다는 게 너무 미안하고 부끄럽다.

　그런데 과거 우리는 함께 힘을 모아 민주주의를 위해 싸워오면서 87년 6월 항쟁을 이뤄낸 경험이 있다. 거대한 벽을 한 번 뚫어 본 적이 있는 것이다. 완전한 성공은 아니었지만, 사회의 큰 변화를 일으킬 수 있는 힘을 경험했다. 반면, 지금 20대 청년들은 취업경쟁이다 뭐다 해서 매우 개별화돼 있다. 이 경

쟁에서 이기는 것만을 목표로 해서 잉여나 혹은 루저looser(패배
자)가 되지 않기 위해 살아갈 수밖에 없는 구조 속에 있다.

　지금 청년들에게 닥쳐 있는 벽은 우리 때보다 더 절박한
생존의 문제와 가까운 거대한 벽일 수 있다. 하지만 경쟁을 통
해 이기는 것만을 목표로 해서는 이 벽을 넘을 수 없다고 생각
한다. 이제는 이 경쟁의 구조를 변화시킬 힘을 만들어내는 것
이 필요하다. 우리가 독재체제와 스크럼을 짜고 싸웠다면 지금
청년들은 옆에 있는 친구들과 선후배들과 함께 경쟁을 압박하
는 이 사회의 거대한 벽을 어떻게 함께 넘을 것인가를 고민하고
실천적인 노력을 해야 한다. 이렇게 말하는 게 미안하기도 하지
만, 그렇다.

유은혜에게 자유란?

  늘 두려움 속에서 결단하면 자유를 얻고 사랑을 얻었던
것 같다. 어떤 것을 선택해야 하는 순간, 고민과 갈등과 망설임
으로 자신과 싸우는 그 순간, 내 나약함과의 싸움에서 이기고
올바른 것, 정직한 것, 정의로운 것에 대하여 결단했을 때 나
자신의 자유와 사랑을 느끼게 되었던 것 같다. 내게 '사랑이란,
자유란?'이라는 물음은 '늘'이라고 하면 과장이겠지만, 늘 선택
이고 결단이었던 것 같다.

인터뷰 담당 박주연, 손어진, 정인선

이학영

'박정희-군부-재벌' 3각 동맹 통한

공포정치, 유신

2013. 9. 13

이
학
영

원로 시민운동가에서 초선 정치인으로 활동영역이 확장되었다. 정치
인 생활이 이제 1년 반 정도 지났는데 정치인으로서의 요즘 근황이
궁금하다. 어떻게 지내고 있나?

　　　정치는 그동안 내가 했던 시민운동과는 생각하는 방식에
서부터 일하는 방식까지 모두가 너무 달랐다. 곧바로 적응이 안
됐다. 우선은 육체적으로 적응이 잘 안 되더라(웃음). 시민운동
을 할 때는 내가 주도해 일정을 잡고 시간을 배분할 수 있었는
데, 지금은 이미 다 짜인 시간대로 움직여야 한다. 아침부터 일
을 시작해 집에 들어가면 거의 밤 11시, 12시가 된다. 물론 이
전에도 거의 주말 없이 일을 하긴 했지만, 그땐 내가 필요하다고
생각되는 일을 우선순위로 배치해 하고 싶은 일을 하고 가고 싶
은 곳을 가니까 피곤한 줄을 몰랐다. 지금은 (물론 내가 가고 싶은
곳도 많지만) 의례적으로 가는 곳도 많아 몸과 마음이 좀 지친다.
그래도 이렇게 1년을 하니까 이제 몸이 조금 적응했다.
　　　대중들은 늘 정치인들이 무언가를 보여주길 기대한다. 때
로는 우스꽝스러운 광대의 모습을 원하는 것 같다. 정치란 대
중들이 자기 스트레스를 푸는 영역 같기도 하다. 실수하면 욕
도 먹고, 욕 먹을 줄 알면서도 그 자리에 가야한다. 처음에는

의례적인 행사들이 의미 없는 일들이라 생각했는데, 정치라는 게 이런 것까지 요구한다는 것을 알았다.

또 한 가지 느끼는 것은 정치영역에서는 실수하지 않을 정도로 내용을 충분히 알아야 한다는 것이다. 이게 참 쉽지 않다. 차분하게 앉아서 생각을 하면서 자료도 읽고 또 현장에도 가봐야 하는데, 그럴 시간 없이 의제들이 막 몰려온다. 하루에도 행사가 여러 개씩 있고 거기에 맞게 대응하려면 공부를 해야 하는데, 시간이 너무 부족하다. 게다가 이 일은 사람들을 많이 만나야 하는 일이다. 이제 신입생으로써 오리엔테이션을 하고, 5월 축제기간이 끝나 중간고사를 본 기분이랄까. 1년을 그렇게 보냈다.

전남대학교 국어국문학과를 1971년에서 1985년까지 15년 동안 다녔다. 당시 엄혹한 유신체제 하에서 대학생활이 어땠는지 궁금하다.

대학교에 입학해서 3학년까지 다니고 4학년 1학기에 민청학련사건으로 구속됐다가 다시 학교로 돌아가지 못하고, 이후 10여 년 만에 다시 복학했다. 그리고 나머지 1년을 15년 만에 채웠다.

내가 대학에 입학할 당시는 박정희 정권이 독재 체제를 완비하던 시기였다. 박정희는 1971년 대통령 선거에서 억지로 대통령이 된 이후, 이제는 기존 선거제도로는 안 되겠다고 여겼는지 유신헌법을 발표했다. 마음에 드는 사람 1,000명을 뽑아서 장충동체육관에서 99.9%로 당선되는 시스템을 만들었다. 또 대학에서는 '교련'이라는 군사 훈련 시간을 만들어 발랄한 대학생들에게 총을 쥐어주고 군기를 잡으며 훈련을 시켰다. 그때가 1학년이었는데, 너무 낯설었다. 많은 학생들이 이에 반대했다. 73년까지는 시위가 그렇게 심하지 않아서 공부와 병행할수 있었는데, 그 이후로는 시위가 굉장히 많아졌다. 그러자 박정희는 그런 학생들을 군대로 끌고 가거나, 무기정학을 시키고퇴학을 시켜버렸다. 바른말을 하는 학자들과 언론인들을 비롯해서 학생들까지 억압하기 시작한 것이다.

1979년 4월 재벌 2세들의 일탈 문제를 부각하기 위해 동료들과 동아그룹 회장 집에 들어갔다 구속된 이후, '남민전 사건'(남조선민족해방전선준비위원회가 유신체제를 비판하며 유인물과 기관지를 제작·배포하다공안기관에 적발된 사건. 당시 민청학련 등 학생 운동가들이 대거 구속됐다.2006년 정부로부터 민주화운동으로 인정받음)으로 병합되면서 5년간 실형을 살았다. 작년 총선 당시 현장에 함께 있었던 동료 차성환 씨가경비원을 칼로 찌른 사람이 자신이었고, 이학영 의원이 잡혀서 자신이 한 것으로 하고 실형을 살았다고 했다. 어떻게 그런 생각을 할 수있었나.

70년대 말은 박정희 정권이 국민을 극심하게 억압했던 독재의 최전성기였다. 그때 우리는 정말 숨도 못 쉬고 살았다. 노동자와 농민들은 살기조차 어려운데, 이들의 저임금 노동을 통해 성장한 재벌들은 독재 정권과 유착해서 설치고 다녔다. 박정희 정권이 차관借款을 얻어 기업에게 주면 기업은 그 돈으로 투자하고 이윤을 얻어 일부를 정치에 헌납했다. 이런 식으로 '박정희 유신독재-군부-재벌'의 3각 관계가 국민을 통치했다. 박정희 독재 정권과 재벌들에 대한 국민의 분노가 심했지만, 두려움에 누구도 말하는 사람이 없었다. 그런 상황에서 의분에 찬 나와 동료들이 일을 벌인 것이다. 그때는 재벌을 응징하는 일이 독재정권에 반대하는 민주화 운동의 일환으로 생각했다.

　　내가 먼저 잡혔으니까 당연히 '내가 다 한 일이다'라고 했다. 수사기관도 잡힌 사람에게 모든 책임을 지워 얼른 사건을 마무리 지어야했기 때문에 굳이 묻지도 않았다. 내가 아니라고 밝힌다고 해서 바로 풀려날 것도 아니었다. 어차피 벌어진 일이라고 생각했다(웃음).

피 끓는 청년이 감옥에 갇혀 괴로웠을 것 같다. 특히 독방에서 오랫동안 생활했다고 하던데, 5년이라는 감옥생활은 어땠나?

　　1974년에 '민청학련 사건'으로 1년 동안 복역한 적이 있었는데, 힘들기는 사실 그때가 더 힘들었다. 당시 22살이었고 박정희 정권이 뭔가 잘못하고 있고 군사정권은 나쁘다는 정도로만 생각하고 있었지, 정말로 아무것도 모르고 잡혀갔다. 구치소에 수감되어 있는데, 정말 견디지 못할 정도로 힘들었다. 1심에서 10년 형을 선고받고 2심에서 7년형을 받았다. 그 기간 동안 감옥에서 살아야 한다고 생각하니 너무 힘들었다. 가족들도 무척 보고 싶었다. 다행히 1년만 복역을 하고 나왔다.

　　형을 살고 나와 4~5년 동안 너무 힘들게 살았다. 학교에 바로 돌아가지도 못했고, 먹고 살려고 공장에 다니려고 하면 경찰이 나를 감시한다고 따라다녀서 일도 제대로 할 수 없었다. 내 인생이 마치 암흑에 갇혀 있는 것 같았다. 그게 너무 힘들어서 이 현실을 타개하고자 박정희 정권에 정면으로 맞서 싸우게 된 것이다.

그래서 이후 5년 동안 감옥에서 살 때는 차라리 편했다. 가족들을 만나지 못한다는 것은 고통스러웠지만, 매일 경찰이 찾아와서 귀찮게 하지 않고 수사과정에서 받는 고문으로 공포에 떨 필요도 없었다. 그 안에서 삼시 세 끼 먹을 걱정도 하지 않고, 평생 처음으로 조용하게 책만 보며 지냈다. '열심히 공부해서 언젠가 나가면 세상을 위해 좋은 일을 하며 살아야지'하고 생각했다. 그러다 보니 생각보다 쉽게 적응했다. 사람은 역시 적응하는 존재인 것 같다. 힘들지 않은 건 아니었지만, 사람은 아무리 고통스러워도 그게 몸에 익숙해지면 그걸 잊고 또 사는 것 같다. 당시 감옥에는 비슷한 처지의 청년들이 많았다. 그들과 같이 운동하고 공부하면서 서로 많은 대화를 하면서 견

였다. 그래도 아우슈비츠 수용소보다는 낫지 않았겠나(웃음).

주로 어떤 공부를 했나?

그때는 '사회'자만 들어가도 책 출판을 금지시켰기 때문에 사회과학 서적이 많지 않았다. 그래서 주로 역사와 문학 서적을 봤다. 문학, 역사, 외국어 등 다양하고 잡다하게 공부했다. 하루 종일 앉아서 책만 봤으니, 대학 때 못한 공부를 감옥에 있으면서 다 한 것이다.

20대 이런 과정을 통해서 정의 의식을 갖게 되고 세상에 더 깊은 관심을 갖기 시작했다고 했다. 사회의식에 대해 생각하게 된 '전환점'은 언제였나.

본래 나는 사회의식이란 게 없었다. 농촌에서 태어났기 때문에 어릴 적부터 농촌 사람들이 힘들게 사는 모습을 보면서 기본적으로 '가난을 없애야겠다'는 생각은 했다. 그런데 사회시스템이나 제도를 바꿔야겠다는 생각까지는 못 했다. 대학 졸업 후, 교사나 공무원이 돼서 가족들을 가난에서 벗어나게 해줘야겠다는 소박한 의식만 있었다.

그런데 1973년 군인들이 내가 다니던 대학에 탱크를 몰고 들어온 것을 목격했다. 그것을 보며 '아, 이건 아닌데…'라고 생각하고 시위에 뛰어들었다. 그러다 잡혀서 문초를 엄청나게 당했다. 다음 날 새벽에 풀려나 집으로 돌아오는데, 처음으로 눈물이 펑펑 쏟아졌다. '어떻게 국가가 '국가'라는 힘을 이용해서 이렇게 국민을 탄압하고 감옥에 넣을 수 있나. 이게 옳은 것인가?'라는 생각이 들면서 처음으로 잘못된 국가권력에 분노를 느꼈다. 어떻게 해서든 국가가 인간을 억압하거나 부당한 제도로 국민들에게 불이익을 줘서는 안 된다고 생각했다. 그 때부터 내게 사회의식이 조금씩 생긴 것 같다. 74년 민청학련 사건 이후, 감옥을 오가며 공부하고 여러 사람들을 만나면서 사회의식이 성장한 것 같다.

대학에서 국문학을 전공했고, 이후 정책학과 교육학 석사과정을 거쳐 NGO 관련 박사과정까지 마쳤다. 다양한 관심사를 가지고 활동하게 된 계기가 있나?

　　　　YMCA에 있을 때 아이들을 위한 교육프로그램도 만들고 학부모들과 상담도 해야 하는데, 그 분야에 문외한이다 보니 교육학 공부를 했다. 또 여러 가지 정책들에 대해 정부나 관청에 문제제기를 해야 하는데, 그러려면 그 정책에 대해 모르면 안 됐다. 제대로 실천하려면 '잘 알아야겠다' 싶어서 정책학 공부도 했다. 다 필요에 의해서 한 것이다.

YMCA와 인연으로 시민운동을 시작했다. 특별히 시민운동을 선택한 계기는 무엇인가?

　　　　'남민전 사건'으로 복역하고 나오니, 내가 '요시찰 인물'이 된데다가 국가보안법 위반에 강도 전과까지 있어 개인적으로 할 수 있는 게 없었다. 그렇다고 취직해서 내 생계나 꾸리며 나를 위해서 살 생각도 없었다. 그때 이미 세상을 변화시키는 일을 하고 싶다는 생각을 갖고 있었다. 섣불리 어떤 운동 조직에 들어갔다가는 그 단체도 요시찰 대상이 될 수 있으니 '일반 시민들과 함께 할 수 있는 곳이 어디 있을까' 하고 생각했다. 그러던 찰나에 YMCA에서 함께 하자고 제안이 왔고, 그 덕에 시민운동을 하게 됐다.

오랫동안 시민운동가로 살았다. 특히 지방 시민단체에 대한 정부의 열악한 지원에 많은 부분이 소외당했을 텐데, 어떻게 오랫동안 활동할 수 있었나?

처음부터 그렇게 시작했으니 열악한지도 몰랐고 그게 당연한 줄 알았다. 실은 시민운동이 어렵다고 생각했기 때문에 시작한 것이지, 편하다고 생각했다면 하지 않았을 것이다. 당시에는 모두 회비를 걷어서 활동했다. 경제적으로 조금 힘들었을 뿐이지, 늘 사람들과 모여 공부도 하고 아이디어를 짜 새로운 프로그램도 만들고 하는 것이 좋았다.

특히 전라남도 순천만에 축제를 유치한 것이 뿌듯하다. 원래 순천만은 때가 되면 모래가 차오르는 그냥 개펄이었다. 당시 시市가 순천만에서 골재를 채취해 파괴하려고 할 때 우리가 '순천만을 생태적으로 보존하자'고 이야기했고, 민간에서 돈을 걷어 '순천만 축제'를 만들었다. 처음에는 순천 주민조차 반대했다. 시에서도 골재 채취 계약을 통해 생기는 이익이 있으니 반대했다. 그럼에도 축제를 10년 정도 꾸준히 하다 보니 해마다 관광객이 늘어 사람들의 인식도 바뀌었다. 실은 최근까지도 주민들의 반대가 심했는데, 순천시가 마음을 바꿔서 주민들을 함께 설득해줬다. 이런 일을 하다 보면 힘들어도 재밌고 즐겁다.

"시민으로서의 목소리보다 정치인으로서의 목소리가 더 효력이 있더라. 답답해서 정치를 하게 됐다"라고 말했다. '답답한 정치'를 어떻게 풀고 싶은가?

정치가 답답한 이유는 정치가 시민들의 요구를 제대로 반영하지 않고 문제를 해결해 주지 못하기 때문이다. 보통 정치인들은 사회 하층민보다는 중상층의 이해에 귀를 기울이고, 무엇보다 여론을 장악하고 있는 쪽의 입장을 많이 대변한다. 그러니 하층민들은 답답할 노릇이다. 그렇기 때문에 나는 일반 시민들을 대변하는 역할을 하겠다고 마음먹었다. 좀 더 낮은 자리에서 그들과 소통하는 정치를 해보고 싶다. 눈높이를 낮춰서 거리에서 다양한 시민들을 많이 만나 그들의 요구를 정치 의제화하고 법으로 만들어 정책에 반영하려고 노력하고 있다. 지금까지는 잘했다고 못하겠지만, 연습을 많이 하고 있다.

시민운동을 하는 활동가가 정치가가 되기 어려운 구조이다. 정당 공천에서부터 현실의 벽이 높다. 그래서 젊은 정치가들이 나오기도 쉽지 않다.

일반인들이 정치권으로 진입하기란 정말 쉽지 않다. 기존 선거제도도 그렇고, 정당 내에서 공천을 받는 과정도 너무 어렵다. 공천을 받더라도, 선거에서 당선되는 과정에 어려움이 많다. 정당에서 공천을 받으려면, 대부분 그 정당에서 오래 일을 하거나 현실적으로 인지도가 높거나 재력이 있어야 한다. 그런데 일반 시민이나 시민운동가, 그리고 청년들은 그런 힘이 없다. 오히려 의사나 변호사, 대학 교수 등 얼굴 내밀고 나오는 사회 상층들에게나 있는 힘이다.

정치가 특정 엘리트들이 가는 길이라고 할 때 정치인으로 당선될 수 있는 조건들이 하루아침에 바뀌기는 쉽지 않을 것이다. 정치 엘리트나 정당별 정치인들의 직업을 분류해보면, 쉽게 알 수 있다. 새누리당에는 주로 판검사·의사·교수 출신의 전문가나 지역에서 사업으로 자수성가한 돈 많은 분들이 많다. 민주당에는 언론 종사자나 시민운동가·학생운동가 출신들이 많고, 진보당에는 노동자 혹은 노동운동이나 농민운동을 하던 분들이 많다. 이렇게만 보더라도 정당 차원에서 청년이나 일반 시민운동가를 받아들일 수 있는 정당이 없으니, 벽이 높은 것이다. 앞으로 지도자를 선택하고 배출하는 정당시스템 또는 선거시스템을 대폭 바꾸지 않는다면 청년이나 시민운동가들의 정치 진출은 쉽지 않을 것이다.

기존 정치 엘리트의 충원방식이 아니라 새로운 방식의 다양한 정치가 충원을 위해 신경 쓰는 부분이 있는가?

정당 공천으로 후보자를 선출할 때 시민참여형의 개방적 시스템으로 하자고 이야기했다. 민주당은 당원뿐 아니라, 일반 시민들도 참여해서 대선 후보를 뽑는 참여경선제를 실시했다. 정당 내에서는 '정당의 주인을 당원이 뽑아야지 무슨 소리냐'

라며 반발이 거셌다. 하지만 당원들의 의지만으로 후보를 뽑으면, 그 후보가 시민 눈높이에 맞지 않은 경우가 많이 생긴다. 국회에 시민운동가 출신 의원들의 모임인 '시민정치포럼'이 있는데, 이곳에서 시민참여형 정치제도를 어떻게 하면 잘 만들 수 있는지 지속적으로 고민하고 있다.

갑자기 정치에 입문한다고 했을 때 동료 시민운동가들이 만류하거나, 안 좋게 볼 수도 있었을 것 같다.

현실적으로 시민운동이 갖는 어려움이 크기 때문에 내가 정치를 하겠다고 했을 때 후배들이 못마땅하게 보기도 했다. "시민운동은 누가 하라고?"와 같은 원망도 들었다. 그런데 나는 시민운동도 일정 수준이 되면 순환 시켜야 한다고 본다. 한 시민운동가가 40~50대 후반 정도가 되면 후배들에게 자리를 물려주고 다른 영역에서 일을 찾아야 하는데, 그 중 하나가 바로 '정치'이다. 시민운동 하는 사람들이 죽을 때까지 시민운동만 해야 하는 것은 아니다. 물론 그렇지 않을 수도 있다.

시민운동과 정치 모두 더 나은 세상을 만들고자 하는 목표가 같다. 현장에서 사람들과 함께 운동했던 경험을 가지고 정치영역으로 가서 막힌 정치가 아닌 시민과 함께 소통하는 정치를 할 수 있다면, 시민운동권에서 정치가가 배출되어야 한다고 생각한다. 이 또한 시민운동이 할 수 있는 중요한 역할이라고 본다.

정치인으로 경험하는 갈등과 상처도 있을 것이다. 초선 정치인으로서 가장 힘든 것은 무엇인가?

끊임없이 첨예한 갈등이 일어나는 곳, 정치 현장은 바로 그런 곳이다. 늘 갈등 속에 있어야 하는 것이 가장 힘들다. 하지만 정치의 가장 중요한 역할이 갈등을 조정하고 최고의 선택을 하는 것이 아닌가.

정치는 혼자 하는 것이 아니라 무리를 짓는 일인데 그 중 정당도 하나의 무리라 할 수 있다. 하나의 정당 안에서도 어떤 사안과 입장에 따라 새롭게 무리가 생기는데, 이걸 두고 부정적으로 '파당' 혹은 '계보'라고 표현한다. 이 무리를 짓는 과정에서 함께하지 않으면 적대적 관계로 인식해버린다. 서로 욕하기도 하고 없는 이야기도 지어내서 공격할 때면 정말 마음이 불편하고 힘들다. 인간 사이의 갈등, 그 갈등에서 오는 감정적인 상처들을 잘 극복해야 하는데 아직까지는 힘들다.

그럼에도 정치를 하면서 보람을 느낀 순간은 언제인가?

시민운동을 하면 십 년 쯤 걸릴 일이 정치에선 바로 해결되는 게 가장 좋다. 운동은 한 십 년을 계속해야 지역사회 인식도 변하고 지자체 인식도 변한다. 현재 수자원 공사에서 물이 부족하다고 해서 지리산 주변의 아름다운 계곡들을 파헤쳐 수십 개의 댐을 만들려고 하고 있다. 4대강 사업도 모자라 엄청난 돈을 들여 계곡들을 전부 막겠다는 것이다. 지난해 이 공사에 대한 예산 책정이 안돼 아직까지 수자원공사에서 댐 공사를 추진하지 못하고 있다. 참 다행이다.

작년에 영유아보육법이나 무상보육법을 추진할 때 예산 심사위원이었다. 이 법에 대한 반대 목소리가 높았지만, 몇몇 국회의원들이 끝까지 밀어붙인 결과 영유아보육료 4,359억 원(0~2세 전 계층 지원), 가정양육수당 2,538억 원(0~5세 전 계층 지원. 0세 20만 원, 1세 15만원, 2~5세 10만 원)을 증액했다. 장애인 거주시설을 포함한 보장시설 수급자 주부식비도 189억 원(1인 1,789원에서 2,069원으로)을 증액했다.

대중 다수의 목소리보다 정치인 한 명의 목소리가 훨씬 더 큰 효과를 발휘할 때가 있다. 정치인의 권한으로 정책을 바꾸는 경험을 할 때면 이 일이 참 의미 있게 느껴진다. 그러면서 전에 있었던 모든 힘든 일이 이때를 위해 필요한 조건이라고 여겨지며 감내된다.

국민들의 기초생활보장 강화와 교육 및 보건환경 개선이라는 두 가지 목표를 갖고 의정활동에 임하겠다고 밝혔다. 실제로 금융소비자보호법, 에이즈 예방법 개정안, 의료인 폭행방지법, 국민건강증진법 개정안 등 다양한 법안도 제출하고 있다. 앞으로의 계획은 무엇인가?

정치의 목표는 위기에 빠진 국민이 없게 하는 것이다. 최소한 대한민국에서 태어난 국민이라면, 어떤 위기가 와도 삶의 안전을 해치지 않을 정도의 안전시스템을 만들어 주고 싶다. 여기서 '위기'란 해고를 당해 실업자가 될 위기일 수도 있고 아프거나 사고를 당해 급하게 치료받아야 하는 모든 위기를 포함한다. 국가는 국민들에게 이런 모든 위기로부터 안전한 시스템을 만들어야 한다. 이런 최소한의 안전이 보장될 때 국민은 불안감 없이 구직 활동도 하고 다른 창의적인 노력도 할 수 있다.

또 대한민국에 살면서 '전쟁이 일어나지는 않을까'라는 두려움이 없도록 남북 간 평화체제를 만드는 것이 중요하다고 생각한다. 이 밖에 국정원 민간인 사찰 등과 같이 국가기관이 국민을 억울하게 탄압하는 일이 없도록 하는 것 역시 중요하다. 이와 관련해 중요 법안이 있으면 만들고, 잘못된 정책이 있으면 고치는 일을 계속할 것이다.

'이학영'은 《시여, 무기여!》, 《세계가 만약 하나의 집안이라면》 등 많은 시집을 낸 시인이기도 하다. 살벌한 정치판에 몸담고 있으면서 냉혹한 현실을 향해 이상과 기대, 꿈 등을 계속 이야기할 수 있는 힘은 어디에서 나오는가.

　이런 감수성은 표현하지 않을 뿐이지 우리 모두에게 있는 것 같다(웃음). 시를 쓰는 사람은 그 중에서 모두에게 있는 감수성을 표현하는 연습을 좀 더 많이 한 사람일 뿐이다. 나는 어려서부터 문학가가 되고 싶어 대학도 국문과를 갔다. 그래서 마음을 표현하는 훈련이 조금 되어 있을 뿐이지, 특별하게 감수성이 풍부하거나 하지는 않은 것 같다.

　"꿈은 높게 실천은 천천히"라는 말이 있다. 실천은 현실에 맞게 천천히 이루어져야 한다고 본다. 그렇지 않으면 현실과 이상의 괴리가 커진다. 보통 시민운동가들은 빨리 가려는 마음이 있다. 하지만 급하다고 일이 빨리 진행되는 것도 아니고, 급하다 보면 요구조건이 높아지게 된다. 이렇게 높아진 요구조건은 현실에서 바로 실천되지 못한다. 따라서 현실감 있게 조금씩 실천하는 것이 중요하다.

우리 사회를 볼 때 가장 답답하거나 속상한 일은 어떤 것인가.

일자리도 너무 부족하고, 가난한 사람도 너무 많다. 현장을 다니다 보면, 힘든 사람이 많은데 딱히 이것을 해결할 수 있는 방법이 없다. 하늘에서 돈이나 식량이 쏟아지는 게 아니라면, 결국 서로 도와야 하지 않을까. 세상에 혼자 살 수 있는 존재가 없는 것처럼 '사회는 곧 공동체'이다. 삼성 이건희 회장도 본인이 혼자서 살 수 있다고 생각하지는 않을 것이다. 산천에 있는 수많은 자원이 없으면 뭘 가지고 원자재를 가공하겠나. 어디선가 열심히 일하는 기술자나 노동자가 없으면, 어떻게 해마다 높은 수익을 낼 수 있겠나. 세상은 하나로 얽혀 있고 그 사이에서 인간은 서로 돕거나 도움을 받으면서 사는 존재이다. 그런데 우리 사회는 이것을 느끼지 못하고 있다. '나는 나고 너는 너'라는 식이다.

복지 확충에 따른 증세 논쟁이 뜨겁다. 예를 들어 한집안에 형제가 있는데, 한 명은 대학을 나와 좋은 회사에 취직해 돈을 잘 벌고 다른 한 명은 장애가 있어 일도 제대로 못하고 돈도 못 번다. 이때 돈을 잘 버는 한 명이 자기가 500만 원을 벌었다고, 그 돈을 혼자 다 쓰는 것이 과연 올바른 정의라고 할 수 있겠는가. 장애인인 다른 한 명이 아무 일도 할 수 없어 돈을 벌지 못한다면, 그대로 죽어야 마땅한 것인가. 그건 아니다. 한집안이고 한공동체라면 서로의 존재를 존중하며, 있으면 나눠주면 되는 것 아닌가. 그런데 이런 생각을 하지 않으니까 갈등이 생기고 전쟁이 벌어지는 것이다.

이런 걸 생각하면 답답하다. 하지만 현실은 아주 천천히, 조금씩 변한다. 국민을 이해시키고 설득하면서 1보씩 가야한다. 그 대신 우리가 꿈꾸는 미래 사회는 정말 좋은 사회여야 한다. 그런 꿈도 없이 우리가 현실을 그대로 인정해 버리면, 정치란 의미가 없는 것이다.

이학영에게 자유란 무엇인가?

고급스러운 자유도 자유라고 하겠지만 보통 시민들에게 자유란, 아주 치사한 자유다. '세 끼 걱정 없이 먹고사는 것, 아플 때 치료받을 수 있는 것, 자식과 추운 겨울 따뜻하게 쉴 수 있는 것' 등 말이다. 이런 기본적인 자유가 안정적으로 주어지지 않는다면, 인간에게 자유는 무의미하다.

진짜 자유는 인간답게 자기가 정말 해보고 싶은 것을 하며 사는 것 같다. 오늘날 우리 중에 의식주 문제와 자녀교육 등의 문제를 뛰어넘어 진짜로 자기가 해보고 싶은 것을 제대로 하면서 사는 사람이 얼마나 되겠는가. 휴가를 내고 여행 가겠다는 말을 직장에서 내 맘대로 할 수 있나. 대부분의 사람들은 실제로 쉬고 싶을 때 쉬지 못하고, 의식주를 위해서 다른 자유를 포기한다.

인간다움의 기본 근거인 복지 시스템을 만들어야 인간은

자기가 하고 싶은 일을 할 수 있다. 이때는 노숙도 자유가 될 수 있다. 국가에서 의식주를 제공하겠다고 해도 나는 이렇게 거리에 나와서 얻어먹고 사는 게 좋다고 하면 그것도 자유라고 할 수 있는 것이다. 하지만 지금 노숙자들은 자기가 노숙을 하고 싶어서 하는 게 아니니, 자유롭다고 할 수 없다. 따라서 나에게 자유란, 자기가 하고 싶은 것을 주체적으로 하는 것이다.

마지막으로, 바쁜 이 시대를 살아가고 있는 청년들에게 해줄 말이 있다면?

세상이 아무리 힘들어도 자기 꿈 하나는 가지고 살았으면 좋겠다. 그리고 세상은 혼자 사는 게 아니라는 것을 항상 기억했으면 좋겠다. 우리는 항상 함께 살아가는 존재다. 그래서 아무리 힘들더라도 나 외의 다른 것에도 관심을 가져야 한다. 이

두 가지가 있다면, 아무리 어려워도 버틸 수 있다고 생각한다. 어떤 사람에게 무언가 강렬하게 하고 싶은 게 하나라도 있다면, 그 사람은 결코 자살하지 않는다. 그런데 하고 싶은 게 없는 상태에서 삶이 어렵고 통로가 막히면, 좌절하고 절망하게 된다. 희망이 더 이상 보이지 않아 자기를 버리는 것이다.

또한 나 아닌 이웃들과 세상에 대해 관심을 가져야 한다. 불쌍하고 어려운 사람들에게는 '어떻게 하면 도울 수 있을까'라고 생각하면 좋겠다. 요즘 나도 너무 힘들어 나 자신 이외에는 돌아볼 여유가 없는 것이 사실이다. 사람들이 사회가 어떻게 돌아가는지 관심이 없으면 그 사회는 점점 더 나빠진다. 역사를 보면 사람들의 무관심을 이용해 불의를 그대로 옮겨놓는 집단이 항상 존재했다. 그렇기 때문에 우리는 눈을 부릅뜨고 우리가 살아가는 이 땅에 불의가 어떻게 존재하는지, 불의를 어떻게 없앨 것인지 끊임없이 생각하며 살아야 한다. 그래야 공정하고 정의로운 사회가 된다.

인터뷰 담당 조경일, 손어진, 정인선

최문순

'인간 존엄' 없는 소통은 소통이 아니다

2013. 11. 15

부쩍 바빠지신 것 같습니다. 최근 근황을 간략하게 소개해 주십시오.

　　도루묵 파느라고 바빴습니다. 2011년부터 동해안에 치어를 방류했더니, 도루묵 수확량이 늘었습니다. 올해도 많이 잡혔습니다. 그런데 수확량만큼 소비가 잘 안되니 재고가 쌓이고 값도 많이 떨어졌습니다. 이것을 해결하기 위해 작년부터 트위터나 페이스북, 방송을 통해 시도 때도 없이 도루묵을 팔고 있습니다.

　　다른 한 가지는 국회에서나 도道에서나 2014년 예산을 편성하는 일로 바쁘게 지내고 있습니다. 특히 도 예산 중 전국 최초로 초·중·고 전체 무상급식 예산을 편성했는데, 이 예산이 부결됐습니다. 도립대학교 등록금 삭감 예산은 잘 통과가 돼서 도립대 등록금은 25만 원 선까지 삭감됐습니다. 강원도에 기업과 외자를 유치해 일자리를 만들기 위한 방안을 모색하는 일이야 늘 하는 일이고요. 사실 1년 중에서 연말이 가장 바쁜 때입니다.

블로그나 트위터 등을 통해 '도루묵을 파는 도지사' 등과 같이 기존의 권위적이고 무게 있는 도지사 이미지에서 벗어나 편안하고 애교

248

섞인 모습으로 '탈脫 권위', '노매드nomad(자유인 또는 방랑자라는 의미)' 등으로 평가받고 있습니다. 어떻게 생각하시나요?

젊은 층에서 많이 좋아해줍니다. 나이 든 분 중에는 불편하게 여기는 분도 있고요. 지난 50여 년 동안 강원도는 국가가 지배하고 통제하고 군림하는 가운데, 굉장히 딱딱하고 엄한 도지사·시장·군수들을 배출했습니다. 그러다 나 같은 이상한 사람이 오니까 처음에는 적지 않은 분이 거부감을 가지고 싫은 소리를 많이 하셨습니다. 도지사가 무게를 좀 잡으라는 요구가 많았지요. 그런데 지금은 그런 말이 없어졌습니다. 동네 아저씨부터 시작해 동네 오빠, 작은 아버지, 삼촌에 이르기까지…(웃음). 여러 가지 명칭이 생겼습니다. '불량 감자', '5미터(5미터 전방에서부터 아는 척하고 반가워한다는 뜻이라고 함)'와 같은 별명도 생겼습니다. 이런 리더십을 처음 접하다 보니 신기하다가도, 막상 함께해 보니 좋은 느낌을 받았다고 하더라고요.

외국에선 수상이나 도지사 같은 사람들이 그냥 혼자 길거리를 걸어 다닙니다. 대중목욕탕에 나타나기도 하고요. 저도 그런 리더십으로 존재하고 싶습니다. 누구나 편하게 다가가서 말을 걸 수 있는 리더십 말입니다. 저는 요즘 유행하는 '소통'이라는 말을 좋아하지 않습니다. 작위적인 소통은 소통이 아닙니다. 억지로 소통을 하겠다고 소통하는 것은 소통이 아니라는 뜻입니다. 보통 소통을 강조하는 분이 '소통의 적'인 경우가 대부분입니다. 소통은 '한다'고 해서 되는 게 아니라, 저절로 이뤄지는 것이라고 생각합니다. 누구나 쉽게 다가가서 말을 걸 수 있어야 소통인데, 그게 안 되는데 소통을 강조하는 것은 웃기는 일입니다.

민주주의라는 것은 법이나 제도, 혁명을 통해서만 이루어지는 것이 아닙니다. 오히려 법과 제도가 필요 없는 것이 민주주의일 수도 있습니다. 사람과 사람 사이가 편한 관계가 되는 것이 곧 민주주의라고 생각합니다. 상명하복이나 위계질서를 깨는 것이 바로 민주주의이고 소통이라는 뜻입니다.

상명하복이나 위계질서를 깨는 것이 민주적이라는 것에는 동의합니다. 그러나 이것을 현실에서 어떻게 적용할 수 있을지가 의문입니다. 특히 기존 관습에 오랫동안 익숙해진 사람들과 공유하는 것은 더욱 어려울 것 같습니다.

맞습니다. 비서실에 늘 요구하는 것이 있는데, 제가 지사실에 들어갈 때 제발 자리에서 일어서지 말라는 것입니다. 그런데 이게 참 힘듭니다. 아무리 이야기해도 잘 고쳐지지 않아서 거의 싸우다시피 합니다. 또 제가 가방이나 서류 등을 들고 다니면, 직원이 막 빼앗습니다. 우산도 뺏고요. 도지사는 뭘 들고 다니면 안 된다는 겁니다. 왜 안 됩니까? 오랜 습성입니다. 이런 관행을 없애려고 할 때마다 전쟁입니다. 하지만 이런 과정에서 도지사를 동네 아저씨, 동네 오빠처럼 대할 수 있을 때 그 때 비로소 민주주의와 소통이 이뤄질 수 있을 겁니다.

MBC 사장을 할 때도 그랬습니다. 방송사 구성원들도 과거에는 도제식으로 교육했기 때문에 위계질서가 아주 엄했습니다. 선후배 사이가 거의 군대 같았습니다. 사장이 사원들과 편하게 소주를 마실 때도 사원들은 아무 말도 하지 않고, 사장이 질문하는 것에만 '네, 아니오' 하고 답할 뿐이었습니다. 그것이 참 불편했습니다. 리더의 역할 중 가장 중요한 일은 구성원들에게 의사 결정권을 주면서 스스로 책임의식을 갖게 하는 것이라고 생각합니다. 그래서 자기 능력과 창의성을 발휘할 수 있도록 하는 겁니다. 좋은 프로그램은 자유와 자발적 창의성에서 나온다고 봅니다. MBC 〈무한도전〉이 대표적입니다. 〈무한도전〉은 옛날 코미디같이 작가들이 미리 대본을 다 써주고 그대로 연기하는 것과는 다르게 열린 방식으로 참가자들이 신나서 노는 새로운 방식이었습니다. 출연자에게 '오늘은 이 주제로 한다'라고 큰 방향만 제시하고, 대본에 지나치게 매이지 않도록 한 최초의 예능프로그램이었습니다.

과거의 권위주의적 질서에서 벗어나는 조직은 처음엔 이완弛緩됩니다. 규율과 질서 속에만 있다가 갑자기 풀어지면, 처음에는 일을 안 하지요. 뭘 해야 할지 모르기 때문입니다. 그러

다가 시간이 지나면 자기가 하고 싶은 일을 찾게 되고 공부하게 되고, 그때부턴 자발적으로 일하기 시작합니다. 그리고 큰 성과를 내지요. 저는 그것이 정말 가능하다고 믿습니다.

강원대 영어교육과를 졸업하고 MBC 기자가 돼 노조위원장을 거쳐 사장까지 역임했습니다. 모험이나 다름없는 일인데, 매 순간 어떤 계기가 있었나요?

노조위원장이 사장이 된 것은 한국 사회에서는 처음 있는 일이었고, 또 받아들이기 힘든 일이었습니다. 그래서 당시 언론 중에는 제가 MBC 사장이 된 것을 '쓰나미'라고 표현한 곳도 있습니다. 야당 불모지인 강원도에서 야당 국회의원이 강원도지사가 된 것도 생각하기 힘든 일이었습니다. 계획한 일이 아니라, 제게 다가온 운명이기도 했습니다. 승패 또는 성패에 연연하지 않았습니다. 개인의 이익에 연연하며 살지 않았고, 결과에 연연하지도 않았습니다. 노조위원장이 사장이 된 일, 야당 국회의원이 강원도에서 도지사가 된 일은 사회의 다양성 확보에 도움이 되는 일이니 지더라도 해봐야겠다는 생각이었습니다. 도지사에 출마할 때도 많은 사람들이 떨어질 것이라고 했습니다. 그러면 저는 '떨어지면 떨어지는 거지'라고 대답했습니다. 다만, 그런 우여곡절 속에서 가족을 잘 돌보지 못한 것이 조금 아쉽습니다.

2012년 초, 170일 동안 진행된 MBC 노조의 파업을 보며 감회가 남달랐을 것 같습니다. 노조위원장 당시 기억을 더듬었을 때 어떤 생각이 드셨는지?

제가 노조위원장을 할 때도 파업을 했습니다. 파업 기간
은 22일이었는데 파업 이슈는 지금과 같은 방송의 독립성 문제,
그 중에서도 사장 선임 문제였습니다. 당시 김영삼 정권은 사장
과 노조위원장을 동시에 해임하는 것으로, 문제를 풀었습니다.
물론 정치권과 시민 사회권에서 중재하는 사람들이 많이 있었
습니다. 그때 신문·방송을 다 포함해 전체 언론의 최장기 파업
이 50일이었는데, 이것은 군사정권 시절에도 한 달 남짓이면 대
개 문제가 해결된다는 말이었습니다. 그런데 이명박 정권에서는
MBC뿐만 아니라 KBS, YTN, 국민일보 등 대부분의 주요 언론
이 정권을 향해 파업을 하거나 이에 준하는 항의 행동을 했습니
다. 그리고 군사정권 때보다 더 많은 언론인이 해고되고 징계를
당했습니다. 참으로 안타까운 일이 아닐 수 없습니다.

파업에 동참하는 사람이 있는가 하면, 참여하지 않고 자신의 자리를
지키는 사람도 있습니다. 당시에도 마찬가지였지요?

어느 파업 현장에나 그런 갈등이 존재합니다. 언론인으로
자신에게 주어진 임무를 수행하는 것이 맞는지, 아니면 언론의
정치적 자유를 획득하기 위해 그 임무를 잠시 내려놓는 게 맞
는지 누구나 고민하게 됩니다. 자연스럽고 당연한 고민입니다.
그러나 언론인의 경우 자신이 전하는 뉴스와 기사가 많은 사람
에게 영향을 미치고, 행여 제대로 된 뉴스를 전달하지 못할 때
는 피해를 줄 수 있다는 것을 기억해야 합니다. 그럴 때는 더 큰

자유를 위해 직분을 내려놓는 것도 맞다고 생각합니다. 언론이 공동체의 가치를 위해 똑바른 소리를 전하지 못할 것이라면 아예 하지 않는 것이 낫습니다.

MBC 보도국 사회부 기동취재반 기자로 당시 〈카메라 출동〉이란 뉴스 코너에서 우리 사회의 부조리를 파헤쳤습니다. 가장 보람이 있었던 순간은 언제였나요?

〈카메라 출동〉은 당시 인기 있던 심층 고발 프로그램이었습니다. 80년대 권위주의 시절, 뉴스가 진실을 전하지 못하던 때 〈카메라 출동〉 같은 고발 뉴스가 시청자에게 카타르시스를 전했던 것이라고 생각합니다. 그러나 뉴스 전체가 진실을 제대로 전달하지 못하는 상황에서 프로그램 한두 개의 인기는 사회 전체로 볼 때 큰 의미는 없습니다. 다만, 프로그램에서 보도한 사안 한 건 한 건에 대해서는 성과가 많았습니다. 특히 기억에 남는 보도는 지하철 '분당선' 부실시공 사건이었습니다. 당시 분당선은 지하에서 공사를 진행했는데, 현장에서 콘크리트를 부실하게 사용한다는 제보를 받고 취재한 것입니다. 그때 포크레인을 동원해 부실 시공한 부분을 깨 내고, 현장을 직접 보여준 기억이 납니다. 지금 생각하면 무리한 취재가 아니었나 싶기도 하지만, 당시 이 보도로 분당선 일부 구간은 건설이 중단됐습니다.

언론영역에서 정치영역으로 이동한 계기는 무엇이었습니까.

언론에 있으면서는 정치를 하게 되리라고는 한 번도 생각하지 않았습니다. 오히려 공정성을 강력히 주창하는 언론인으로, 정치와는 거리를 둬야 했습니다. 결탁하면 안 된다는 입장이었던 거죠. 그런데 방송사 사장을 마치고, 비례대표로 민주당에 가면서 정치를 하게 됐습니다. 당시에는 많은 비판을 받았습니다. 저로서는 언론의 전체적인 상황을 결정하는 것은 결국 정치라고 생각했습니다. 언론인으로서 정치와 일정한 거리를 둬야하지만, 언론을 떠난 사람 중에는 정치권에서 언론 자유와 언론의 정치적·경제적 독립성을 지키는 역할을 하는 사람도 있어야 한다고 생각했습니다.

민주통합당 후보로 강원도지사에 도전할 때는 어떤 심정이었나요?

강원도는 제 고향이지만, 보수적인 지역입니다. 우리나라 최전방이고 안보가 최우선인 지역입니다. 그래서 진보와 개혁을 지향하는 민주당의 지지기반이 매우 취약합니다. 이광재 전 지사 전까지는 민주당 출신이 도지사가 된 적이 한 번도 없습니다. 이런 일방적 정치 구도는 강원도의 발전에 큰 취약점 중 하나였습니다. 그렇기 때문에 민주당에서도 도지사나 시장, 군수를 많이 배출해 여야 양쪽으로부터 지지를 받는 것이 강원도를 위한 좋은 정치일 수밖에 없었습니다.

안타깝게도 이광재 전 지사는 짧은 기간 재임을 해서 본인의 꿈을 펼칠 시간이 충분하지 않았습니다. 저와 이광재 전 지사의 정치적 이념이나 도정 운영 철학이 크게 다르지 않기 때문에 그의 뒤를 이어 강원도지사를 하는데 큰 부담은 없었습니다.

늘 '남북 평화협력'에 대한 소신을 밝히고 있습니다. 분단의 상징인 강원도에서 청년기를 보내며 분단과 통일문제 등에 대해 어떤 철학과 원칙을 가지고 있나요?

강원도는 유일한 분단도分團都로, 남북으로 갈라져 있습니다. 북 강원도 인구가 168만 명이고, 남 강원도는 155만 명입니다. 인구는 북쪽이 더 많지만, 면적은 남쪽이 더 큽니다. 강원도는 이 둘을 합쳐 300만 명이 넘는 매우 큰 도입니다. 지금은 DMZ로 막혀 있지만, 그 전에는 남북을 쉽게 오갔었습니다. 6·25 한국전쟁이 일어나기 전부터 경계를 넘나들며, 서로를 죽고 죽이는 일이 비일비재하게 발생했던 곳입니다. 강원도 전역이 그랬습니다. 그리고 6·25 전쟁 때는 물론이고, 그 이후 철책으로 막힐 때까지 서로가 서로를 해치던 그런 지역입니다. 한국전쟁의 비극이 처절하게 농축된 땅이, 바로 이 강원도입니다.

제가 태어난 동네가 지금의 김유정역 부근인데, 그곳에서는 한 동네 사람들끼리 서로가 서로를 해치던 이야기가 전해지고 있습니다. 우리 세대는 부모님에게 이 이야기를 들으며 자랐죠. 어릴 적에 봄이 오면 어머니가 산나물을 캐러 가십니다. 저도 따라가지요. 저쪽에 취나물이 많이 있는데 이상하게 어머니는 그쪽으로 안 가시는 겁니다. 내가 어머니께 '저기 나물이 많은 데 왜 안가냐?'고 물으니 어머니가 '저기 옛날에 누가 누구를 쏴 죽여서 시체가 놓여 있던 자리다'라고 하셨던 이야기가 기억납니다. 또 어떤 마을은 사람들이 제사 지내는 날이 모두 같습니다. 한 날에 다 죽은 것입니다. 마을 곳곳에 상처가 남아 있어서 오늘도 그 아픔을 갖고 여전히 살아가고 있는 분이 많습니다. 하지만 시간이 흐르면서 이런 아픔과 적대감은 점차 줄고 있고, 이제는 더 이상의 전쟁은 안 된다는 인식이 넓고 깊게 자리해 있습니다. 지금 강원도는 갈등과 대결보다는 평화를 바라는 지역이 됐습니다.

남한 정부는 오랫동안 북한 인접 지역에 국가발전을 위해 공장을 짓고 산업을 발전시키는 일을 하지 않았습니다. 북에서 대포를 한 번 발사하면, 큰 피해로 이어지기 때문입니다. 이 같은 안보상의 이유로 강원도는 국가발전에서 배제됐습니다. 그러나 강원도민들도 과거와 달리, 지금까지의 과도한 염려와 규제에서 벗어나야 한다는 생각을 하기 시작했습니다. 북방 정책을 통해 더 적극적으로는 대륙으로 진출하자는 생각도 하게 됐습니다. 한반도는 반도 국가인데 북쪽으로 가는 길이 막혀 있으니, 사방으로 배를 타고 나갈 수 있는 섬보다 더 나쁜 상황에 처해 있는 것이 사실입니다. 지정학적으로 아주 곤란한 상황에서 이것을 깨자는 인식이 점점 생겨나고 있습니다.

지역마다 해결하기 어려운 문제가 늘 존재합니다. 강원도도 알펜시아 문제로 오랫동안 골머리를 앓고 있다고 들었습니다. 밀양도 송전탑 건설을 둘러싸고 한국전력과 주민 간의 갈등이 해결될 기미가 보이지 않습니다. 송전탑 건설이 주민들의 생존권을 위협하는 문제로 연결되기 때문에 어르신들이 목숨을 걸고 반대하고 있습니다. 이런 첨예한 갈등, 해결 방법이 있을까요?

알펜시아는 동계올림픽을 유치하기 위해서 1조 6,000억 원을 들여 지은 시설입니다. 올림픽을 치룰 시설과 호텔 등을 지었는데 분양이 잘 안 돼서 빚을 갚지 못하고 있습니다. 언론과 의회에서는 매일 1억 1,000만 원의 이자가 나가고 있다며 비판하고 있습니다. 참, 해결하기 어려운 문제입니다.

첨예한 갈등을 풀어내는 일은 존중과 존엄에 대한 문제라고 봅니다. 어떤 민원이 생기면, 이를 제기한 쪽과 인허가를 담당하는 행정기관 및 정치권이 서로를 존중하는 태도로 함께하는 것이 필요합니다. 그러나 주민들이 민원을 제기하면, 보통 정치와 행정은 여기에 법적인 문제가 있는지의 관점으로만 접근합니다. 이렇게 협소한 접근법으로는 문제가 해결되지 않습니다. 정치와 행정은 존중받고 존엄하게 여겨지길 원하는 인간의 심연을 이해하는 것입니다. 정치와 행정이 법적 해석을 넘어 인간의 마음을 이해할 때 비로소 진짜 역할을 하는 것입니다.

강원도 골프장 건설 문제와 밀양 송전탑 건설 문제는 상황이 거의 비슷합니다. 강원도 골프장 건설을 둘러싼 갈등은 제가 지사가 될 때만해도 수십 개였는데, 임기 중 거의 다 해결하고 극소수만 남아 있습니다. 골프장과 송전탑 건설에 저항하는 분 대부분이 우리 어머니 같은 분, 즉 80대 어르신들입니다. 이분의 존엄은 보장하지 않은 채 행정적인 보상으로만 문제를 해결하려고 하기 때문에 안 되는 거라고 봅니다. 인간 사회에서 생기는 수많은 갈등의 밑바탕에는 늘 존중과 존엄의 문제가 있습니다. 상대를 대우해야 해결하는 문제는 돈이나 법만으로는 절대로 해결이 안 됩니다. 또 그렇게 해서도 안 됩니다. 다시 강

조하지만, 핵심은 인간에 대한 존중과 존엄입니다.

'인간 존엄'을 내 삶의 영역으로 끌어들여 산다는 것은 여간 어려운 일이 아닙니다. 특히 도지사의 지위에서 주위 보좌진들과 일반 도민들에게 인간 존엄과 존중을 실현하기란 쉽지 않는 일일 것 같습니다.

칸트 철학의 결론이 바로 '인간 존엄'입니다. 국가, 정치, 경제가 존재하는 이유가 모두 인간의 존엄을 위해서라는 것입니다. 이 가치가 나치에 대한 통렬한 반성을 거쳐서 독일 헌법 제1조 1항 '인간의 존엄'이라는 규정으로 만들어졌습니다. 이를 바탕으로 복지국가가 성립됐고요. 한국의 복지국가 논쟁은 핵심인 철학적 바탕과 신념 없이 경제적 관점에서 진행되고 있습니다. 하지만 유럽 복지 국가들은 '인간의 존엄'이라는 철학에 바탕을 두고 있습니다. 그리고 이 철학은 헌법에만 있는 상징적인 것이 아니라 정치적인 자유, 경제적인 자유, 배가 고프지 않을 자유(권리), 아프면 병원에 가서 치료받을 수 있는 자유(권리), 원하면 일을 할 수 있는 자유(권리) 등 하부 조항과 법률에 하나하나 세밀하고 구체적으로 명시돼 있습니다.

인간 존엄을 바탕으로 정책도 만들어지고 예산도 편성돼야 합니다. 출산율에 대해서도 '왜 젊은이들이 아이를 낳지 않을까? 나름의 어려움이 있는 것은 아닐까?'하는 고민보다는 단순히 경제적인 어려움이 문제라며, 무작정 100만 원씩 주고 아이를 낳게 하자는 정책을 펴고 있습니다. 누가 100만 원 준다고 애를 낳겠습니까.

저는 수행비서에게도 반말을 하지 않습니다. 도청 직원

은 물론 강원도민 누구에게도 반말을 하지 않습니다. 그들 모두 나와 동등한 인격체이기 때문입니다. 그들이 도청에서는 낮은 직급에 있을 수 있지만, 집에서는 가장이고 아버지이고 어머니이고 귀한 자식입니다. 누구나 존중받아야 하는 것입니다. 직위·직급은 일을 하기 위한 잠정적 수단이지 그 사람의 본질, 또는 존엄성과는 아무 관계가 없습니다. 수직적 위계질서·상하관계 속에서는 폭언, 폭력, 성희롱 등 비인격적 행위가 상존할 수 있습니다. 저도 처음에 도청에 부임하고 나서 많이 놀랐습니다. 이것을 점차 없애가는 일이 중요하다고 생각하고 하나씩 실천하고 있습니다.

히틀러 패망 이후 독일이 발표한 '쾰른 기본강령'에는 "독일이 있는 이유, 정치를 하는 이유, 경제를 하는 이유는 바로 인간의 존엄을 보장하기 위한 것이다"라고 명시되어 있습니다. 한국의 경우 헌법으로 인간의 존엄성이 얼마나 보장받고 있을지 의문입니다.

우리나라 헌법 제10조는 "모든 국민은 인간으로서의 존엄과 가치를 가지며, 행복을 추구할 권리를 가진다. 국가는 개인이 가지는 불가침의 기본적 인권을 확인하고 이를 보장할 의무를 진다"고 규정하고 있습니다. 그러나 이것이 지켜지는지 아닌지 여부는 또 다른 문제입니다. 경제민주화도 헌법 제119조 1항에 있지만, 잘 실현되고 있지 않습니다.

저는 우리나라 정치체제를 바꿔야 한다고 생각합니다. 제7공화국이 필요합니다. 1987년 민주화운동 이후, 제6공화국이 수립됐습니다. 이제 제6공화국이 지향했던 최소한의 민주

화가 수명이 다 되었다고 봅니다. 그래서 제7공화국을 세워야
한다고 생각합니다.

제7공화국이 되면 강원도를 비롯한 한반도의 지방자치는 어떤 모습
일까요?

　　제7공화국은 제6공화국의 최소 민주주의를 넘어 '인간
존엄'이라는 철학을 바탕으로 한 적극적인 복지국가가 될 것입
니다. 거기에 자치 분권 국가를 지향하는 양원제, 통일국가로
가기 위한 남북 경제 공동체, 그리고 대통령 연임제 또는 대통
령 권한 축소 등이 포함됩니다. 이것과 밀접하게 연결해 지금의
선거제도도 지역 갈등을 완화할 수 있는 권역별 비례대표제 등
을 포함해야 합니다. 많은 논의가 진행돼야 할 것입니다.
　　특히 자치 분권이 매우 중요합니다. 중앙집권적 질서는 독
재로 이행할 가능성이 매우 높습니다. 독재를 하려면, 권력을
중앙으로 모아야 하기 때문입니다. 권력이 지역에 나뉘어져 있
으면 독재가 힘듭니다. '쾰른 기본강령'을 보면, '중앙 집권주의
는 반反 독일적인 것'이라고 되어 있습니다. 또한 중앙집권은 경
제성장에 방해가 됩니다. 경제성장의 동력은 지역 주민들이 자
기 지역을 위해 자발적으로 뛸 때 생기는 것입니다. 유럽의 경
우 곳곳에 산재해 있는 작은 도시들에서 그 지역 경제의 90%
가 일어납니다. 그러니 국제적 외환위기가 와도 충격이 적습니
다. 우리나라도 그런 국가, 그런 지방 자치를 실현해야 합니다.

지난 삶을 돌아보면, 주로 문제를 해결해야 하는 자리에 있었던 것

같습니다. 그 일을 감당할 수 있는 힘은 어디서에서 나왔나요?

살다 보면 늘 어려운 과제가 닥치기 마련입니다. 대개는 피하고 싶은 것이 인지상정입니다. 두렵고 싫죠. 사람은 누구나 자기를 보호하려는 본능이 있습니다. 이것이 생명의 속성입니다. 힘든 과제 앞에 그것을 피하는 삶을 사는 사람도 있고, 피하지 않는 삶을 사는 사람도 있습니다. 저는 후자에 속합니다. 제가 사는 방식입니다. 태어난 것도 제 마음대로 태어난 게 아니듯 일도 제 마음대로 오는 것이 아니니까 그냥 맞이할 수밖에 없습니다. '죽으면 죽지.'(웃음) 이렇게 말입니다. 그게 오히려 편안한 삶일 수도 있습니다.

앞으로 무엇을 하며 지내고 싶으신가요?

하고 싶은 건 많습니다. 가장 하고 싶은 것은 사람을 키우는 일입니다.

동시대를 살아가고 있는 청년에게 해줄 말이 있다면?

기성세대가 청년세대에게 좋은 세상을 물려주지 못해서 미안하다는 생각을 늘 합니다. 지금 청년들은 우리가 살 때보다 너무 힘들어 보입니다. 둘째 딸이 아직 학교를 다니는데, 젊은이의 낭만 같은 것은 없어 보입니다. 첫째 딸은 중소기업에 다니는데, 첫 직장의 설렘을 갖고 일하기보다는 마냥 힘들어 보입니다. 취직하는 것도 힘들고, 취직해도 힘들고…. 도대체 이게

사람이 사는 건지, 참 안타깝습니다.

　　그렇다고 이대로 있을 수는 없습니다. 지금이 문명의 전환기처럼 느껴집니다. 과거 자본주의와 공산주의가 서로 경쟁하다 공산주의가 붕괴했습니다. 이후 자본주의는 극단적으로 가다가 부익부빈익빈이 심해지면서 일정 부분 스스로 붕괴하는 과정에 있습니다. 우리가 이 문명의 전환기에 있는 것입니다. 이후의 세계는 어떤 모습일지 모르겠습니다. '그 이후'를 준비해야 할 사람들이 바로 지금의 청년들입니다. 대한민국으로서는 분단 이후 통일을 준비하는 인물들이기도 합니다.

최문순에게 자유란 무엇입니까?

　　자유란 일종의 '생명'입니다. 모든 생명체는 자유를 추구합니다. 자유를 확보하기 위해서 활동합니다. 예를 들어 우리가 돈을 벌려는 이유는 돈 자체를 벌려는 것이 아니라 자유를 확보하려는 것입니다. 돈이 없는 부不 자유에서 벗어나기 위한 것입니다. 돈이 없으면 자유롭지 못합니다. 밥도 못 먹고, 버스도 못타고, 영화도 못 보고, 아무것도 할 수 없습니다. 자본주의 체제에서는 돈이 없으면 사람을 참 자유롭지 못하게 합니다. 권력을 가지려는 것 역시 자유를 향한 노력입니다. 남의 지배를 받지 않으려는 것이죠. 속박의 부자유를 거부하려는 노력입니다.

인터뷰 담당 손어진, 조경일, 정인선

조희연

서울시교육감 후보 · 성공회대학교 교수

질문이 있는 교실, 우정이 있는 학교

2014. 4. 8

조희연

서울시 교육감 출마 소식에 많은 사람들이 놀랐을 것 같다. 우리 사회 '대표 지식인'에서 '교육행정개혁가'로 삶의 거대한 전환을 한 것인데, 이유가 뭔가.

그동안 '지식인' 조희연의 이미지가 강하고, 학술운동이나 교수운동에서 차지하는 나름의 위치도 있어서 놀랐다는 것도 무리는 아닐 것 같다. 출마하기까지 많이 고민했고, 막후에서 좋은 후보를 찾기 위한 노력도 많이 했다. 그런데 직선 교육감에 도전하는 일이 쉽지도 않을 뿐더러, 올해 초만 해도 승산이 적다고 생각했기 때문에 많은 분들이 고사한 것 같다. '시대의 짐'을 지는 심정으로 결단했다.

직접적으로는 지난 2~3년간 민교협 의장을 한 것이 계기가 되었다. 민교협 두 가지 기본활동이 사회민주화와 교육민주화 지원인데 주로 후자를 하다 보니, 교육단체와 접촉면도 많았고 초중등 교육 의제들에 대해 알게 됐다. 자연스레 나름의 의견을 갖게 되었다. 특히 우리 교육의 다양한 아픔을 현장에서 접하면서 '비평적 지식인'의 역할을 넘어, 직접 해결해보고자 하는 의지가 생겼다.

우리 교육에는 정말 한국 사회의 모든 문제가 압축되어

있다. 청소년 자살률이 OECD 국가 중 1위인 것에서도 나타나듯, 병든 사회의 문제가 고스란히 교육의 아픔으로 나타나고 있다. 이런 문제를 끌어안고 나름대로 치유하고자 하는 심정을 그때나 지금이나 가지고 있다. 비평가에서 비평을 책임지는 실천가로 변신했다고 생각해 주면 좋겠다.

'세월호 참사'가 한국 사회에 던진 충격은 크다. 교육자로 이번 사건을 어떻게 보고 있나.

세월호 관련 소식이 들려올 때마다 가슴이 메어진다. 세월호 참사는 대한민국의 현주소를 가장 극적으로 보여주고 있다. 이윤에 눈이 멀어 안전을 내팽개친 기업, 위기의 순간에 책임감이라고는 전혀 찾아볼 수 없었던 선장, 또한 절체절명의 순간에 전혀 작동하지 않았던 국가재난 시스템 등 너무 많은 문제와 모순이 드러났다. 더욱 황망한 것은 '함께 살아가라'는, 그리고 '다른 사람을 잘 도와라'는 선생님의 가르침을 그대로 따른 학생은 무책임한 어른들 때문에 차가운 바닷물에 잠겼다. 그럼에도 우리가 아이들에게 계속 그런 이야기를 할 수 있겠는가. 대한민국을 떠나고 싶다고 말하는 사람들에게 과연 무슨 이야기를 할 수 있겠는가. 아이들을 교실에 가두다가, 아이들을 떼로 몰고 다니다가, 끝내는 아이들을 바다에 가두어버린 대한민국의 참담한 현실을 이제는 더 이상 방치할 수 없다.

그럼에도 희망을 버릴 수는 없다. 죽음으로 자신의 책임을 다하고자 한 교감 선생님, 죽음을 앞둔 위기의 순간에 동생을 걱정하고 선생님을 걱정하는 아이들이 있다는 사실에서 아직 희망이 있다고 생각한다. '세월호 참사'는 한국 사회 집단적 심리의 풍향 자체를 뒤바꾼 대사건이고, 앞으로 우리 사회에 어떤 파장을 가져올지 두렵기도 하다.

'인간' 조희연, '시민사회이론가' 조희연에 대해 알아보자. 모범적인 유소년기를 보냈다고 들었는데, 대학에 들어가 데모를 하고 감옥까지 갔다. 유소년기 소년 조희연과 20대의 청년 조희연은 어땠나.

청년기 독재시대를 살아온 조희연이 있고, 민주화의 역동적인 시대를 살아온 조희연이 있으며, 세계화와 민주화 이후를 살며 고민하는 조희연이 있다.

박정희의 삼선 개헌과 유신시대에 고등학교와 대학교를 다녔다. 고등학교 시절 '겨자씨'라는, 약간 보수적이지만 개혁적인 기독교 단체에서 활동하면서 사회에 조금씩 눈을 떴다. 1972년 대학교에 입학하면서 학생운동에 참여, 이른바 '이념 서클'에 가입하면서 진보적인 인생 경로에 들어섰다. 하지만 스스로를 '2선 지식인'이라고 표현한다. 독재시대에 가장 치열하게 저항한 '1선'의 삶을 살지 못했기 때문이다. 선두에서 치열하게 싸우는 친구들을 보면서 늘 부끄러웠다.

75~79년은 이른바 '긴급조치 9호 시대'다. 극단적인 민주주의 말기, 유신독재의 끝을 달렸던 시기였다. 그때는 '2선'의 삶을 사는 대학생도 가만두지 않고 다 감옥에 잡아넣었다. 유인물을 조금 나눠주고 잠시 데모에 참여한 정도의 대학생조차도 용납하지 않았다. 그래서 78년에 감옥에 들어갔다. 당시에는 감옥을 '민주주의의 학교'라고 말했는데, 나 역시 감옥에서

공부를 많이 했다. 그렇게 열심히 한 건 그때가 처음인 것 같다 (웃음). 감옥에 있으면서 지적인 깊이를 조금 획득하지 않았나 생각한다. 10·26 이후 한순간에 유신체제가 끝나고, 80년 '서울의 봄'이 왔다. 그때 다시 학교로 돌아갈 기회도 생겼다. 복학해서 학부를 마치고 대학원에 진학했다. 당시 많은 동료들이 노동현장으로 갈 때 대학원에 갔다는 것은 매우 미안한 일이다.

민주화 격동기, 전두환 시대 이후에 시작한 대학원 과정을 83년에 마치고 본격적인 학술운동에 뛰어들었다. 그러면서 여러 동료와 선생님과 함께 진보 학술운동단체인 산업사회연구회, 학술단체협의회 등 학생운동과 학술운동 조직을 만드는 과정에 참여했다.

현재 성공회대 교수다. 교수의 입장에서 바라본 지금 대학생의 삶은 어떠한가?

우리 때는 석사만 마쳐도 지방대 교수로 많이 갔는데, 나는 학생운동 전적 때문에 오랫동안 시간 강사로 이곳저곳을 전전했다. 그러다 1990년 당시 각종 학교로 분류됐던 성공회대에 둥지를 틀었다. 전 통일부 장관이었던 이재정 총장과 성공회대를 진보 개혁적 정체성을 가진 대학으로 만들기 위해 교수를 초빙하는 역할을 했다. 지식인운동, 학술운동의 한 부분 성공회대를 키우는 데 나름의 노력을 했다. 이 때문에 현재 몸담은 사회과학부 학생들은 진보적 정체성을 갖고 들어온 이들이 많다. 그런 면에서 일반적인 큰 대학의 보수적인 풍토에서 고투하면서 지내는 교수와 조금 다른 조건에 있다.

그럼에도 학생들의 삶을 보면 참 안타깝다. 지금 한국의 자본주의 구조는 대학생을 일회용 휴대품처럼 사용하는 가혹한 구조다. 외국처럼 방학 동안만 일하면 한 학기 등록금과 생활비 정도는 벌 수 있어야 하는데, 한국은 그렇지 못하다. 대학생 인력을 패스트 푸드점이나 레스토랑 같은 곳에서 접시 닦는 일을 하는 하급(단순) 노동력으로 활용하고 있고, 임금 수준도 최저이다. 이는 한국 자본주의의 가혹성과 동시에 한국 자본주의가 얼마나 근시안적인지를 보여주는 것이다. 20년 후 우리 사회를 이끌어갈 인재를 가장 단순한 하급 노동력으로 사용하는 사회는 발전하기 어렵다. 단기적 관점으로 보면, 개별 기업들이 싼 임금으로 노동력을 활용하는 것이 이익이 되고 그렇게 경제가 굴러가겠지만, 장기적 관점으로 보면 그런 가혹하고 천박한 자본주의는 지속가능한 경제구조를 낳지 못한다. 이런 구조 하에서 어렵게 학업을 이어가는 학생들, 등록금 없어서 휴학하는 학생들을 보면 안타깝다.

그리고 우리 사회가 거대한 학벌 위계 속에 놓여 있다 보니, 많은 학생들이 여전히 학벌 콤플렉스를 갖고 살아간다. 성공회대 학생들은 그래도 자신들의 진보적 정체성에 대한 자부심을 갖고 있지만, 이면에는 상대적으로 더 나은 평가를 받는 대학으로 편입할 마음도 있는 것 같다. 이런 거대한 학벌구조 자체가 대학 생활을 왜곡하고 있다.

또 과거에 비해서 사회 비판적 지성인의 요소가 약화되는 것 같다. 대학생은 그 사회를 대표하는 지성인으로 개인적인 문제를 넘어 국가와 민족의 문제를 끌어안고 싸우는 전통이 있었는데, 요즘은 모두가 '스펙 쌓기'에만 몰두하는 상황이다. 이런 가운데 학생들이 고통스럽게 대학 생활을 영위하며 사회 비판적인 지성인의 전통을 상실해가는 과정이 참으로 안타깝다.

"사회의 구조적 모순의 중심에는 교육이 있다"라고 했다. 결국 대학 교육 이전에 초중등 교육에도 많은 모순이 있다는 문제의식이다. 요즘에도 보통의 고1 학생이면 오전 7시 30분에 시작하는 0교시에서부터 8교시까지 수업을 듣고, 이후 보충수업에 오후 10시까지 야간자율학습을 하거나 학원에 간다.

이 나라는 잘못된 입시경쟁으로, '경쟁 피로사회'가 됐다. 너무 불필요한 과잉경쟁, 이른바 '미친 경쟁'으로 온 사회가 피로해져 절대적으로 '쉼'이 필요한, 쉬어야 창의성이 발휘되는 그런 사회가 됐다. 한국 사회 중요 과제 가운데 하나가 이제 경쟁 과잉을 치유하는 것으로 떠올랐다. 올해 《병든 사회, 아픈 교육》(한울 펴냄)이라는 책을 냈는데, 병든 사회와 아픈 교육이 악순환적인 관계 속에 있다는 생각에 어떻게 투 트랙으로 함께 해결해갈 것인지 고민했다. 교육감 후보로 나선 것도 교육의 아픔을 치유하는 노력을 통해 병든 사회의 문제점을 해결하는 하나의 통로가 될 것이라는 생각에서다.

특히 교육의 경우는 엄청난 문제점이 있다. 현재 우리 교육은 '지덕체'에서 '덕'이 없어진 지 오래고, '체'를 위한 시간도 없어지고 있으며, 기계적인 '지'만 있는 상황이다. 암기적 '지'만 획득하고, 평가하기 위한 경쟁에서 위너와 루저만 있다. 한국 사회에서 승자라고 해서 행복한가. 아니다. 좋은 대학, 좋은 직장에 갈 수 있다는 보장도 없다. 향후 '사오정'이 되지 말라는 법도 없다. 한국 사회는 승자와 패자 모두가 불행한 사회다. 악순환도 이런 악순환이 없다. 박근혜 대통령이 '비정상의 정상화'라고 하는데, 교육 영역이야말로 '비정상의 정상화'가 시급한 곳이다.

요즘 교실 풍경을 보면, 3분의 1은 공부하고, 3분의 1은 떠들고, 3분의 1은 잔다. 아내도 교사인데, 실제 학교에서 여성교사가 학생을 감당하기란 매우 어렵다고 하소연한다. 심지어 잠자는 3분의 1이 수업시간에 폐를 끼치지 않는 것만으로도 고맙다고 할 정도다. 떠드는 3분의 1을 잘못 지도했다가는 아이들이 어떤 문제를 일으킬지 모르기 때문에, 그저 목소리를 낮추라고 하는 게 현실이다. 학생들이 이런 태도를 보이는 것은 학부모조차 학교에서 학업 성취에 큰 기대를 걸지 않고 있기 때문이다. 학업은 학원에서 하는 것이고, 학교는 아이가 탈선하지 않도록 인성 교육만 해주면 좋겠다는 것이다. 이렇게 정상과 비정상이 자리를 바꾸고 악순환의 구조 안에 혼재되어 있는 것이 오늘날 한국의 교육 현실이다.

그래서 교육이야말로 혁명이 필요한 영역이다. 이번에 서울시교육감에 나서면서 슬로건 가운데 하나를 "질문이 있는 교실, 우정이 있는 학교"로 내걸었다. 창의적인 질문이야말로 새로운 지식의 출발점인데, 지금 교실에는 질문이 없다. 적대적 경쟁 안에서는 서로가 적이다. 이런 경쟁 구도에서 학생들의 내면은 파괴돼 불행해진다. 교실이 공동체 구실을 못하는 비정상적인 상황이다. 교사들 또한 무기력해져서 어떤 권한도 행사하지 못하고, 학교란 그저 기업의 자원을 생산하는 공장처럼 변했다. 여기에 교육청은 1년에 무려 8,000여 건, 하루 평균 20건 정도의 공문을 쏟아내고 있다. 현장 교사들이 무수한 잡무에 시달리게 하고 있다.

교육문제의 핵심은 궁극적으로 한국 사회가 학벌 사회이기 때문이다. 학벌에 따라 사회적 지위가 결정되는 구조가 타파되지 않는다면, '좋은 대학 가기' 경쟁 역시 계속될 수밖에 없다. 대안은?

초중등 교육은 종속변수적인 성격이 있다. 현재 대학 학벌 체제가 특히 고등학교 교육을 심각하게 왜곡시키고 있다. 김상곤 전 경기도교육감이 혁신학교를 세워 노력을 했는데, 초등학교에서는 활발히 진행되었지만 중고등학교에서는 그렇지 못했다. 중등교육의 목표가 '좋은 대학 가기'에만 있기 때문이다. 이 단기적인 목표에 대한 강박이 존재하는 한 혁신을 이룰 수 없다.

민교협 의장으로 활동하는 동안 대학체제 개혁, 학벌체제 개혁에 대해 많은 관심을 갖게 됐다. 교육감은 초중등 교육을 책임지는 자리이기 때문에 대학은 관할 영역을 벗어나지만, 대학 학벌체제가 초중등 교육을 심각하게 왜곡하는 한, 개혁에 대해서도 공통의 목소리를 내야 한다.

아주 급진적으로는 대학평준화와 같은 대안을 생각할 수 있겠지만, 그 단계가 아니더라도 (예를 들어) 프랑스 식으로 10개의 국립대학을 통합 국립대학으로 만들고 공동학위를 만들

어 각각의 국립대학의 특성 영역을 더욱 발전시킬 수 있도록 촉진하는 방법도 있다. 지역 국립대학을 중심으로 대학 간 인적·물적 자원을 공유하는 대학 네트워크 시스템을 더 확충하는 방안도 하나의 대안이 될 수 있다고 생각한다.

　　중요한 것은 많은 사람들이 현재의 학벌 서열체계에 대한 문제점을 인식하고 있다는 점이다. 직업 교육의 확대와 같이 인문 고등학교 내에서도 진로 탐색을 확대하는 요구가 많아지고 있다. 진로 탐색 교육을 강화함과 동시에 서울시가 함께 협력해 고등학교를 졸업한 학생을 바로 취업과 연결해 안정적으로 노동을 하면서 행복하게 살 수 있는 기업을 만들고 싶다. 이런 식으로 조금씩 학벌 타파를 위한 노력을 해오고 있다.

한진중공업, 쌍용자동차, 골든브릿지, 용산 등 노동과 생명을 경시하는 현장을 함께 하면서 "사회복지와 사회보장제도가 취약한 한국에서 해고는 곧 죽음이다"라고 말했다. 이유는?

　　민교협 의장을 하면서 2012년 말부터 2013년까지 골든브릿지 노조 파업투쟁에서 사무금융연맹 쪽 공동대책위원장을 맡았다. 대학생 때나 지금이나 '1선'은 쌍용차동차나 골든브릿지, 용산 참사와 같이 한국 자본주의의 가혹함 앞에서 고통스럽게 살아가는 분들이다. 나는 '2선' 지식인으로, 그분들을 지원하며 돕는 역할을 할 뿐이다.

　　하층계급이나 노동자에게 한국은 벼랑 끝 사회다. 언제 낭떠러지로 떨어질지 모르는 위기감 속에 감수성이 예민한 사람일수록 스스로를 가누지 못하고 벼랑으로 내몰리는 사회다.

해고를 당한다는 것은 바로 그 벼랑 끝에 서는 것이다. 쌍용차 외 많은 해고자들은 벼랑 끝에서 처절한 투쟁을 하고 있다. 몇 몇의 경우, 극적으로 회사와 타협한 후 일터로 복귀하는 것을 보면 굉장히 뿌듯하다. 그러나 기업이 합의를 지키지 않아 발생하는 문제들이 여전한 상황에 분노를 느낀다.

교육기관 내에도 비정규직 문제가 심각하다. 교육계에서 발생하는 노동문제의 핵심은 무엇이며, 어떤 노력이 필요한가.

사회 전체적으로도 비정규직 문제가 심각하다. 1997년 외환위기 이후 한국 자본주의가 신자유주의적으로 개편되면서 비정규직 고용 구조를 양산했고, 이런 흐름은 교육도 예외가 아니었다. 대학 시간강사를 포함해 초중고 비정규직 교사 문제도 상당하다. 기간제 교사부터 방과 후 담당 교사, 교무행정 보조사, 급식실 조리사 등의 곳곳에 비정규직이 있다. 일반 대학에 5만 명의 정규직 교수가 있으면, 5만 명의 비정규직 교수 또한 있다. 서울만 해도 초중등교육에 2만 3,000명의 비정규직 노동자들이 있다.

이명박 정부를 거치면서 가혹한 신자유주의적 정책이 확산되고, 그 과정에서 대중들의 삶이 피폐해졌다. 이에 대응해 사회 각 집단과 계급이 저항하면서 이것을 보완하는 복지와 민생 정책을 요구했다. 일부 교육 복지에 대한 요구도 마찬가지다. 그런데 문제는 이런 대중들의 분노와 새로운 복지 요구에 한국의 정치나 정부가 그저 기간제를 양산하는 방식으로 대응하고 있다는 것이다. 예를 들어, 무상급식 과정에 필요한 인력을 정규직이 아닌 비정규직으로 확대하고, 교사의 업무를 경감하기 위한 교무행정보조사로 기간제 또는 비정규직을 고용하고 있다. 늘어난 복지 요구에 정치권이 정면으로 해결하지 않고 편법을 이용한 것이다.

우리 국민의 복지 감수성은 상당히 높아졌다. 그래서 이에 대응하는 복지담론이 출현한 것이고, 거기에 부응하는 아주 낮은 수준의 복지정치가 출현한 것이다. 현재는 전면적인 복지국가로 이행하지 못하는 과도기적 상태이지만, 이것을 한 단계 높은 수준으로 돌파해야한다. 복지 서비스를 확대하고 노동 주체의 안정성을 종합적으로 고려하는 방향으로 신자유주의적 자본주의를 재편해야 하는 과제가 우리에게 있다.

이를 위한 정치권의 역할은 무엇이라고 보는가.

현 정치권이 여야 할 것 없이 모두 한 단계 올라가야 한다. 이를테면 복지와 사회경제적 민주주의 가치에 대해 싸움을 전개하는 중도개혁정당, 보수정당으로 변신해야 한다. 하지만 이런 변화가 계속 지체되고 있는 것이 현실이다. 진보정당 스스로는 이명박 정권 이후 당면한 주변화 과정, (심하게는) 게토화 과정에 대해 자기 성찰적 인식을 반드시 해야 한다. 어느 지점에서 스텝이 꼬였는지 돌아볼 필요가 있다. 진보정당의 건강한 성장이 있어야 중도개혁정당도 발전하고 보수정당도 건강하게 된다.

양당제 구조에서 고착된 현재 선거 시스템 하에서는 진보정당이 영역을 확보하기조차 쉽지 않다. 무엇이 원인이라고 생각하나.

87년 형 민주주의는 보수 양당의 독식 성격이 강하다. 이를 바탕으로 한 기성 정당은 기득권으로 새로운 정치세력의 성장을 제약하고 있다. 그래서 최태욱 교수 등이 '협의적(합의적) 민주주의'를 강화해야 한다고 주장하는 것이다. 소수 정당이나 사회 세력이 정치적으로 자신을 대표할 수 있는 열린 민주주의 정치 구조를 만드는 것이 굉장히 중요하다. 하지만 우리 사회는 아직 그런 단계로 나아가지 못하고 있다.

이것을 제약하는 것이 바로 남북 대치구조로 인한 반공 분단 의식이다. 한국전쟁의 트라우마에서 유래한 반공 분단 보수의식이 여전히 견고하게 존재하고, 이로 인해 쉽사리 '종북 논쟁'이 출현하는 상황이다.

또 하나는 선거제도에 있다. 현재의 소선거구제는 보수정당과 중도개혁정당에게는 유리하지만 신규 소수정당이 국회에 진입하는 것을 굉장히 어렵게 한다. 전면적인 독일식 정당명부제 실시를 통해 소수세력이 제도정치에 진입할 수 있는 구조를 만들어야 한다. 이런 면에서 보면, 협의적(합의적) 민주주의는 많은 제도 변화를 요구한다. 중대선거구제도 생각해 보고, 결선투표제나 정당명부 식도 이야기해 볼 수 있다고 본다. 어쨌든 정치권이 더 많은 소수 세력을 대표할 수 있도록 하는 제도 혁신을 고민할 때다.

"질 높은 시민운동가를 양성하는 일이 21세기의 성패를 가른다. 시민운동이 전문적 역량을 갖고 권력을 감시하는 역할을 해야 한다"라고 했다. 정치와 시민운동은 어떤 조화를 이뤄야 한다고 생각하나.

시민혁명을 통해 출현한 근대 민주주의는 원형적인 괴리를 내장하고 있다. 이것은 대중(인민)의 '자기정치'와 혁명을 통해 출현시킨 제도로서의 '대의정치' 간의 괴리이다. 민주주의는 대중(인민)이 최고의 자기 결정권과 자기 통치권을 갖는다는 의미인데, 이런 민주주의 이상이 현실의 대의 민주주의에서는 실현되기 어렵다. 왜냐하면 대의 민주주의는 대중(인민)들의 목소리보다 대표자들의 목소리가 반영되는 정치 구조이기 때문이다. 독일의 사회민주주의 정당뿐 아니라, 사회주의 정당에서도 '과두제의 철칙 현상'(정치조직 특히 이데올로기를 강조하는 조직에서 상위층의 몇몇 지도자들이 그 조직을 계속 지배하려는 권력욕으로 인해 원래의 조직 목표를 망각하고 목표를 실현하기 위한 수단을 더욱 중요시하는 목표 대치현상)이 존재한다. 모든 정당에서 소수 기득권이 권력을 독점하는 구조가 존재하는 것은 지극히 보편적인 현상이기 때문에, 이것을 감시하는 시민정치나 시민운동의 역할이 굉장히 중요하다.

그렇기 때문에 나는 근대민주주의의 원형적 괴리를 극복하기 위해서 일상적으로 대중(인민)의 의사를 대표하면서 동시에 정치를 감시하고 견제하는 운동이 필요하다고 주장한다. 대중(인민)과 정치의 긴장관계가 유지되어 서로에게 견인이 되는 것이 중요하다. 그러기 위해서는 대중(인민)이 정치에 통제되지 않을 정도로 시민운동의 규모나 영향이 확장돼야 한다.

우리의 시민운동이 여전히 부족하지만, 또 어떤 측면에서 보면 아시아의 많은 나라들은 한국의 운동을 부러워한다. 대만의 경우 노동운동이 굉장히 정치화되어 있다. 운동이 정당정치의 강력한 영향력 하에 있어 사회운동의 독립성이 상대적으로

약하다. 우리나라가 그나마 독립적 운동의 전통이 꽤 강하게 존재할 때 이를 기초로 대중(인민)이 정당을 공격하거나 압도할 수 있고, 시민후보가 정당후보를 앞설 수도 있다. 우리는 이런 나름대로의 정치와 사회운동과의 전통적 관계를 계속 살려야 한다.

그럼에도 우리나라 역시 시민단체가 살아남기 어려운 구조가 아닌가 싶다. 1994년 참여연대 초대 사무처장으로 있으면서 오늘의 참여연대를 만든 주축이었다. 참여연대가 성공할 수 있었던 비결은 무엇인가.

박원순 서울시장과 김기식 새정치민주연합 의원, 이태호 참여연대 사무처장, 김민영 내가꿈꾸는나라 기획위원장 같은 젊은 사회운동가들과 함께 1994년 9월 참여연대를 만들었다.

첫 번째 비결은 당시 참여연대가 국민들이 열망했던 시대적 과제인 반부패, 투명성, 권력 감시 등을 선도적으로 자임하고 수행했었기 때문이다. 어떤 개인이나 조직이 그 시대의 시대적 과제를 파악하고 부응하면 자기 역량보다 더 많은 주목과 지원을 받을 수 있는 것 같다. 이전까지 운동은 이념적 관점에서 주제를 포착했는데, 참여연대는 당시 대중들이 가장 희망하고 해결하기를 원하는 의제를 연구했다.

두 번째로 박원순 변호사 같은 출중한 시민사회 지도자가 있었기 때문이다. 당시 나는 교수였기 때문에 비상근 사무처장이었고, 박원순 변호사가 최초의 상근 사무처장이었다. 그는 변호사직을 던져버리고 시민단체 상근 간사로서 활동하면서 참여연대의 비약적 발전을 이루어냈다. 세 번째는 실사구시적 캠페인 전략일 것이다.

물론 모든 조직이 영원히 선도적으로 남아 있기는 어렵다. 한 시민운동이 민주화를 배경으로 성장했다면, 이제는 민주화 이후 세계화의 조건에서 어떻게 자신을 혁신할 수 있을지 고민해야 한다. 새로운 콘텍스트context(맥락)에 부응하는 스스로의 혁신과 노력이 필요하다. 2단계의 참여연대 운동, 시민사회 운동 말이다.

"국민들의 열망, 새로운 맥락의 변화에 민감하라"는 말은 여론에 민감할 필요가 있다는 것인가.

여론에 민감하라는 것보다는 시민운동 그 자체의 업그레이드를 이야기하는 것이다. 예를 들어, 민주화 시기에는 기업·국가·권력·정당 모두가 문제투성이였다. 그래서 '문제 제기형 시민운동'만으로도 충분히 점수를 따고 국민적 주목을 받을 수 있었다. 이를 통해 기업 및 정부와 정당도 이전에 비해 투명성이나 절차적 민주성에 대해 상당한 변화를 이뤘다. 하지만 지금의 시민운동은 전보다 훨씬 높은 수준의 권력 감시 역량을 확보하지 않으면 자신의 목소리를 내기도 어렵고 주목받기도 어렵다. 그렇기 때문에 '심층 취재형 시민운동'이 필요하다. 이것은 기존의 시민운동을 한 차원 높은 단계로 업그레이드해야 한다는 이야기이다.

초창기 멤버였던 박원순 변호사는 서울시장이 됐다. 지난 시절 동료로 박 시장의 시정을 평가한다면?

박원순 변호사는 대단히 능력 있는 사람이다. 아이디어가 엄청 많아 '걸어 다니는 아이디어'라고 말하곤 했다. 그 아이디어를 정리하고 실행하는 능력도 탁월하다. 평소에 엄청난 자료를 분야별로 잘 정리해 두기 때문에 책을 쓸 때 유용하게 사용한다. 수천 명의 전화번호도 항목별로 잘 정리한다. 그는 참여연대를 떠난 후에도 아름다운재단, 아름다운가게 등에서 또 다른 성과를 이뤄냈다. 이 단체의 운동은 기존의 참여연대와 같은 권력 감시형 운동과는 다른, 나눔·공유·사회적 경제운동을 기반으로 한 것이다. 일본과 독일의 시민단체를 탐방하면서 마을 만들기, 풀뿌리 주민운동, 사회적 경제, 협동조합에 주목했고, 이와 관련한 책도 내면서 선도적인 역할을 했다. 그는 지금 과거 시민사회운동에서 자신이 체험했던 것을 시정을 통해 실현하는 지점에 와 있다. 과거 토건경제 중심의 서울시정에서 마을 만들기, 사회적 경제, 열린 행정 중심의 포스트-토건경제형 시정으로 전환했다고 평가한다. 최근 '서울 교육도시 플랜'을 발표했는데, 교육을 지자체의 중요한 행정 영역으로 설정하고 받아들인 것이 인상적이었다.

박 시장의 시정은 일종의 생활 정치형이 아닌가 한다. 기존의 정치중심의 한계를 뛰어넘는 새로운 실험을 하고 있다. 그가 하는 포스트-토건경제형 사회경제적 시정은 시장의 공습에 맞서 연대성에 기초한 자기 보호의 노력 하나이고, 시장경제의 가혹성을 보완해주는 새로운 돌파구 중 하나다. 나아가 기존의 기업중심의 시장경제에 새로운 관계모델을 개발할 필요가 있다는 생각도 한다.

'분노한 대중'에서 '무기력한 개인'으로 분화한 사회에 접어들고 있다. 일가족 자살도 빈번하게 일어나고 있는데, 사회를 향해 던졌던 분노가 스스로에 대한 책임으로 전가되고 있는 것은 아닌지.

복지국가란 가장 미천한 자도 벼랑 끝에 서지 않도록 보듬어 안는 완충지대가 있는 사회를 말하는 것이다. 그러나 우리 사회는 복지 공무원, 학생도, 노인도 자살하는 나라다. 청년 자살률과 노인자살률이 OECD 국가들 가운데 최고다. 특히 감수성이 예민하고 스스로를 유지해주는 지원 장치가 없다고 느끼는 사람들이 마지막 수단으로 자살을 선택한다. 이것은 자살이나 죽음을 생각하게 만드는 어떤 사회적 조건이 존재하기 때문이다. 우리가 그 조건을 응시하고 사회적 문제로 설정, 개혁하기 위한 노력을 해야 한다.

개인이 자살을 선택하도록 강요하는 조건에 체념하지 말고, '무기력한 에너지'를 '분노의 에너지'로 또 '개혁의 에너지'로 바꿨으면 좋겠다. 현재 대한민국을 있게 한 힘은 대중의 역동적 에너지의 발현이었다. 박정희 전 대통령이 선도했다고 하는 한국의 압축적 산업화 과정도 크게 보면 대중들이 열심히 일하고자 하는 에너지, 즉 잘 살고자 하는 에너지, 근면의 에너지가 촉발했기 때문에 가능했다. 민주화도 독재를 넘어서 민주적인 체제를 만들고자 하는 대중들의 정치적 에너지가 촉발해 거대한 사회적 힘으로 발현했기 때문에 가능했다.

자살은 사회 에너지가 죽는 과정이다. 이것은 우리사회 시스템이 바뀌어야 하는 시점에 왔다는 것을 보여준다. 산업화나 민주화 과정에는 '내가 투쟁하고 싸우면 좋은 사회를 만들 수 있다'는 희망이 있었는데, 지금은 절망으로 가득 차 있다. 최소한 우리 사회의 일정 개인이나 집단이 절망으로 가지 않도록, 자신의 에너지를 희망을 가지고 적극적으로 표현할 수 있도록 사회 시스템을 바꿔야 한다.

더불어 사회 일각에서 가파른 보수화 현상이 나타나고 있다. 방송에서 저명인사가 거리낌 없이 여성의 권리를 제한해야 하다는 소리를 할 정도로 여성 혐오 현상도 심해졌다. 특히 2030세대에서 그 증가가 두드러진다.

2030세대의 과격한 보수화는 신자유주의 시대의 개인 간 경쟁관계에서 나타난 적대성이 타자와 약자를 향해 표현되는 것이라고 생각한다. 자신들의 사회적 울분을 여성이나 약자에게 가학적으로 표출하는 양상이다. 결코 건강한 상황이 아니다.

한편으로는 비정상적인 교육 결과물일 수 있다. 자신의 생각을 비판적으로 형성하고 스스로 건강한 사회적 판단 능력을 갖추도록 하는 게 초중등 교육의 중요한 부분이다. 그런데 우리 초중등 교육은 타인과의 경쟁에서 무조건 승자가 되길 바라고 있다. 지금 우리에게 필요한 것은 인성으로 표현되는 교육이다. 공존의식, 동행, 동반, 협동과 같은 것을 교육을 통해 가르쳐야 한다.

미국 백인 아이들과 인디언 아이들에게 어려운 문제를 주고 풀어오라고 하면, 백인 아이들은 혼자 골방에 앉아서 풀고 인디언 아이들은 친구들끼리 도란도란 모여 토론한다고 한다. 어려운 문제를 함께 푸는 인디언의 전통을 배워야 한다. 우리 사회는 이미 경쟁과열 과정에서 협동을 잃어버리고, 우의友誼를 잃어버렸다. 2030세대의 보수화 현상은 우리 사회의 근원적인 문제를 드러내는 것이다.

이 시대 청년들에게 한마디 한다면?

'잉여'라는 말이 회자될 정도로 청년이 가혹한 대우를 받고 있다. 이것 자체가 사회의 문제이고, 후진성의 발로라고 생각한다. 청년이 행복한 사회, 청소년이 행복한 사회를 함께 만들었으면 좋겠다. 청년이 출세해야 한다는 강박에 시달리지 않아도 되고, 처세에 전전긍긍하지 않아도 되는 사회, 그리고 최소한의 '쉼'을 갖는 사회가 됐으면 좋겠다. 지금 청년들에게 "현

실 문제에 눈 감지 말고, 개인적으로 적응하지 말고, 열정을 갖
고, 희망을 갖고 분노하자!"라고 말하고 싶다.

조희연에게 자유란 무엇인가?

　　자유란 무한 평등과 만나는 무한 자유이다. 자유란 살아
가는 데 있어 자기 결정권을 갖느냐의 문제이다. 독재시대에
는 독재의 탄압이 자기 결정권을 제압했는데, 이것을 투쟁으로
극복하고 정치적 자기 결정권을 확대했다. 그러나 외환위기 이

후, 사회경제적 불평등이 개개인의 진정한 자유를 제한하고 침식하고 있다. 자기 자녀와 동반 자살하는 사람에게 자유를 이야기할 수 없다. 사회주의도 자유라는 가치와 결합하지 못했기 때문에 실패했다. 이렇듯 자유는 진정한 가치이고, 자유를 온전한 것으로 만드는 것이 시민운동이고 사회운동이고 개혁운동이다.

신자유주의 시대에 들어와 승자를 향한 개인의 이기적 욕망만이 극대화한 상황이 됐다. 이 상황 속에서 개인의 자유를 확대하면서 인간의 이타적인 가치와 결합하고, 그걸 통해서 궁극적으로 자유로운 개인의 연대적 삶을 실현해야 한다. 이것이 우리가 지향해야 할 가치이고 목표다.

인터뷰 담당 김예리, 손어진, 조경일

이
혜
훈

청와대와 새누리당, '시종 관계'가 됐다

2014. 10. 1

이혜훈은 어떤 학생이었나? 학창시절 이야기를 들려 달라.

　　굉장히 체제순응형 학생이었다. 군인인 아버지와 호랑이 같은 어머니 밑에서 반항 한번 못 한 채 순종적으로 자랐다. 아버지가 '데모하는 곳 근처에는 절대로 가면 안 된다'고 하셔서 데모도 한번 제대로 못 했다. 국회의원 당선자 명단에서 내 이름을 본 대학 동기들이 전화를 많이 했는데, '야 너랑 똑같은 이름 없을 줄 알았는데 있더라?'라고 하더라. 내가 정치를 할 거라고는 아무도 생각하지 안 했다. 난 정치와는 담을 쌓고 있었고, 또 아는 정치인 이름도 몇 명 없었다.

국내에서 경제학과를 졸업하고, 미국으로 건너가 1993년 경제학 박사 학위를 받았다. 1990년대 초 한국에는 여성 경제학자가 10명 남짓이었다. 특별히 경제학을 공부한 이유가 있나.

　　대학 입학을 앞두고 학과를 선택할 때 부모님께 고고미술사학과를 보내달라고 부탁했지만, 일언지하一言之下에 '밥 먹고 살기 어렵다'며 내 생각은 하나도 반영되지 않은 채 부모님 결정으로 경제학과로 가게 됐다. 처음부터 들어가고 싶지도 않았었지만, 학부를 마치고 나서도 정말 수학에 흥미가 없었다. 그냥 참고 했다. 그런데 박사는 또 수학만 쓰는 계량 경제학을 공부했다. 영어를 못해 미국에서 살아남으려면, 영어를 안 해도 되는 과목이 필요했고 어쩔 수가 없었다. 이렇게 평생 수학에 묶여서 해방이 안 될 줄은 몰랐다(웃음). 국회의원이 된 후 사무실을 옮기면서 가지고 있던 계량 경제학에 관련 서적을 모두 버렸다. 책을 버리면서 느꼈던 해방감이라는 건, 아무도 모를 거다. 내 인생에 내가 이 책을 다시 볼 일이 없다는 게 얼마나 기쁜지.

인내심이 대단한 것 같다. 그렇게 떠난 유학길에서 남편을 만나 가정을 꾸리고, 또 '아이를 임신한 채 침대에 누워서 논문을 썼다'고 했다. 먼 타국에서 학업과 양육을 책임지는 어머니의 삶이 무척 고됐을 것 같다.

　　둘째 아이를 출산하기 전이었는데, 논문을 누워서 쓸 수밖에 없는 사정이었다. 태아에게 산소와 영양소를 공급하는 태반이 원래 아이 위에 있어야 하는데 '전치태반'이라고 해서 아이 밑에 태반이 자리 잡았다. 아이가 깔고 앉은 모습이었다. 아이가 크면서 태반이 터지면, 아이도 산모도 사망한다. 엄마가 앉아 있으면 태반이 밑에 위치해 터지게 되므로, 누워 있어야만 한다. 화장실도 못 가고, 아이가 무거워지기 때문에 임신 말기에는 두 달 정도를 누워있어야만 했다. 미국은 지도 교수가 다섯 명이었는데, 그 선생님들 일정에 맞춰 논문 심사 날짜가 정해져 있어, 그 시간에 맞추려면 할 수 없이 침대에 누워서

라도 써야 했다. 누운 채 모니터를 높이 올려놓고 논문을 썼다. 미룰 수도 있었지만, 기왕에 할 거 확 해버리는 게 낫다고 생각했다. 문제는 너무 무리를 해 조기 출산했다는 것이다. 결국 병원에 입원했다. 그런데 기어코 병원에 컴퓨터를 옮겨놓고 마무리 작업을 했다(웃음).

어머니란 존재는 참 위대하다. 그런데 사회가 위대한 어머니들을 홀대하는 느낌이다. 우리나라 출산율이 전 세계 최하위인 것도 이와 무관하지 않은 것 같다. (지난 11월 18일 발표된 2014년 세계인구현황보고서에 따르면, 2010년부터 2015년까지 우리나라의 합계 출산율(여성 1명이 평생 낳을 수 있는 평균 자녀수)은 1.3명으로 마카오, 홍콩(각 1.1명) 다음으로 최하위권이다. - 인터뷰어)

나아졌다고는 하지만, 아직까지도 남자들과 비교해 여성들은 상상할 수 없는 삶을 살고 있다. 영원히 같아질 수는 없을 것이라고 생각한다. 서구 사회라고 해서 여성들이 남성과 같은 삶을 산다고, 결코 생각하지 않는다. 우리보다 조금 나을 뿐이다. 그리고 결혼 전이라고 해도, 출산과 양육이라는 잠재적 가능성 때문에 직장에서 얼마나 차별을 받나. 본인도 모르는 사이에 어마어마하게 받고 있다. 승진이나 채용이나 모든 부분에서 그렇다.

미국 유학 후 귀국해 연구소에 들어갔다. 연구소라면, 그래도 여성에 대한 차별적 인식이 덜할 것이라고 생각했다. 그런데 '누가 임신했다더라', '그래서 여자 뽑지 말랬잖아' 등 소위 뒷담화를 너무 자연스럽게 하더라. 당시 셋째를 가졌었는데, 그런 분위기에서 임신했다는 말을 도저히 할 수가 없었다. 그래서 내가 좀 통통하고 하니까 옷을 넉넉하게 입고 다니면, 사람들이 '살쪘나 보네'라고 생각했다. 아무도 모르게 하고, 직장을 다녔다. 그러다 출산을 앞두고, 정기 산행이 있었다. 보통 산 정상에서 출석을 불렀다. 등산로 앞 주차장에 주차된 차에서 막 내리려고 할 때 산통을 느꼈다. 급하게 분만실로 가면서 전화로 '출산 때문에 결근하겠다'고 했다. 그랬더니 사람들이 '임신이었느냐?'고 놀라면서 전화를 받더라. 그런데 그다음에 하는 소리가 '그동안 힘들었겠네요'가 아니라, '뭐야! 그럼 출산 휴가 쓰는 거야?'라고 하더라. 연구소인데도 그랬다. 세상에 이럴 수가 있나 싶었다. 등산복 입고 분만실에 실려 오니까 병원 간호사들이 나를 미친 여자 보듯했다.

출산을 앞두고 조심해야 하는 시기인데, 어떻게 등산을 갈 생각을 할 수 있나.

사정이 무엇이든 정상에서 찍은 사진을 보면서 출석을 확인할 게 뻔했으니까 어쩔 수 없었다. 먹고살아야 하니까. 이게 현실이다. 그러니 정말 정치에 관심 없던 사람이 '세상을 바꿔야 한다'는 생각을 얼마나 오랜 기간 수도 없이 많이 했는지 모른다.

육아 휴직은 너무 당연해서 아무렇지 않게 쓸 수 있는 사회가 돼야 한다. 그런데 어느 세월에 정착될지 걱정이다. 채용할 때도 여성을 뽑으면, 직장에 부담이 되는지 피해가 있는지 따져보는 게 일반적이다. 그런 생각이 없어지지 않으면 힘들다.

또 가사 부담이 여성의 몫이라는 생각부터 없어져야 한다. 이런 굴레가 점점 나아지고 있다지만, 아직 멀었다.

40살의 젊은 나이에 국회의원이 됐다. 촉망받는 여성 경제학자가 정치인의 길을 선택 한 것은 위와 같은 이유 때문이었나?

날마다 '세상이 어떻게 이럴 수가 있나' 하는 생각을 많이 했다. '이래서는 못 살겠다'는 생각이 들었다. 그런데 세상을 바꾸려고 수없이 보고서를 써도 그냥 쓰레기통에 들어갔다. '이 방법 말고 다른 방법이 뭐가 있을까?'를 고민했다. 연구원으로 일하면서 국회 전문성 부족에 대한 문제점도 많이 봐서 답답함도 있었다. 또 시아버님이 생전에 '쟤가 정치하면, 정말 잘할 거야'라고 말씀하셨는데, 돌아가시고 난 후에 그 말이 가슴에 박히더라. 그래서 정치를 하기로 마음먹었다.

학계에 있을 때와 정치 현장에 있을 때 차이가 많을 것 같다. 국회에서 원하는 대로 목적한 바를 이뤘나? 한계는 없었나?

기대만큼은 안 됐지만, 정치권 밖에 있었을 때보다 이룬 게 많은 것 같다. 그래서 나는 정말 많은 사람들에게 정치를 하라고 권하고 싶다. 한계는 있지만, 밖에서 노력했을 때보다 열 배 스무 배의 결실을 얻을 수 있다. 정치권 안에 있었을 때 느꼈던 가장 큰 한계는 여성 정치인으로서 느끼는 지점이었다. 남성 정치인들은 자기들끼리 소위 패거리를 잘 짓는다. 그리고 남성 정치인이 여성 정치인을 보는 시선은 아직 일천하다. 여성 정치인을 '난 고리타분한 사람이 아니야', '나도 깨어있는 정치인이야', '나도 여성 정치인을 존중할 줄 아는 사람이야'와 같은 과시의 수단으로 대하지, 여성을 진정으로 배려하는 사람은 극히 드물다. 어떻게 보면 자기 뜻대로 움직일 수 있는 여성 정치인 몇 명에게 공천을 주고, 자기 거수기로 이용하는 게 대부분이다. 그래서 아직까지는 여성 정치인이 소신과 철학을 가지고 정치할 수 있는 여건이 제대로 형성되어 있지 않은 게 사실이다. 일반적으로 느끼는 정치의 어려움은 눈에 보이지 않는 유착이 많다는 것. 정치권과 재계, 정치권과 기득권 세력의 유착, 그런 여러 형태의 유착이 뿌리 깊이 형성되어 있어, 개인의 힘으로는 그걸 뚫어내는 것이 거의 불가능하다.

재벌 문제는 쉽게 건드리지 못하는 게 현실이다.

기가 막힌다. 공무원이든 정치인이든 어쨌든 공직자라는 건 국민 전체의 이익을 위해서 헌신하고 봉사하겠다고 결단한 사람 아닌가. 그런데 왜 재벌을 신경 쓰나? 문제는 재벌에서 받았던 관리, 즉 '로비'가 뿌리 이 엉겨 있다는 것이다. 그래서 '김영란법'이 더욱 빨리 통과돼야 한다. 재벌의 엄청난 로비로 이권에 관계돼 직접 돈을 주고받는 것뿐 아니라, 자신들에게 유리하게 홍보한다. 이런 것도 다 로비다. 모든 것이 법의 테두리 안에서 심판받고 투명하게 진행되어야 한다.

"재벌 중심의 고착화된 기득권 구조를 타파하게 되면 중소기업, 중견기업, 벤처기업의 투자가 활성화되고 경제에 새로운 활력이 창출

된다. 대기업의 불공정거래 근절이 시급하다"(2013년 7월 TBS 라디오 〈열린아침 송정애입니다〉 인터뷰 중)라고 했다. 나아가 재벌의 기득권 문제 해결과 일자리 창출에는 어떤 상관관계가 있을까?

　우리나라 고용의 88%를 담당하고 있는 기업 중 99%가 중소기업과 소상공인들이다. 전체 국민의 12%만을 고용한 대기업은 이윤을 꽉 틀어쥐고 아래로 흘려보내지 않은 채 88%를 고용한 중소기업이 문 닫지 않을 정도만 납품 대금을 책정해서 준다. 그러니 밑(중소기업)에서는 남는 돈도 없고, 고용을 늘릴 수도 없다. 거기에 묶여서 연명만 하는 거다. 양극화는 갈수록 벌어지고 있으며, '낙수효과'는 더 이상 작동하지 않는다.

재벌이 쌓아 놓고 있는 현금 수백조 원을 시장에 풀면, 사회 전체적으로 투자도 늘고 고용도 늘어 경제가 활성화된다. 이게 낙수효과다. 일각에선 '네가 그걸 어떻게 아느냐?'라고 하는데(웃음), 이건 통계청 통계가 보여주는 거다. 경제학적으로 경기가 좋을 때도 있고 나쁠 때도 있지 않나. 기업의 매출액 대비 영업이익이라는 것이 있다. 호好경기에는 높고 불不경기에는 낮은 게 정상이다. 우리나라 대기업 평균은 8.8에서 5.8이다. 근데 중소기업 평균은 5.5로 고정이다. 겨우 먹고 살 만큼 고정된 상태에서 호경기라고 한들 올라가지 않는다. 대기업들이 호경기에도 이익을 다 가져간 채 아래로 내려보내지 않는다는 말이다. 그러니까 중소기업은 거의 연명 수준에 묶어 두고 납품 단가로 조정하는 거다. 대기업의 이 같은 착취구조를 풀어 주지 않는다면, 중소기업에서는 고용을 늘릴 여력이 없다.

사실 이걸 해결할 법적 제도는 갖추고 있다. 납품단가 '후려치기'를 하면, 처벌받는다. 납품 대금을 제대로 지불하지 않고, 어음으로 제시해도 처벌 대상이다. 법은 선진국에 비해 모자람이 없다. 문제는 법을 어겨도 처벌받지 않는다는 사실이다. '경제 법치'가 작동하지 않는 것이다. 이명박 정부 당시 새누리당 젊은 의원들이 '경실모(경제민주화실천모임)'를 만들어, '경제 법치해야 한다', '대기업 총수 사면 안 된다'라고 떠들기 전에는 처벌받은 대기업 총수가 없었다. 3년 징역형을 받으면, 5년 집행유예로 늘 풀어 줬다. 판결 이유는 항상 '경제가 위축될까 봐 우려되어…'라는 명분이었다. 우리가 떠들면서 그나마 구속한 사례가 생겼다. 그런데 지금 다시 나오는 논리가 '경제를 활성화하기 위해서는 풀어(사면) 줘야 한다'는 거다. 그렇다면 누가, 왜 법을 지키겠나. 중소기업은 연명도 어려운데, 대기업(재벌)은 수백조 원씩 쌓아놓고 있는 게 현실이다. 양극화가 좀 완화될 수 있도록 경제 법치가 되어야 한다.

현 상황에서 '경제 법치'가 지켜지기는 무척 어려워 보인다. 해결책이 있다면?

박근혜 정부가 처음 시작할 때는 이런 문제를 해결하겠다고 공약했는데, 안타깝다. 현재 재벌과 관련한 불공정 행위는 공무원만 고발할 수 있도록 되어 있다. '공정거래위원회 전속고발권'(2013년 6월 공정거래법 개정안 국회통과)이라는 거다. 그런데 공정위 공무원이 몇 명이나 되나. 이 사람들만 감싸면 (적발된 불공정 행위가) 봉쇄되지 않겠나. 특히 의사결정 권한이 있는 공정거래위원장부터 간부 몇 명만 집중적으로 관리하면 된다. 그러나 오천만 국민의 입을 막을 순 없다. 그러니까 국민 중 누구라도 기업의 불공정 행위를 고발할 수 있게 길을 터야 한다. 지금 박근혜 정부는 이를 폐지했다고 주장한다. 우리의 취지는 누구라도 고발할 수 있게 하자는 것이었다. 그런데 지난해 6월 20일 국회 법제사법위원회에서 통과된 공정위 전속고발권 폐지법(독점규제 및 공정거래에 관한 법률 개정안)을 보니, 고발 권한을 가진 사람에 중소기업청장, 감사원장, 조달청장 등을 추가해 놓고 공약을 달성했다고 주장하고 있다. 취지와 전혀 다르다. 한 마디로, 재벌이나 대기업이 이들에게 밥만 좀 더 사주면

도루묵이 되는 것이다. 우리는 공정위가 가지고 있는 전속고발권 제도를 없애고, 피해 받은 사람도 자유롭게 고발할 수 있도록 하려는 것이었는데 참 답답하다.

또 대기업이 소비자나 대리점에 엄청난 손해를 가져다주는 계약을 많이 한다. 이 경우 한 사람이 소송을 통해 대기업을 이기는 것은 계란으로 바위치기다. 결국 대부분이 '좀 당하고 말지'라며 소송을 포기한다. 그러다 보니까 대기업이 경제적 폭력을 휘두른다. 이를 제재하려면 피해자들이 집단 소송을 해서 재벌이 함부로 행동하지 못하게 해야 한다. 이것도 박근혜 정부의 공약 사항이었다. 공정위 전속고발권 폐지와 더불어, 가맹점에 대한 본사의 불법·불공정한 행위를 규제한 프랜차이즈법(가맹사업거래의 공정화에 관한 법률 개정안)만 시행돼도 재벌은 '악' 소리를 낼 거다. 그런데 정부여당이 프랜차이즈법 통과를 막고 있다. 민감한 부분은 살짝 피한 채 공약을 이행했다고 주장하는 셈이다. 어떻게든 제도를 바꿔야 한다. 그러지 않고는 재벌의 횡포를 이겨 낼 수 없다. 될 때까지 싸우려 한다.

새누리당에서 위와 같은 목소리를 내는 사람이 많은가?

우리 경실모(경제민주화실천모임) 회원 몇 사람이 다다(웃음). (경실모는 2012년 6월 출범 당시 30여 명 이상이 모였다. 그러나 박근혜 정부 대표 공약이었던 '경제민주화'가 흐지부지되면서 세가 약해졌다. 현재는 김세연 의원(부산 금정구)이 경실모 대표를 맡고 있다. - 인터뷰어)

현재 새누리당 내에서 개헌 논의가 한창이다. 현재 대통령의 권한이 막강한 '제왕적 대통령제'에 대한 개혁 요구의 목소리가 커지고 있다. 어떻게 생각하는가.

제왕적 대통령제에 대한 폐해가 분명히 있고 또 수정·보완되어야 한다고 생각한다. 그런데 지금 보완책으로 주장되는 게 '대통령 4년 중임제'다. 이에 대해서는 생각이 다르다. 가뜩이나 대통령의 힘이 너무 세서 문제인데, 연임하면 지금처럼 힘 센 대통령제 하에서는 자동적으로 8년으로 늘어날 것이라고 본다. 보완이 아니고 개악改惡이 될 것이다. 또 내각제를 얘기하는 사람들이 많은데, 세월호 참사 국면에서도 유가족과의 관계를 풀지 못해 국회가 거의 5개월을 공전하지 않았나. 이런 국회인데, 내각제가 되면 국회가 언제라도 해산될 상황이 만들어지게 된다. 가까운 일본을 봐도 국회가 수도 없이 해산 되느라 제대로 돌아가지 않는다. 선거를 계속하느라 정신이 하나도 없는데, 우리도 그렇게 되지 말라는 법 없다. 4년 중임제보다는 5년 단임제의 골격은 유지하되, 예를 들면 대통령을 견제할 수 있는 국회의 기능을 강화해야 한다. 감사원 같은 행정부 감시 기능 기관을 국회로 가져온다던지 하는 여러 방법을 통해 국회 기능을 더 강화해야 한다. 그렇게 막강한 대통령의 권한을 견제하는 것이 방법이 될 수 있을 것 같다.

하지만 국회와 청와대가 독립적이지 않는 것이 문제다. 여당과 정부가 한팀이 될 수밖에 없는 구조에서 국회 독립성이 가능하겠는가.

원래 당청 관계가 건강하려면, 협의는 하되 견제도 있어야 한다. 일방적 관계가 되어서는 안 된다. 그런데 지금은 일방적인 관계를 넘어 '시종 관계'가 돼 버렸다고 말한다. 사실 당청 관계의 균형이 깨진 것은 공천의 영향력이 크다. 청와대가 공천에 많은 영향력을 행사하기 때문에 그 균형을 지킬 수가 없는 거다.

지난 7·30 재보궐 선거에서 공천심사위원회 결정에 반발해 공천 신청을 철회하고, "백의종군할 것"이라고 했다. 여야 가릴 것 없이 공천 절차는 많은 문제를 안고 있는 것이 사실인데….

어떤 조직이든 사람이 제일 중요하다. 법과 제도보다 그걸 운영하는 사람이 더 중요하다고 생각한다. 결국 '어떤 사람을 선발하느냐 하는 인사人事가 만사萬事'다. 정당도 발전과 개혁 문제는 '공천을 어떻게 하느냐'에 따라 달라진다. 그래서 정부도 인사가 제일 중요하고, 당도 공천이 제일 중요하다. 요즘 '오픈프라이머리'에 대해서 많은 사람이 정치 선진화를 이룰 수 있다고 생각하는데, 사실 전제조건이 갖추어져 있지 않으면 최악이 될 수가 있다. 지금 특정 지역에서는 특정 정당이 공천을 주면 끝나지 않나(선출되지 않나). 근데 오픈프라이머리로 하면, 현역 의원은 100% 당선된다. 문제 있는 의원들이 하나도 걸러지지 않는 셈이다. 국민들에게도 오픈프라이머리가 선거 개혁인 것처럼 박수를 받으니까 몇몇 사람들에게는 두 배 더 좋은 일인 것이다. 새누리당이 들고 나오면 새정치민주연합도 분명 따라 올 거다. 현역 의원들에게 너무 좋은 제도니까 박수까지 받으면서 자기 이해관계를 확실히 챙길 수 있다. 가장 민주적으로 보이는 시스템이라고 해도, 결과는 최악이 될 수 있다. 현실과 이상이 꼭 일치하진 않는다. 온 국민이 오픈프라이머리에 참여하면 좋은 결과가 나올 수 있겠지만, 그건 불가능하다. 결국 돈 있는 사람이 유권자를 동원하는 등 선거 자체가 부패하기 쉽다.

대안이 있다면?

아이러니하게도, 당의 1인자가 자기 정치 생명을 걸고 한 공천이 역사상 가장 훌륭했다. 다른 당은 모르겠지만, 공천에 대한 문제의식을 많이 느껴서 새누리당(과거 한나라당) 역사를 쭉 찾아보니까 가장 좋은 의원을 배출했던 때가 15대와 17대 총선이었다. 1996년 15대 당시 누가 공천을 했는지 찾아봤더니, YS(김영삼 전 대통령)가 아들인 김현철 씨가 후보를 공천했다. 이상하게 들릴지 모르지만, 그 공천이 성과가 가장 좋았다. 김문수, 김무성, 홍준표, 이재오 등 지금까지 장수하는 정치인들이 그때 다 나왔다. 17대 국회의원 또한 좋은 의정 활동을 하고 있다. 2003년 당시 '김문수'('보수혁신'이라는 기치로 당 혁신위원장 및 공천심사위원장을 맡았었다)라는 깨끗한 정치인이 전권을 가지고 사심 없이 했다. 공천하는 사람이 욕심 없이 하면 가능한 일이다. 문제는 그렇게 공천하기가 쉽지 않다는 점이다. 그래서 아예 정치 현장을 떠나서 다시는 정치를 하지 않을 사람에게 공천을 맡기는 것이다.

예를 들어, 국회의장들은 다시 정치할 사람들이 아니다. 그들은 적어도 20년 이상 정치를 했기 때문에 어떤 사람인지와 같은 평가가 다 나와 있다. 그들 중 가장 사심 없이 공정하다는 평가를 받은 전직 국회의장 한 사람이 공천을 책임 지면 좋을 것 같다. MBC 〈나는 가수다〉와 같은 방식을 취해도 되고. 국회 의장을 역임한 한 사람 정도면, 이미 국회 안팎의 좋은 사람을 두루 알고 있을 뿐 아니라, 영입할 능력도 있다. 이 또한 하나의 방법이라고 본다.

지난 3월 〈중앙일보〉와의 인터뷰에서 "사회적 약자의 어려움에 해결사로 나서 문제를 해결했을 때 자신이 가장 멋있게 보인다"고 했다. 우리 사회의 약자는 누구라고 생각하는가?

경제적 약자의 경우, 물질적인 빈곤이 꼭 빈곤 그 자체로 끝나는 게 아니라 본인들이 부당한 일을 당했을 때 자기 권리를 스스로 구제할 수 없는 상황에 놓이게 된다. 경제적 여력이 없기 때문에 제대로 된 변호의 기회 또한 갖지 못한다. 그래서 경제적 약자가 사회적 약자의 큰 범주 중 하나라고 본다. 또 사회적으로 목소리를 낼 수 없는 계층이 있다. 여성도 그런 계층 중 하나다. 예전에 농협에서 있었던 일인데, 모 국장이 여직원에게 아주 심각한 성추행을 했다. 여직원은 해고당할 게 분명하니 문제제기도 못한 반면, 성추행한 국장은 밖에서 자신의 성추행 사실을 소문내고 다녔다. 피해 여성은 남편에게 행실 문제를 추궁당한 끝에 이혼했고, 또 어떤 여성은 친정집에서 '네가 꼬리를 쳤겠지'라며 역으로 문제제기를 당해서 오갈 데 없이 정신병원에 간 된 사례도 있었다. 결국 형편이 어려운 농협 여직원들이 집단 소송을 냈다. 이기기 쉽지 않은 싸움이었는데 3심까지 이겼다. 그런데 농협은 성추행 가해자인 국장을 경질하지 않았다. 뿐만 아니라, 국장 자리를 여직원 자리 뒤쪽에 배치해 계속 욕설을 하게 만들었다. 농협에 연락을 해서 국장을 인사 조치하라고 했더니, 조합장이라는 사람이 반말로 "네가 뭔데 그러느냐!"며 오히려 따지더라. 그래서 "사법처리당한 사람이다. 당신들이 징계해야 한다"고 했더니, 회사 정관에 성추행은 징계사유가 없다고 하더라. 그래서 정관에 미풍양속 침해 등도 있지 않느냐고 아무리 따져도, 없다고 부인했다. 그래서 당시 농협중앙회가 정부 예산 1,000억 원을 받아 가야 하는 게 있었는데, 이를 지원하지 않겠다면서 버텨 그 국장을 겨우 해직시킨 적이 있다. 이런 것부터 시작해서 억울하고 부당한 일을 당해도 스스로를 구제할 수 없는 사람이 많다. 이런 사람 누구든, 사회적 약자라고 생각한다.

농협 성추행 건은 직접 발견해 해결한 운이 좋은 케이스다.

맞다. 결국 제도적인 틀을 만들어야 한다. 사회적 약자 스스로 자신을 방어하고 구제 및 보호할 수 있도록 제도를 만드는 것이 정치의 역할이고 국회 필요 이유다.

사실 '서현이 사건'(계모가 의붓딸을 학대해 숨지게 한 사건)의 경우도 아동학대에 관한 특별법이 없어서 사각지대가 많았던 것이다. 아동 폭력에 대해서 법이 딱 두 개 밖에 없었다. 하나는 '형사소송법'이었고, 다른 하나는 '가정폭력에 관한 특별법'이었다. 가정폭력의 관한 특별법의 경우, 가정을 우선시하기 때문에 아이가 폭행을 당해서 신고가 들어오면 다시 아이를 가해자가 있는 가정으로 돌려보낸다. 이웃집 사람이 서현이가 가

축과 비슷한 대접을 받는 걸 보고 신고하면, 경찰은 한 시간 만에 다시 계모가 있는 집으로 돌려보냈다. 이런 상황이 몇 번이나 반복됐다. 형사 소송의 경우 합의가 우선이다. 그런데 때린 사람이 계모인데, 아이(피해자)와 계모(가해자)가 합의한다는 건 말이 안 된다. 그렇다 보니, 근본적으로 해결되지 않는 것이다. 그래서 도망갈 수도 없고 자신을 방어할 수도 없는 아동의 경우, 특수하기 때문에 두 개의 법만으로 해결할 수 없으니 '아동 폭력에 관한 특별법'을 통과시켜야 한다고 17대 때부터 주장했지만 안 됐다. 이 법이 통과되면 해당 사건의 주무부처가 법무부가 아닌 여성가족부로 넘어가기 때문이라고 했다. 결국 부처 싸움으로 그 난리를 쳤다는 것이다. 이 사람들은 법무부에서 통과시키지 말라고 지령이 내려오면, 안 한다. 자기 소관 업무가 없어지면 '과'(담당 부서)가 줄고 인력이 줄기 때문이라고 한다.

2013년 당시 '하늘로 소풍 간 아이들'이라는 온라인 카페 어머니들 덕분에 힘들게나마 바꿀 수 있었다. 어머니들이 얼마나 고생했는지 모른다. 한 사람이 할 수 없는 일이지만, 여러 사람이 될 때까지 계속했다. 그렇게 쟁취한 법이 '아동학대 방지 및 처벌 특례법'이다. 하지만, 그 사이 귀중한 아이들이 목숨을 내놓아야 했다. 가슴이 아프다. 약자들을 위한 제도적 안정 장치가 앞으로도 꾸준히 만들어져야 한다.

"'세월호 참사'라는 것이 그동안 우리 사회에 씨줄·날줄로 엮여 있고, 관행으로 뿌리박혀 있는 부패 구조를 바꾸지 않으면 대한민국의 미래가 없고 희망이 없다는 것 때문에 생겨난 것 아니겠습니까"라고 말한 인터뷰(지난 6월 30일 평화방송)를 봤다. 300명이 넘는 희생자를 떠난 보낸 지난 4·16 이후, 8개월이 지났다.

사실 그 이후로 달라진 게 아무것도 없다. 이런 기회를 정쟁으로 날려버린 것에 대해서 정말 통탄하지 않을 수 없다. 여권에 속한 사람이 이런 말을 하면, 또 정치공방으로 비칠까 걱정이 되지만 '세월호 특별법' 협상과 동시에 재발 방지를 위해서 무엇이 필요한지, 제도를 어떻게 고쳐야 하는지에 대한 공론화가 같이 이뤄졌어야 했다. 특별법이 막혀 있다고 해서 공론화 역시 한 발짝도 못 나가고 세월호 참사와 무관한 민생 법안도 진행되지 못했다. 이건 정말 정치 지도자들의 책임이며, 석고대죄해야 한다. 세월호 참사는 그것대로 따지고, 공론화는 공론화대로 제도적으로 고쳐야 할 것과 제도적 안전장치에 대한 논의가 있었어야 한다. 세계 10대 강국에 속하는 우리나라가 21

세기 현재 왜 이렇게 됐나 하는 생각이 든다.

이 밖에 국회에 있을 때 뿌듯했던 입법 활동이 있나?

고리대 법정이자율을 낮춘 것만으로 문제가 해결된 건 아니지만, 법정이자율 상한을 낮춘 것과 해외의 금융계좌를 가지고 있는 사람들 다 신고하게 만든 것이 기억에 남는다. 후자의 경우 법을 바꾼 게 아니라, 없던 법(해외금융계좌 신고제)을 만들었다. 매번 전직 대통령이 스위스 계좌에 돈을 빼돌렸느니 하는 말은 많았어도, 한 번도 규명된 적은 없었다. 다른 나라의 경우, 어떻게 하는지 찾아봤더니 해외에 있는 계좌까지 다 신고하게 하더라. 그래서 같은 방법으로 하면 되지 않겠느냐고 했더니, 그런 법이 없다고 하더라. 그래서 법(2009년 '국제조세조정에 관한 법률 일부개정 법률안'과 '조세범 처벌법 일부개정 법률안' 발의)을 만들어서 냈더니, 자동 상정돼야 하는데 상정도 하지 않았다. 재경부(기획재정부)는 격렬하게 반대하며 난리를 쳤다. '기업이 비자금을 못 만들어 경제가 죽는다'는 말도 안 되는 논리를 폈다. 당시 '공천 안 준다'는 협박도 받았다. '경제를 죽이는 경제통'이라고 사설이 계속 나오고, '악법을 만드는 국회의원'이라면서 재벌이 운영하는 신문사는 '국회에서 퇴출 되어야 한다'는 기사를 계속 썼다. 그럼에도, 몇 년 동안 고생한 끝에 통과시켰다. 이후에는 국세청이 해당 법에 의거해 추징한 세금만 한 분기 만에 6,000억 원대라고 보도 자료를 냈다. 점점 확대가 돼 이제는 몇 조 원씩 걷는다고 하더라. 〈뉴스타파〉의 '조세피난처' 보도가 이 법으로 처벌이 가능했던 경우다. 고생은 많왔지만, 보람 있게 생각한다.

당내 주류 세력의 압력에도 불구하고, 소신 발언하는데 어려움이 많을 것 같다. 외롭진 않은가.

나를 죽이려고 한다. 좌초시키려고, 공천도 안 주며 쫓아내려고 하는 게 무엇보다 가장 어렵다. 외로움은 내가 극복할 문제인데, 제도권 밖으로 쫓아내면 일을 못하니까 그게 답답하다. 무릎을 꿇어야 하나(웃음). 아니, 무릎 꿇을 생각은 없고 힘을 더 키우는 수밖에 없다. 힘을 합해서 자꾸 사람들한테 이게 왜 필요하고 중요한지를 얘기할 수밖에 없다.

이 시대에 여성 정치인이 상징하는 바는 무엇일까.

정치 문화가 금권 정치, 패거리 정치로 변질됐다. '끼리끼리'하면서 원칙 없는 경우가 많다. '우리가 남이가, 이건 봐줘야지'라면서 룸살롱 다니고 전화 몇 통만 하면 해결되는 것이 정치뿐 아니라 사회에 뿌리박힌 문화다. 그러나 여성은 여기서 좀 자유롭다. 동창이라도, 고향 선후배라도 원칙대로 한다. 이게 우리가 말하는 특권과 반칙이 없는 세상 아닌가. 주요 결정권을 가진 자리에 여성이 많이 진출할수록 우리가 그런 사회로 갈 수 있을 것이라고 믿기 때문에 특히 정치권에 여성 정치인이 많아져야 한다고 생각한다. 상식과 원칙, 법대로 가는 정치 문화가 자리 잡는데 여성 정치인이 산소 같은 역할을 할 수 있지 않을까. 특히 '여성'의 이름으로 할당량을 받고 여성 정치인이 됐다면, 주체성을 더 가지고 활동해야 한다. 다만, 그렇지 못한 모습이 종종 있어 안타깝다.

이혜훈의 꿈을 듣고 싶다.

힘이 없다는 이유만으로 부당한 일을 당하고 그 부당함에 대해 자신의 목소리를 내지 못하는 세상은 이제 끝냈으면 좋겠다. 모두가 가진 것과 상관없이 동등하게 대우받을 수 있는 세상. 그런 세상을 만들겠다는 것이 정치하는 사람이 가진 꿈이고, 그런 세상으로 바꾸고 싶다.

동시대를 살아가는 청년들에게 해줄 말이 있다면?

첫째로, 참 미안하다는 말을 하고 싶다. 우리 세대를 돌아보고 또 아들들을 보면, 우리는 참 복이 많았던 세대가 아닌가 싶다. 우리 아들은 내가 살았던 때보다 훨씬 더 치열하게, 열심히 살고 있다. 밤낮도 없이 공부하며 스펙을 만드는 것에 너무 찌들어 사는데, 결과적으로는 우리보다 얻는 게 훨씬 없다. 우리 시대는 적당히 놀고 적당히 공부하고 적당히 고민했지만, 많은 가능성이 열려 있었고 조금만 열심히 하면 뭐든 얻을 수 있었다. 그런데 지금은 노력한다고 얻어지는 시대가 아니다. 아무리 노력해도 한계가 있고 그렇게 노력해도 얻어지지 않는 시대를 사는 젊은 청년들을 보면서 부모세대로 너무 미안하고 죄스럽고 마음이 아프다.

그러나 그럼에도 불구하고, 청년들에게 하고 싶은 얘기는

'포기하지 않았으면 좋겠다'는 거다. 또 한 가지 부탁하고 싶은 것은 정치인이 싫다고 해서 정치를 싫어하고 무관심해하지 않았으면 좋겠다는 것이다. 정치인이 싫으면 싫을수록, 정치에 더 관심을 가져줬으면 좋겠다. 정치라는 것이 내가 싫다고 해서 자유로워지는 게 아니다. 관심을 갖고 자신이 싫어하는 정치인들이 발목을 잡지 않게 만들어야 한다. 유권자가 되던, 정치인이 되던 둘 다 정치에 참여하는 방법이다. 어떤 식으로든 정치에 참여해서 정치를 좀 바꿔주었으면 좋겠다.

이혜훈에게 자유란 무엇인가?

타인에게 피해를 끼치지 않는다는 전제는 있어야겠지만, 어쨌든 인간으로서의 존엄성을 가지고 독자적인 결정을 할 수 있도록 장애나 구속이 없는 상태 아닐까? 우리 사회는 선천적 이유에서든 후천적 이유에서든 그 자유를 누리지 못하는 사람들이 많다. 사회적 약자들이 주로 그런 계층이라고 보는데, 그들 또한 진정한 자유를 누릴 수 있도록 법과 제도를 만들고 개인적으로 도와주는 게 정치인의 소명이라고 본다.

인터뷰 담당 김예리, 조경일

김두관

나라 꼴 이런데 꿈꾸라고?…부끄럽다!

2014. 11. 13

김
두
관

고향 경남에서 '8전 3승 5패'라는 전적으로 끈질긴 정치 인생을 살
았다. 그런데 지금은 김포에서 제2의 정치 인생을 시작했다. 이유가
뭔가.

　　　지난해 7·30 재보궐 선거 당시 김포에서 출마하면서 '당
락에 관계없이 이곳에서 중앙 정치를 시작하고 마무리하겠다'
고 각오했다. 지방 정치는 남해군수에서 경남도정으로 마무리
한 셈이다. 선거 때 유권자들이 '선거에 떨어지면 경남으로 다
시 가버릴 거 아니냐'는 말을 하더라. '새롭게 중앙 정치를 시작
했기 때문에 김포를 떠나지 않을 것'이라고 말했지만, 대부분
믿지 않았다. 그런데 이곳에서 유권자를 만날수록 진심을 이해
해주는 이들이 있었고, 사실 그 덕에 적지 않은 지지를 받을 수
있었던 것 같다.
　　　나에게 작은 꿈이 있다면, 분단된 조국 대한민국의 가장
남쪽 남해에서 태어났지만 통일이 되면 제일 북쪽인 함경북도
온성에서 여생을 마감하는 것이다. 지금 분단 상황에서 김포와
맞닿아있는 곳이 북한의 개풍군이다. '조강祖江지역'이라고 한
강과 임진강, 북쪽의 외선강과 연결된 곳이다. 사람들은 김포시
가 북한과 접경하고 있다는 사실을 잘 모른다. 분단된 한반도에

서 분단을 극복하려고 노력하지 않는 정치인은 엄격하게 말하면, 정치인의 자격이 없다고 본다. 내가 김포를 선택한 이유도 이런 생각을 가지고 있었기 때문이었다.

물론 재보궐 선거 차 갑자기 와서 20일 만에 선거를 치렀기 때문에 시민들의 선택을 받기는 힘들었다. 아쉬움은 있지만, 무려 43%의 지지율을 보내준 유권자들에게 굉장히 고맙다. 그래서 오히려 선거가 끝난 다음 날부터 김포를 알아 가는데, 더 많은 시간을 투자하고 있다.

경남에서만 선거를 여덟 번 치렀다. 군수 선거 두 번, 국회의원 선거 세 번, 도지사 선거 세 번 출마했다. 군수 선거는 두 번 다 이겼고, 국회의원 선거는 세 번 다 떨어졌다. 도지사 선거는 도전 세 번 만에 당선됐다. 전적으로 말하면, 경남에서 8전 3승 5패이다. 나를 낳아주고 길러준 곳은 경남이다. 그러나 이젠 경남을 떠나왔고, 김포를 제2의 고향으로 새로 시작하기로 마음먹었다.

대중에게 '김두관' 하면 가장 먼저 떠오르는 이미지가 '이장에서 장관까지'일 것이다. 그런데 29세 젊은 나이에 이장이 되기 전까지 '청년 김두관'의 삶은 잘 알려져 있지 않다. 대학생활은 어땠나.

당시 남해에서 공부를 잘하면 진주로 유학을 많이 갔다. 그런데 나는 공부도 중간 정도였고 형편도 유학을 갈 상황이 아니어서 남해 종합고등학교를 졸업했다. 그리고 1977년에 국민대 어문계열 체육학과에 합격했다. 하지만 등록금이 없어서 입학을 못 했다. 당시 형과 함께 2년 정도 농사를 지었다. 형이

나를 많이 아껴서 '대학교에 합격한 후 군대를 다녀오면 형편이 좀 나아져 다시 공부할 수 있지 않겠느냐'고 했다. 그래서 예비고사를 보고 경북 영주에 있는 영주경상전문대학교(現 경북전문대) 행정과에 들어갔다.

초기에는 '이 학교를 다녀야 하나 말아야 하나' 고민도 많았다. 그런데 한 번은 모 여대생들과 미팅을 한다고 해서 내심 기대했는데 한참 지나도 아무 연락이 없어 물어보니, 여학생들이 우리 학교하고는 미팅을 안 하려고 한다는 것 아닌가. 본인들이 2년제 대학교 학생이라 남자는 4년제는 되어야 하지 않겠느냐고. 그래서 "아, 4년제 대학교에 가야겠다"는 생각을 했다(웃음). 그래서 영주경상전문대 졸업 후, 동아대로 편입했다.

그때는 공부를 열심히 해서 동아대 정치외교학과 3학년 편입학 시험에서 1등을 했다. 사실 전두환 전 대통령 덕을 톡톡히 봤다. 전 전 대통령이 사학재단의 불법편입학을 강력히 단속하라고 지시해 부정편입학이 사라진 것이다. 그래서 '김두관'이 동아대에 편입할 수 있었다. 나중에 '전두환 물러가라'고 집회하다 '집회 및 시위에 관한 법률(집시법)' 위반으로 감옥에 가면서 한번 신세를 지고 한번 신세를 갚았다(웃음).

당시 학생운동으로 옥살이한 후, 남해로 내려갔다. 갑자기 고향으로 내려간 계기가 있었나?

내 안의 DNA와 정동남 선배와 같은 주변 사람들 영향으로 '사회를 바꿔야겠다'는 마음을 가졌던 것 같다. 원래 1982년 4학년 때 군대에 갔는데 제대 후 바로 복학하지 않고, 서울

에서 월간지 《신동아》 외판원을 하다 문익환 목사와 백기완 선생이 주도한 민주통일민중운동연합(민통련) 산하 서울민통련 사회부장 간사를 했다. 그때 청주지역 집회 담당으로 가서 민주헌법쟁취 도민결의대회 등을 조직하며 대통령 직선제 개헌 투쟁을 했다. 그러다 집시법 위반으로 구속돼 청주교도소에서 잠시 살았다.

그 안에서 고민을 해보니, 서울에는 사회운동을 하는 사람도 많고 인재도 많으니, 나는 남해로 내려가서 사회변혁운동을 해야겠다고 생각했다. 당시 민통련 출신 선배들이 교도소에 많이 다녀갔는데, 출소하면 어떻게 할 거냐고들 물었다. 그래서 '난 고향으로 가서 지역운동부터 시작하겠다'고 했더니, 선배들이 '사람은 나서 서울로, 말은 제주로 간다는데 넌 서울에서 계속 운동을 하면 기회가 있을 텐데 왜 그러느냐'고 했다. 하지만 난 고향에서 뿌리부터 다져야겠다고 다짐했고, 출소 후 바로 고향으로 갔다.

1988년에 뒤늦게 졸업한 후 쭉 고향에 있었다. 당시 농민운동은 카톨릭농민회나 기독교농민회 등 종교단체의 도움을 많이 받았는데, 그런 걸 탈피해서 자주적인 농민운동을 해야겠다는 움직임이 농민 현장에서 광범위하게 일어나고 있었다. 곧, 전국농민협회가 생겼고 거기서 사무국장을 지내기도 했다.

1988년 처음 공직선거에 출마했다. 어떤 계기로 출마했나?

그해 4월 총선이 있었다. 전국농민협회와 인천민주노동자연맹, 87년 대선 백기완 후보 선거대책본부, 반제반파쇼민족민주화투쟁위원회(민민투), 반미자주화반파쇼민주화투쟁위원회(자민투) 등의 그룹들이 기존 정치권은 썩었기 때문에 우리가 깃발을 들 때라며 '민중의 당'을 선언했다. 그래서 나갔는데, 민중의 당과 한겨레 민주당 등은 한 석도 당선되지 못했다.

우리가 정세를 주관적으로 오판한 것이다. 기존 정치에 대한 환멸을 등에 업고 깃발을 들면, 대중의 지지를 받을 수 있으리라는 아주 주관적 착각에 빠져 당을 만든 것이다. 그런데 당 지지율 5%를 얻지 못해 자동으로 해산됐다. 4년 뒤 훨씬 많은 명망가들이 함께한 것이 '민중당'이다.

최근 젊은 층 사이에서 정치 활동이나 사회 운동에 무기력감 내지 패배감이 팽배해 있는 것 같다. 88년 총선 후 고향에 돌아가 1995년 군수 선거에 출마하기까지 어떤 활동을 했나.

나는 다시 대중운동 조직으로 돌아갔다. 1991년 당 기초위원 선거가 있었는데, 함께 운동했던 선후배들이 출마하라고 압박했다. 하지만 나는 농민회 활동과 '책사랑' 북카페 운영 등 남해군민과 대중을 대상으로 한 정치 활동이 더 중요하다고 했다. 그랬더니 그해 경남도위원 출마 대신 이듬해 국회의원 선거에 나가려 한다며 출세주의자라고 몰아세우기도 했다. 욕심이 많아서 그랬던 게 아니라, 밑바닥에서 국민을 모으는 일이 더 중요하다고 진심으로 생각했다.

1995년에 지방선거가 있었는데, 당시 난 신문을 만들어 배달하는 일을 하고 있었다. 주위에서 군수로 출마하라고 하길래, 처음에는 농담인 줄 알았다. 그런데 진심으로 하는 얘기였다. 주위 사람들이 "행정이 너무 썩어서 바꿔야 하는데 〈남해신문〉 김두관 사장이 군수를 맡으면 잘할 것 같다"며 출마를 적극 권유했다. 그래서 나도 선배들에게 농담 삼아 "'김두관'이라고 안 썩으라는 법 있나요?"라고 했더니, 선배들이 "김 사장이 물들려면 3년은 걸릴 텐데, 민선 1기 3년 동안은 마음 놓을 수 있다"고 했다(웃음). 신문사 동료들에게 출마 얘기를 했더니, '〈남해신문〉이 이제 좀 자리 잡으려고 하고, 남해청년조직이나 책방이 이제 좀 굴러가려고 하는데, 군수로 출마했다가 떨어지면 지금까지 쌓아왔던 것이 다 무너지니까 나가지 마라'고 했다. 다들 정세를 분석하며, '나가면 안 된다'는 판단이었다.

그런데 신문을 만들면서 민심을 들어보니, 선거에서 열심히만 하면 군민들의 지지를 40% 정도는 받을 수 있겠더라. 그래서 출마했다. 그렇게 준비도 없이 도정에 대한 정의감만 가지고 나서 '55대 45'로 이겼다. 당시 만 36세로, 시군구청장 중 최연소 단체장이 됐다.

정말 준비 없이 군수가 됐다. 그러나 기본적으로 열린 마음을 갖고 있었다. 지방자치가 잘되려면 지방언론의 역할이 중요하고, 지방자치 정부와 언론의 관계가 건강한 긴장관계가 되면 지방자치가 내용상 발전할 수 있다는 생각을 했다. 그때 선거를 돌이켜보면 농민회, 남해사랑청년회, 책사랑 나눔을 통해 인문학 강좌도 하고 시인도 초청하는 등 지역사회 활동의 광범위한 기반이 있어 가능했던 것 같다. 당시 민자당 안방이었던 경남에서 무소속으로 당선됐으니 말이다.

2002년 6월 13일 치러진 지방선거에서 새천년민주당(민주당) 소속으로 경남도지사에 출마했다. 영남에서 민주당 소속으로 출마하기란 쉬운 결정이 아니었을 것 같은데….

처음에는 무소속으로 나가 성적을 잘 낸 다음, 그해 연말 대선에서 노무현 후보에게 도움이 되고자 했다. 그런데 당시 노무현 전 장관이 4월 26일 서울 경선에서 민주당 대선후보로 확정되면서 상황이 부산·경남·울산 광역단체장 당선은커녕 후보를 내기도 어려웠다. 여당에서는 YS 때 청와대 대통령 비서실 경제수석비서관을 지낸 한이헌 후보를 부산시장 후보로 내보냈다. 난 원래 무소속으로 나가 당선되지 못하더라도 최소한

30% 이상 지지를 받아서 연말 대선에서 노무현 당시 민주당 후보의 지지를 더 이끌어내는 데에 보탬이 되겠다고 생각했는데, 민주당으로 나가면 유권자 지지를 10%나 받을까 말까 했다. 그래서 무소속으로 나가야겠다고 확고하게 생각하고 있었다.

그런데 노무현 후보가 세 번이나 전화해 "김 군수 도대체 어떤 정치를 하려고 하길래 나와 정치를 안 하려고 하느냐"라고 했다. 그 말을 듣고 곰곰이 생각해보니, 당락을 떠나서 '저런 분이면 평생 정치를 같이 할 수 있겠다'는 생각이 들었다. 평생을 지역주의에 맞서 온 사람 아닌가. 그래서 결심했다. 군수를 두 번이나 한 터라 초반 지지율이 30% 이상 나왔다. 그런데 민주당에 입당하고 나니, 지지율이 9%로 떨어지더라. 2002년 선거에서는 16.5%에 그쳤지만, 4년 뒤 2006년엔 25.5%를 받았다. 그리고 2010년 53.5%의 지지율로 당선됐다.

지방선거 역사가 25년 정도 된다. 그동안 부산·울산·대구

광역단체장 중 새누리당(구舊 한나라당) 세력을 뛰어넘은 후보는 내가 유일하다. 지난해 선거에서 부산시장으로 출마한 오거돈 후보가 새누리당의 아성을 뛰어넘을 뻔했지만, 안 됐다. 2010년 선거 당시 오 후보는 부산의 주류였고, 난 민주당-민노당-국민참여당-시민사회 등 범야권 후보였다. 정체성을 분명히 한 중도개혁세력의 후보였다. 지금도 내가 조금 주목받은 부분이 있다면, 영남에서 새누리당을 유일하게 처음으로 이긴 정치인이기 때문일 것이다.

'김두관' 이름이 대중에게 다시 한 번 강하게 각인된 것은 2010년 지방선거였다. 총선까지 포함하면 무려 여섯 번의 도전 끝에 영남의 아성을 깨뜨렸다. 이는 지역 구도를 이겨낸 몇 안 되는 사례 중 하나다. 낙선을 연이어 경험하는 동안 흔들리거나 포기하고 싶었던 순간도 있었을 텐데, 도전의 원동력은 무엇인가.

기본적으로 소명 의식이 있었고 풀뿌리 운동으로 우리 사회를 변화시켜야 한다는 신념이 강했다. 한국 정치의 발전을 가로막는 가장 큰 장애물이 지역주의라고 생각했다. 특히 영남의 지역주의다. 호남의 지역주의는 어떻게 보면 소외와 차별에 대한 저항 차원이다. 어느 정도는 이유가 있는 지역주의라고 생각한다. 그런데 내가 두 발을 딛고 있는 영남은 기득권을 지키려는 지역주의다. 어떤 점에서는 명분 없는 패권적 지역주의다. 이 패권적 지역주의를 스스로 돌파해보고 싶었다.

경남에 오면, 민자당(YS계)이나 한나라당에 입당해야 하는데 나는 그러지 않았다. 5·18 광주 민주화 운동 때 국민을 피로 제압하고 집권한 민정당, 이후 공화당-민자당-신한국당-한나라당-새누리당이 그 정체성을 이어가고 있다. 내가 정치를 안 하면 안 했지, 광주의 학살을 자행한 주역들이 속한 민정당의 후예로 정치할 수는 없다는 신념이 있었다. 영남에서 민자당이나 한나라당으로 소속으로 출마하면, 유리하다는 걸 누가 모르나. 그러나 신념이 있었기 때문에 무소속이나 야당으로 갈 수밖에 없었다.

2012년 대선 경선 때 경남지사를 사퇴한 것을 아쉬워하는 이들이 많다. 경선에 나가더라도 현직을 사퇴하지 않는 경우가 종종 있는데, 굳이 사퇴까지 했던 이유는 무엇인가.

공직자가 임기 중간에 사퇴하는 걸 바람직하지 않게 생각하는 사람 중 한 명이다. 풀뿌리 자치 운동으로 젊은 시절을 보냈고, 지난 1998년에 군수에 재선됐을 때 김민석 전 의원 등 386 후배 국회의원들이 '선배, 매일 촌에서 자치할 거냐. 서울에서 정치하자'고 했었다. 그러나 난 '유권자와의 약속이 중요하다'며 '임기를 마친 후 다른 일을 해야지, 중간에 사퇴하고 국회의원으로 나갈 생각은 없다'고 했었다. 비슷한 권유는 여러 번 있었다.

그래서 2010년 경남지사로 당선돼 도정을 하면서 '김두관 지사 덕에 이렇게 달라지는 구나' 하는 좋은 평가를 받고 싶었다. 그렇게 해서 다음에도 우리 쪽 사람이 도정을 맡을 수 있도록 해야겠다고 생각했다. 원래는 경남지사 임기를 마치고 2017년쯤 중앙 정치에 도전할 계획이었다. 그런데 경남지사 당선 1년 후인 2011년 가을쯤 많은 사람들이 서울에서 경남까지 찾아왔다. 애초에 난 '선거 나가라는 얘기할 거면 오지도 말라'고 했었다. 그랬더니 다들 하는 얘기가 "아무래도 도지사 4년 임기 다 못 지킨다"였다.

당시에는 문재인 후보가 결심하기 전이었는데, 찾아오는 사람들이 '박근혜 후보에 대항할 사람이 김두관 지사밖에 없다'고 바람을 많이 잡았다. 그때 나 스스로도 박근혜 후보보다 부족한 점이 많았지만, 그럼에도 이미지가 워낙 대비되기도 하고 야권 후보들이 다들 망설이는 모양새여서 마음이 흔들렸다. 그래서 결심하게 됐다.

그런데 막상 뛰어들어 보니, 민주당 대선후보 경선에서 1등은커녕 3등밖에 못 했다. 당시 경남에 비정규직지원센터, 보호자 없는 병원, 모자이크 프로젝트, 야권공영지방정부, 노인틀니보전사업 등 도민들의 호응이 좋았던 창의적인 사업이 많았다. 그래서 지역 유권자들은 나에게 기대가 컸을 텐데, 내가 후보 경선에서 이겨 기대처럼 박근혜 후보를 꺾고 민주개혁정부를 수립했다면 도민들이 지금처럼 섭섭해 하겠는가. 그런데 자기가 잘나서 뽑아준 것도 아니고 열심히 하겠다고 해서 뽑아줬더니 바람이 들어 중도 사퇴했다. 평생 갚을 수 없는 죄를 지은 셈이다.

당시 주위에서 김문수 경기지사처럼 사퇴하지 말고, 당내 대선후보 경선에서 떨어지더라도 다시 경남지사 임기를 채우면 되는데 왜 그렇게 극단적인 선택을 하느냐고 말했다. 그러나 내 철학은 다르다. 도지사는 종합행정책임자이기 때문에 생각보다 할 일이 많다. 살림을 총괄해서 책임지는 사람이 두 달 동안 자리를 비우는 것은 간단한 문제가 아니라고 봤다. 도지사직을 유지한 채 대선후보 경선에 나가는 것은 경남도민들에게 두 번 죄를 짓는 거라고 생각했다. 안 하면 몰라도 정리하고 나가는 게 맞다고 생각했다. 대통령 선거는 '사즉생'을 각오해도 쉽지 않은 일이고, 그런 일 앞에서 스스로 퇴로를 열어놓은 사람은 형세가 불리하면 반드시 퇴로를 따라 도망가기 마련이다.

김문수 전 경기지사가 그렇게 돌아간 셈이다. 김문수 전 지사는 2006년부터 두 차례에 걸쳐 도지사직을 수행했다. 2012년 박근혜 후보와 대선후보 경선을 과감하게 했다면 최소 10%의 지지율은 얻었을 것이다. 경기지사 직을 사퇴하고 나섰다면, 지금쯤 새누리당 차기 대선후보 중 한 명으로 독보적인 1위를 달리고 있었을 것이다. 물론 내 주관적인 생각이다. 정치적으로 내가 스타트를 너무 빨리해서 실격패를 당했다면, 김문수 전 지사는 스타트가 늦어 실수한 것이라고 생각한다. 그래서 정치라는 게 '타이밍의 예술' 아닌가 싶다.

선거에 여러 번 도전하는 동안 가족들 고생도 많았을 것 같다. 가족과 평소에 정치적인 사안에 대해 대화를 자주 나누는 편인가?

사회를 바꾸는 데 가장 중심은 정치라고 생각한다. '바보야, 문제는 경제야!'라는 말도 있지만, 대학 다닐 때부터 정치가 굉장히 중요하다고 생각했다. '대한민국 정치가 세계 일류가 되는 게 우리 사회에 가장 중요하다'고 생각한다.

지금 부인과 10년 연애했다. 사귈 때도 '난 사회운동을 할 거라 경제적으로 가난할 수 있지만, 이 일을 할 수밖에 없다'

고 말하곤 했다. 집사람이 나중에 고백하길, '그래도 자식을 낳으면 가정의 경제 문제를 신경 쓰겠지'라고 생각했단다. 정치하는 내내 경제적 어려움은 집사람이 다 극복해줬다. 오히려 굉장히 응원해줬다. 아이들도 건강하게 커서 참 고맙다. 집사람이 워낙 헌신적으로 잘 해줘서 늘 고맙게 생각한다. 가족이 내 뜻을 이해해줘 큰 힘이 되고 있다.

평소 지방자치를 강조하며 대기업의 지방 이전을 주장하는 모습이 수도권 유권자 입장에서는 다소 이질적으로 느껴질 수도 있다.

지역구를 수도권인 김포로 옮겼지만, 여전히 대한민국의 미래를 위해서는 연방제에 가까운 수준의 지방자치를 해야 한다고 생각한다. 지금은 수도권과 비수도권의 격차가 대한민국의 미래를 암울하게 하는 상황이다. 서울이 이렇게 복잡한데, 사람들은 왜 몰려들까. 돈과 사람과 정보가 수도권에 집중되어 있기 때문이다. 우리나라는 전 세계에서 수도권 집중률이 가장 높은 나라. 교통·환경·주택 등 여러 문제가 발생하고, 이에 따른 부담도 갈수록 늘어나고 있다.

지금 국정운영 기조는 '낙수 효과'를 이야기하며 수도권이 잘 되면 지방도 잘 된다는 접근 방식을 유지하고 있다. 하지만 현실은 다르다. 지역을 훨씬 더 적극적으로 발전시키고 특화해야 한다. 노무현 정부에서 행정자치부 장관으로 재직할 때 지역균형발전 차원에서 지방혁신도시를 추진했다. 당시 균형발전 정책은 수도권과 비수도권, 중앙 정치와 지방 정치가 서로 상생하기 위한 전략이었다. 수도권 규제를 강화하고 지방의 규제를 완화해도, 정보와 돈이 서울에 집중돼 있기 때문에 더 이상 방치하면 더 큰 문제가 생길 수 있다.

2013년 봄부터 1년 동안 독일에 다녀왔다고 들었다. 어떤 점을 살펴보고 왔나.

독일이 통일된 지 25년 정도 됐다. 유럽 경제난 속에서도 독일은 호황을 누리고 있다. 독일이 유럽의 중심국가로 발돋움한 이유는 여러 가지겠지만, 무엇보다 일류 정치 때문이다. 2013년 9월에 총선이 있었는데 메르켈 총리가 속해있는 기민당이 과반에 다섯 석이 못 미치는 311석을 얻었고, 사민당·좌파당·녹색당이 319석으로 과반을 넘었다.

한국 기준으로 보면 제1야당인 새정치민주연합 대표가

총리를 했을 텐데, 독일은 다르더라. 집권당은 과반에 가까운 지지를 받고 야권은 과반 이상의 지지를 받은 총선 결과에 대해 기민당이나 사민당은 '대연정하라'는 민의로 해석했다. 그래서 독일 역사상 세 번째로 대연정을 했다. 한국 상황에 비추면, 새누리당과 새정치민주연합이 연정을 한 것인데 우리나라에선 상상하기 어려운 일이다.

독일은 정부수립 후 단 한 번도 연정을 하지 않은 적이 없다. 한 정당이 과반수를 넘은 적은 딱 한 번이다. 독일은 항상 연정을 통해 국가를 이끌었다. 독일 정치의 특징은 아데나워부터 메르켈까지 총리 가족이나 친인척의 뇌물·부패 스캔들에 관련된 사람이 한 명도 없다. 아데나워 총리는 가족 식사 중에 손자가 커서 할아버지처럼 총리가 되고 싶다고 했더니, '집안에서 총리 한 명이면 족하니 절대 그런 일이 없도록 하라'고 할 정도다. 그게 전통이고 문화다.

특히 중요한 것은, 우리는 도지사가 바뀌고 시장이 바뀌고 대통령이 바뀌면 정책이 모두 바뀐다. 그런데 독일은 정책 승계 문화가 아주 잘 되어 있다. 아데나워가 집권한 이후 강력한 친 서방정책을 폈다. 1969년에 빌리 브란트가 집권하면서 동유럽 물꼬를 터야 한다며, 이른바 동방정책을 한 것이다. 당시 동독에 원조도 많이 하게 돼 기민당이 반대하기도 했었다. 그러나 콜 정부로 넘어오면서 오히려 동방정책을 승계해 동독에 더 많은 지원을 했다. 결국 1990년 동서 통일을 이뤘고, 통일로 인한 혼란이 이제는 잦아들고 있다.

2000년대에는 사민당의 슈뢰더 정부에서 노동시장 유연성을 위해 '하르쯔 개혁'을 했다. 사민당의 주된 지지기반이 민주노총인데, 이들은 당시 사민당이 배반했다며 사민당사 앞에서 집회를 열기도 했다. 결국 다음 선거에서 사민당은 노조의 지지를 받지 못했고, 기민당이 다수당이 돼 메르켈이 총리가 됐다. 하지만 메르켈은 집권 후 '슈뢰더가 지지기반을 잃으면서도 하르쯔 계획이라는 결단을 내렸다'며 이를 그대로 승계했다.

우리는 상대 진영의 정책을 승계하지 않는다. 대표적으로 남북관계가 그렇다. 이는 엄청난 기회비용이다. 정책의 방향이 잘못됐다면 고쳐나가는 게 당연하지만, 좋은 정책인데도 당이 다르고 이념이 다르다는 이유로 승계하지 않는다. 이는 국민보다 자기 당, 자기 정파를 우선하는 것이다.

독일은 정책 승계 문화, 여야 간 대화와 타협을 통한 연합정치가 가장 강력한 장점이다. 민의가 그대로 국회의석 수에 반영되는 정당명부식 비례대표제가 바로 정책 선거를 가능하게 한다. 우리는 단순다수대표제이다. 내가 김포에서 43%를 얻었는데, 결국은 나를 지지했던 43% 지지자들의 표는 사표死表가 됐다. 이게 단순다수대표제의 결정적인 문제이다. 우리나라는 내각 책임제에 대한 아픈 기억도 있고, 또 분단 상황 때문에 대통령이 비상대권을 가지고 있는 것에 대해 국민들이 의식적으로 당연하다고 생각하는 나라이다. 많은 유권자들이 내각제는 정국을 불안하게 만든다는 고정관념을 가지고 있다. 그러나 실질적으로 전혀 그렇지 않다.

최근 개헌, 선거제도 개혁 논의가 간간이 나오고 있다. 일전에 정치제도 개혁에 대해 '지역구 200명, 비례대표 200명 수준이 적절하다'는 견해를 언급한 적이 있다. 선거제도개혁은 어렵기만 한데….

우리나라는 국회의원 수가 적은 편이다. 영국의 경우 인구 10만 명당 의원이 1명이다. 전체 인구 5,000만 명이면 의원은 500명 규모여야 한다. 그런데 우리는 단원제기 때문에 국가 인구·경제 규모로 볼 때 의원 수는 더 적다고 볼 수 있다. 그런데도 불구하고 299명에서 1명을 늘리는데도, 온 국민이 벌떼처럼 달려들어 늘리니 마니 하는 것은 국회에 대한 불신 때문이다. 국회의원 수를 늘리는 데 굉장히 부정적이다. 그럼에도 늘리자고 주장하는 이유는 세계 경제규모 15위(2009년 기준)로 7번째 무역대국인 우리나라가 380조 원 규모의 예산을 다루려면, 훨씬 더 많은 각계각층의 전문가가 국회로 가야 하기 때문이다.

우리나라는 계층·세대·지역·남북 등 갈등지수가 굉장히 높다. 이를 해소하는 것이 정치 영역이다. 각 이익집단들이 충돌하면 갈등이 생기게 마련이다. 100만 명 정도의 회원을 가지고 있는 이익집단이면, 대표 1명 정도는 국회에 보낼 수 있어야 한다. 그럼 5,000만 명이면 국회의원이 500명 정도는 되어야 하는 것 아닌가.

갈등을 녹이고 해소해 국가의 미래비전을 만드는 곳이 국회인데, 지금 우리 국회는 법조인과 언론인이 다 가져가고 있다. 진정한 민의의 전당이 아니라, 왜곡되고 있다. 비례대표도 정말 직능 대표나 전문가가 아닌 당권 주자 내지는 당 지도부에서 알음알음 관계의 사람을 데려다 놓으니 실력도 없는 사람이 비례대표를 하기도 한다.

꼭 지역구 의원 200명, 비례대표 의원 200명이 아니어도 일단 비례대표 수를 확대하자는 것이다. 다만 현행 국회의원

300명의 급여를 총액으로 해서 의원 수만 확대하면, 의원 1인당 연봉은 줄어들지만 의원 수를 늘리는데 예산이 더 들어가지는 않는다. 연봉이 줄어든다고 해도 의원들이 먹고사는 데에는 전혀 지장이 없다. 1억 2,000만 원이던 연봉이 9,000만 원으로 줄겠지만, 뭐 어떤가. 국회의원이 더 잘 살아야 할 이유가 없지 않나. 그런데 (의원들이 나서서) 하지 않는다. 국민들은 하라고 하지만, 의원들은 자기 살과 가죽을 벗기는 일이니 아파서 안 한다.

국회뿐 아니라 당장 새정치민주연합의 체질 개선이 필요하다는 목소리가 높다. 새정치민주연합이 앞으로 어떤 전략을 가지고 유권자에게 다가가야 한다고 보는가.

새정치민주연합은 정말 위기다. 국민들에게 "국회를 어떻게 하면 좋겠습니까?" 하고 물으면, 아마 95%는 "해산하라"고 할 것이다. 근데 국회는 해산할 수는 없다. 야당이 건강하면 여당도 보다 세심하고 정교하게 국정 운영을 하게 돼 결국 국민들에게도 좋은 것이다. 그러나 야당이 야당 같지가 않으니, 여당이 자신들 마음대로 하고 있다. 그 피해는 결국 국민들이 입게 된다. 당연히 초심으로 돌아가 기득권을 버려야 국민에게 신뢰를 받고 수권 정당의 면모를 갖출 수 있다. 실제로 당 혁신을 위한 방안은 많이 나와 있다. 그런데 실천으로 연결이 잘 안 된다.

새정치민주연합 차원에서 위기를 극복하는 방안을 세 가지 정도로 정리하면, 첫째 당의 계파주의를 극복해야 하고, 둘째 당의 리더십을 확립해야 하며, 셋째 서민들에 대한 경제노선을 분명히 해야 한다. 특히 새정치민주연합은 중산층과 서민을 위한다고 입버릇처럼 얘기하지만, 실제 서민들에게 와닿는 경제정책이나 방향은 미비하다. 당 리더십 문제도 새 지도부가 어떤 혁신안을 가지고 나올지 기대하고 있다. 계파주의 청산, 리더십의 확보, 민생의제들을 추진할 확고한 입장과 추진력을 갖고 유권자에게 다가가야 한다. 야당성을 회복해야 한다. 그래야 국민적 신뢰를 회복할 수 있다.

사회적·경제적 양극화 문제가 심각하다. 2012년 대선 경선 당시 '서민 생활비 경감'을 주장하며 브라질 룰라 대통령의 소득향상 정책을 언급했다. 최근 증세논란과 복지제도에 대해 어떻게 생각하나

　　룰라 대통령의 중요 정책 중 하나는 '보우사 파밀리아' Bolsa Familia다. 보통 가난한 집에서는 아이들을 학교에 못 보내는데, 이 아이들을 학교에 보내는 조건으로 가계당 얼마씩을 지원해주는 정책이다. 내가 대선 경선 당시 주장했던 것은 통신비·유류비·주거비·등록비를 인하해 주면서 가처분소득을 높여주는 정책이었다. 보우사 파밀리아 정책과 실질적인 측면에서 궤를 같이하는 것이다. 다만 우리 현실상 비용 부담이 더 앞선 문제라고 봤다.

　　가장 중요한 것은 정부의 의지다. 국정을 책임지고 있는 정부 여당이 어떤 가치관과 철학을 가지고 국정을 운영하느냐에 달려 있다. 종편에서 평론가들이 '보편적 복지냐, 선별적 복지냐'를 논쟁하며 서민을 엄청 생각하는 것처럼 얘기하는 것을 듣고 있자면, 착각이 들 정도다. '경제적으로 어려운 사람에게는 지원하고 돈 많은 이건희 손자에게는 지원하지 말아야 한

다'는 등의 이야기를 하는데, '저 사람들이 언제부터 저렇게 어려운 사람을 생각했지?' 하는 생각이 들 때가 있다.

　무상급식을 한 번 봐라. 가난해서 돈 내지 않은 아이들과 돈 내고 같은 식당에서 밥 먹는 아이들이 모르겠는가. 이게 얼마나 비교육적인가. 부모들이 제일 걱정하는 게 자기 자녀들이 왕따를 당하지 않을까 하는 건데, 밥 한 끼를 가지고 나라를 가를 일이 있나. 그런데 종편에서는 무상급식을 하면 나라가 망할 듯 이야기한다. 세계 경제규모 15위, 7대 무역대국에 소득이 2만 3,000불이고 구매력지수가 3만 1,000불을 자랑하고 있는 나라에서 학생들 밥 한 끼도 못 먹일 정도로 예산을 못 짜면 시장이고 도지사고 다 그만둬야 한다. 참 희한한 논리로 얘기하는데 안타깝다. 한국 사회는 왜 이렇게 연대와 관용과 배려가 없는지.

요즘 세대 갈등이 주목받고 있다. 취업 문제뿐 아니라, 출산·보육은 물론 임금 수준이나 세제에 이르기까지 청년층에게 위협적으로 느껴지는 요소가 누적되어 있다. 청년들에게 해주고 싶은 말이 있다면?

　'어떤 직업을 선택하고 싶은지'에 대한 설문에 따르면, 국가 기관에서 공무원으로 근무하고 싶다는 응답이 제일 높다. 노량진 학원가에만 30만 명이 몰려 있다. 수많은 사람들이 왜 공무원을 하려고 하겠는가. 직업의 안정성 때문이다. 원래 연봉이 보장되면 안정성이 보장이 안 되거나, 직업 안정성이 보장되면 연봉이 낮거나 그렇다. 이 두 가지가 다 좋은 게 공무원밖에 없고 그러니 몇 백 대 1의 경쟁률이 되는 것이다. 공무원 평균

연봉은 5,000만 원 정도지만 정년이 보장된다.

그런데 대한민국의 가장 우수한 사람들이 공무원으로 몰린다는 사실은, 곧 대한민국의 미래가 어둡다는 뜻이다. 창의적인 아이디어를 가지고 새로운 기술을 개발하거나 최고의 엘리트가 과학 분야 쪽으로 가야 그 나라에 미래가 있는데, 흐름이 반대다. 청년들이 공무원으로 몰리지 않게 해야 한다. 이걸 만드는 게 정부의 중요한 역할이다. 그래서 청년들에게 꿈을 키우라고 말하기가 부끄럽다. 나라 꼴을 이렇게 만들어놓고, 꿈꾸라고 말하기가 얼마나 부끄러운 것인가. 뭔가 희망을 주는 말을 기대했을 텐데, '부끄럽다'는 말을 해야 할 것 같다.

김두관에게 자유란 무엇인가?

인간은 사회적 존재다. 사회적 관계는 즉, 공동체이다. 자기가 가지고 있는 재능을 제약 없이 사회에 헌신할 수 있는 게 자유 아닐까? 개개인이 그런 자유를 실질적으로 누릴 수 있게 만드는 것이 정치의 이상적인 목표다. 그래서 정치가 중요하다. 다시 한 번 부끄러운 말이지만, 젊은 세대가 각자 자신의 재능을 마음껏 펼치며 보람을 추구할 수 있는 공동체를 만들기 위해 최선을 다할 것이다.

인터뷰 담당 김병수, 조경일

이
재
명

복지는 세금 환원, '공짜' 개념 불성립

2015. 4. 21

이
재
명

유년시절부터 지독한 가난에 시달렸다. 본인과 가족 모두 노동자의 삶을 살았다. 공장 생활을 하는 중에 삶의 조건을 바꾸기 위한 수단으로, 공부를 선택한 건가.

당시 대부분이 가난했다. 가난의 유일한 탈출구는 공부라고들 했다. 공장에서 생활하며 보낸 유년시절은 괴롭고 암울했다. 폭력이 일상이었다. 너무 힘들어서 나를 두들겨 패던 공장 관리자가 고졸인 것을 보고, '나도 고졸이 되면 때리는 관리자가 될 수 있겠다'라는 생각에 공부를 시작했다. 아이러니하게도 1980년 전두환 쿠데타 이후, 드디어 길이 열렸다. 81년에 본고사가 없어지면서 전국 모든 학생이 학력고사를 보게 됐고, 1등부터 64만 등까지 매겨진 점수에 따라 대학에 들어갈 수 있게 된 것이다. 몇 등 이상부터는 대학 등록금을 면제해주는 장학제도도 생겼다. 이때 '죽도록 공부해서 대학에 가겠다'는 생각으로 이듬해 82학번으로 대학에 입학했다. 이게 다 전두환 장군 덕이다(웃음). 스스로도 '전두환 장학금'을 받고 학교에 다녔다고 얘기한다.

초등학교 이후 오랜만에 한 공부였을 것 같다. 낮에 공장에서 일하고 밤에 공부하기란 쉽지 않았을 것 같다.

초등학교 졸업 이후 서울에 올라와 6년간 공장 생활을 했다. 1976년 딱 중고등학교 과정인 나이에, 친구들은 학교로 향할 때 나는 공장을 전전했다. 공장 생활 2년쯤 사고를 당해 장애를 가지게 됐다. (두 팔을 뻗으며) 나는 지금도 차렷 자세가 안 된다. 한쪽 팔이 휘어서 펴지지 않기 때문이다. 그래도 일은 해야 했으니, 불편한 몸으로 낮에는 일하고 밤에는 공부해서 1978년 고입검정고시에 합격하고, 2년 후에 대입검정고시를 봤다. 그리고 1년간 대입 공부를 해서 대학에 진학했다. 운이 좋았다.

당시 아버지, 어머니와 7남매가 단칸방에서 생활했다. 형제들도 다 공장에 다녔는데, 한 데서 같이 얽혀 살면서 일하고 공부하는 것이 쉽지 않았다. 공장에서 돌아와 밤에 공부하면 식구들이 잠을 설친다고 해서 불화도 좀 있었다. 특히 아버지는 그 어렵던 시기에 대학을 다니다 중퇴했는데, '공부해서 뭐 하느냐'라는 생각을 갖고 있었다. 그래서 내가 공부하는데 별로 협조적이지 않았다. 나중에 대학에 간 뒤에야 조금 바뀌었다. '기대도 안 했는데, 되네?' 하고 생각한 것 같다(웃음).

1982년 중앙대 법학과에 들어갔다. 그동안 공부하는 것을 마땅치 않게 생각했던 아버지도 아들이 법대에 입학했을 때는 좋아했을 것 같다.

처음부터 법대에 가려고 했던 것은 아니다. 사실 돈을 제일 많이 주는 대학에 간 거다. 의대와 법대 중 합격선이 가장 높고 최대한 손해를 덜 보는 과를 택했다. 의대는 실습비 등 자기 돈이 많이 드는데, 법대는 그렇지 않다더라. 당시 공장 월급이 8만 원 정도였는데, 법대에 들어가면 등록금 면제에 한 달에 20만 원씩을 더 받았으니, 엄청 많이 받은 것이었다. 그 돈으로 집 생활비도 보태고, 공장 다니던 형님의 입시 공부까지 도왔다. 나름 입신양명立身揚名했다.

소위 정상적으로 열심히 공부만 해서 서울 소재 대학교에 들어온 학생들과 다른 이력을 가지고 대학에 들어갔다. 외롭지는 않았나?

외로웠다. 대학 4년은 물론 사법연수원을 마친 후에도 나는 열등의식에 사로잡혀 있었다. 당시 중앙대 법대는 가난해서 온 학생이 많았기 때문에, 나뿐만 아니라 친구들도 힘들어하는 경우가 많았다. 자퇴하는 사람도 있었다. 특히 난 중·고등학교 연고도 하나 없이 전혀 다른 세계에서 대학 시절을 반항적으로 보냈다. 교련복에 코트 한 벌을 걸치고 고무신 신고 4년을 다녔다(웃음). 졸업할 때까지 사회가 낯설었다. '남의 세상 같다'는 생각이 들었다.

선배들에게 사법고시와 행정고시가 있다고 들은 후, 그렇게 판검사와 고위직 공무원이 되는구나를 알게 됐다. 당연히 처음부터 변호사가 되기 위해서 법대에 간 것은 아니었다. 장애인이기 때문에 취직이 안 되는 것은 이미 알고 있었기 때문에 고시 공부만이 살 길이었다.

대학은 그동안 속했던 환경과 전혀 다른 환경이었다. 어떤 충돌을 경험했나?

　　대학에서 충격받은 게 하나 있었다. 5·18광주민주화운동이 1980년 공장에서 일할 때 일어났는데, 당시 동료와 선후배모두 '전라도, 나쁜 놈들이다. 폭도다. 북한과 짜고 대한민국을폭력적 방법으로 뒤엎으려는 용공분자'라고 알고 있었다. 그래서 나도 그렇게 생각했고, 전라도 사람들을 많이 비난했다. 그런데 대학 입학 후, 그게 사실이 아니라는 것을 알고 내 자신이너무 창피했다. 그런데 좀 더 깊이 생각하니, '내 자신이 원래그렇게 나쁜 놈이 아닌데, 정보의 왜곡으로 내가 나쁜 놈이 됐다'는 생각을 하게 됐다. 정말 나쁜 짓이다. 사람을 죽이고 권력을 찬탈하는 것도 나쁜 짓이지만, 국민에게 온갖 거짓말로 속

이는 것 또한 나쁜 일이다. 국민 대부분은 그렇게 왜곡된 정보 속에서 문제의식 없이 자신의 삶이 아닌 타인의 삶을 사는 것이다. 이런 일이 언제 어디서든 일어날 수 있다면, 반드시 고쳐야겠다는 생각을 했다.

또 한 가지는, 그동안 공장에 다니면서 산업재해로 장애인이 돼도 피해보상을 받지 못하는 것을 당연하게 생각했는데, 다른 세계에서 넓은 시야로 보니 이것 또한 개인의 잘못이 아니라 구조적인 문제가 크게 작용한 것이라는 사실을 알게 됐다. 그러면서 '잘못된 사회 구조에서 개개인이 억울한 경우가 많겠다'는 생각을 했다. 일종의 의식화가 된 것이다. 그래서 앞으로는 내 경험을 잘 활용해 살아온 환경 자체를 바꿔야겠다고 생각했다.

계속 공장에 있었으면, 이런 인식의 변화를 경험하지 못했을 것 같다.

그렇다. 만약 대학에 가지 않았다면, 아무것도 모른 채 지금쯤 일간베스트 회원으로 살고 있을지도…(웃음). 그동안 인생을 위험하게 살았고, 앞으로도 그럴 것 같다. 만약 정상적으로 중·고등학교를 다녔다면, 타고난 반항 기질 때문에 깡패가 됐을 것이다(웃음). 물론 공장 생활을 하면서 여기저기 다치고 잃은 것도 많지만, 그 짧은 시간이 오히려 인생의 자양분이 된 것 같다.

사법연수원에서 만난 동료와 선후배 덕에 인생의 근본적인 변화를 경험했다고 말했다. 개인의 입신양명을 넘어 타인을 돕는 삶을 살겠

338

다고 다짐한 계기 있나.

대학 입학이 내 인생의 제일 큰 전환이었다면, 사법연수
원에서는 또 다른 변화를 겪었다. 그곳에서 '세상은 너무 이상
하다. 이 이상한 세상을 변화시키기 위해 내가 뭘 할 수 있을
까?' 하는 생각을 많이 했고, 그 과정에서 삶이 많이 구체화됐
다. 대학 시절 학생 운동하는 친구를 보며 '이건 너무 소모적이
지 않은가?'라는 생각과 동시에 '나중에 역량을 키워 사회 운
동을 하겠다'는 (일종의 기회주의적인) 생각이 있었는데, 사법연
수원에 들어가고 나서 새 삶이 시작된 것이었다.

1986년에 사법고시 합격해서 87~88년 2년 동안 사법연
수원을 다녔다. 당시는 격변기로, 소위 87년 체제가 만들어지
던 때였다. 이런 시대적 환경 속에서 함께 사법연수원 생활을
한 18기 동기들이 가장 격렬했다. 사법연수원에도 전통적으로
내려오는 '불량 서클' 같은 것이 있는데, 내가 좀 쓸 만해 보였
는지 그 그룹에 차출당했다(웃음). 지금 새정치민주연합 문병호
의원, 정성호 의원 등과 함께 '우리가 이 사회에서 모종의 역할
을 하자'고 결의하고 다른 사람이 하지 않는 일을 하기 위해 지
역으로 가기로 결정했다. 나는 성남으로, 문병호 의원은 부평
으로, 정성호 의원은 의정부로 갔다.

지역에 갔을 때 준비된 게 있었나.

전혀 없었다. 다만 동기들과 일종의 '도원결의桃園結義'를
하고 지역에 내려갔을 때는 이미 그 지역에 자체적으로 조직된

모임이 있었다. 세미나 등 각종 모임을 찾아다니면서 사람들과 여러 관계가 만들어졌다. 사법연수원에 있을 때 노동상담소 지원 활동을 하며 알게 된 장명국 선생(現 〈내일신문〉 대표), 최영희 전 의원(舊 민주통합당) 등과 성남에서 첫 지역 활동을 시작했다.

비슷한 뜻을 가진 동료를 만난다는 것은 어떤 의미인가.

'덜 외롭다'는 뜻이다. 혼자였다면 두렵고 불안했을 텐데, 동료를 보면서 '그렇지 않다(외롭지 않다)'는 것을 확인했다. 지금은 고인이 된 노무현 대통령이 당시 사법연수원에서 강의를 했는데, 그때 '변호사 하면 최소한 밥은 먹고 살 수 있겠구나'라는 생각이 들었다. 또 '저렇게도 살 수 있구나!' 싶었다. 그런 자신감에 1988년 사법연수원 시절 학회에서 기수들끼리 '정기승 대법원장 인준 반대 서명 운동'을 했는데, 성명서를 내가 썼다. 잘릴 각오를 하고 쓴 건데, 다행히 잘리지는 않았다. 연수원에서 만난 동료와 조직이 그때부터 지금까지 내게 많은 힘이 되고 있다.

인권변호사이자 시민운동가로 성남에서 오랫동안 살았다. 이 과정에서 공권력의 위협, 따돌림, 비난, 오해, 경제적 어려움 등을 감수해야 했을 텐데, 그럼에도 그 길을 걸을 수 있었던 힘은 무엇이었나.

한번 시작했는데, 자존심이 있지 중간에 멈출 수는 없지 않나. 흔히 쓰는 말로, '곤조(일본어로, '근성根性'에서 나온 말)'라고 해야 할까? 고집이 셌던 것 같다. 끝을 보지 않고 중간에 그만두면 그동안의 삶이 너무 허망해질 것 같았다. 내가 좀 집요한 면이 있다. '뒤끝 작렬'이라고 해야 하나?(웃음) '책임에 관해서는 끝까지 묻고, 받은 건 (좋은 쪽으로) 반드시 갚아 준다'는 게 내 신념이다. 주변 관계도 그렇고, 작은 것도 놓치지 않으려고 한다.

시민운동을 할 때는 실질적인 위협이 있었다. 2002년 분당 파크뷰 개발 특혜를 폭로했다고, 첫 번째로 구속됐다. 그 뒤로 여러 가지 일이 있었는데, 6연발 가스총을 소지하고 다닌 적도 있다. 물론 총기 소지 허가를 받았다. 가스총을 아주 비싼 값에 사서 양복 뒷주머니에 차고 다녔다. 새벽마다 전화해 '아이들을 죽이겠다'고 위협하는데, 어쩔 수 없었다. 한 번은 '눈 감아주면 20억 원을 주겠다'고 회유하더라. 그때마다 불안하고 힘들었지만, '하던 일은 마저 해야지' 하는 마음으로 끝장을 봤다. 결과적으로 나도 감옥 가고 저들도 감옥 갔다(웃음). 나는 잠깐 가고 저들은 길게 가고(일동 웃음).

이 과정에서 결국 '사회적 부富'라고 하는 것이 '누군가가 대규모의 이익을 취하면, 그만큼 다른 사람 주머니에서 조용히 빠져나간다'는 사실을 알게 됐다. 물론, 진짜 노동을 해서 부가가치가 생기는 것은 이해할 수 있지만, 부당하게 이익을 얻는 것에 대해서는 '공짜'란 없다. 내게 20억 원을 주겠다고 회유한 사람들의 사업을 계산해보니, 그들이 얻은 이익만 약 3,000~4,000억 원이더라.

삼성전자 이재용 부회장 등 재벌 3세들이 겨우 몇백 억원의 세금을 내고 몇조 원의 이익을 얻는데, 절대로 '공짜'가 아니다. 누군가의 주머니에서 빠져나간 것이다. 이런 일을 용서

하면 안 된다. 돈은 곧 '마귀'다. 이런 이야기를 평소에도 한다. '돈과 업자는 천사의 얼굴을 한 마귀다.' 평소엔 얼마나 좋은지 모른다. 그렇지만, 결국은 성완종과 같은 비극적 결말에 이르게 된다. 이게 바로 돈의 본질이다.

2004년 성남시장 출마를 시작으로, 2007년 민주당 부대변인 역임하며 정치에 발을 들였다. 2008년 18대 총선에서 낙선한 뒤, 2010년 성남시장에 당선됐다. 사법과 시민운동의 길에서 정치행정가로 전환한 계기는?

결정적 계기는 2002년 수정·중원구 등 본 시가지 종합병원 폐업으로부터 시작된 성남 시립의료원 문제였다.(2003.12.29 주민 1만 8,595명이 성남시 지방공사의료원 조례 제정 발의) 당시 성남에 50만 명이 살았는데, 병원 두 개가 문을 닫았다. 이유는 단순했다. 돈이 안 되니까 철수한 것이다. 이 문제를 해결하는 가장 좋은 방법은 공공병원을 세우는 것이었다. 그래서 시립의료원 설립운동을 시작했다. 경로당을 찾아다니며, 정말 어렵게 시립의료원 설립조례 주민발의를 위해 10만 명 이상의 서명을 받았다. 그렇게 1년 가까이 싸웠는데, 시의회 의원들이 47초 만에 날치기로 부결시키고 도망갔다. 당시 방청하고 있던 우리 모두 울고불고, 책상 위로 뛰어 올라가 명패도 던지며 도망가는 의원을 잡으려고 쫓아 다녔다. 그 모습을 한 기자가 찍었고, 내가 대표로 특수공무집행방해·재물손괴·치상 등의 이유로 수배됐다.

2004년 3월 28일 오후 5시. 내 인생을 명확하게 결정한 날이었다. 수배 중이라 주민교회 지하실에 숨어 있었는데, 당시 보건의료노조 간부였던 선배와 초밥을 같이 먹으며 억울한 마음에 울다가 '그냥 우리가 시장이 돼서 직접 만들자!'고 결심했다. 내 목표는 분명했다. 성남에 공공의료원을 하나 만들자는 것이었다. '2005년부터 조직 활동을 시작해 무소속으로 돌파해보자'고 했다. 그런데 2005년 당시에는 정당공천이 없었던 시의원도 공천을 받도록 제도가 바뀌어 버렸다. 그래서 하는 수 없이 '우리가 열린우리당을 점령하자'며 용기백배해서, 성남에서 5,300명 당원을 조직해 입당했다. 지금은 새누리당 소속인 신영수 전 성남시장 후보(현現 성남발전연합 상임대표)가 열린우리당으로 출마하려다가 중간에 포기해 2006년 출마할 때는 당에서 후보가 나밖에 없었다. 나중에 안 일이지만, 그때가 노무현 정권 말기였기 때문에 열린우리당으로 나와 봤자 떨어질 게

뻔해서 다들 출마를 하지 않은 거였다. 그런 줄도 모르고, 우리는 '뭐, 이렇게 널널하고 쉽노?' 하면서 돌진했다.(일동 웃음) 결국 득표율 27%로 떨어졌다. 우린 이 일을 지금도 '대학살'이라고 표현하고 있다. 그리고 결국 2010년에 시장이 됐다.

이런 우여곡절 끝에 2013년 11월, 10년 만에 내 손으로 시립의료원을 착공했다. 내후년이면 완공된다. 우연인지 몰라도, 시립의료원 착공 시기가 홍준표 경남지사가 진주의료원을 없앨 때였다. 그래서 의료공공성을 강화하려는 성남과 진주가 자주 비교됐다.

노무현 정부의 가장 큰 치적은 정치제도의 개혁을 통해 나 같은 사람도 정치에 참여할 수 있는 기회를 준 것이다. 첫 번째는 '기간당원제'라는 제도를 통해 정당이 민주화된 것이다. 두 번째는 '선거공영제'로, 일정 수치 이상 득표하면 선거 비용을 돌려받을 수 있도록 한 것이다. 그렇게 되면 크게 손해 보지 않고, 정치를 할 수 있게 된다. 단순한 제도개혁으로 보이지만, 이를 통해 정치 부패의 고리를 하나 끊어낸 중요한 의미를 갖고 있다.

인권변호사 시절, '형식적으로나마 법률과 상식을 지키는 정상적인 사회가 되도록 하자'고 결심했다. 시민운동은 그 내용을 채우는 일이었고, 정치인은 이 일을 현실에서 실행할 수 있는 자리다.

공공의료원 설립은 본인의 철학에 기반을 둔 것이었나.

법률을 전공한 사람으로 사회적 약자와 관련한 법에 관

심이 있었고, 스스로도 사회적 약자에게 기여하는 삶을 살겠다고 마음먹었다. 인간 사회가 동물 사회와 다른 것은 '절제'인데, 욕망은 개별적 선택만으로는 절제가 안 되는 것 같다. 그렇기 때문에 이런 욕망은 정치나 행정, 실력으로 제압할 수밖에 없다. 인간 다수를 모두 행복하게 할 수는 없지만, 최소한 인간다운 삶을 살게 해주는 것이 헌법적인 의무라고 생각한다. 기본적인 인권, 최소한의 인간적 삶은 의식주 해결만으로 가능한 게 아니다. 의식주를 포함하여 '건강한 삶'을 영위할 수 있는 조건을 만들어야 한다.

현대 사회는 (정말, 말도 안 되는데…) 진실처럼 유통되는 신화가 많다. 그 중 하나가 의료원 문제다. 의료는 당연히 개인이 책임져야 하고, 또 의료기관은 이익을 창출해야 한다는 것이다. 국가 구성원이 최소한의 삶을 위해서는 먹고 자고 입어야 하는데, 거기에 더 중요한 것이 건강을 잃었을 때 다시 건강한 삶을 되찾게 해주는 의료 문제다. 이것은 국가의 의무다.

현 정부는 보통 사람의 건강 증진에 대해서는 열심히 연구하는 것 같다. 예를 들면, 공원과 체육시설을 만들어 무료로 이용할 수 있게 하는 일 등. 그런데 정작 국민이 건강을 잃었을 때 돈 없이도 해결할 수 있는 길이 없다. 참, 이상하다. 후자가 더 중요한 것 아닌가? 더구나 민간에서 의료비를 커버할 수 없으면, 공공에서 하는 게 당연한 것 아닌가? 의료가 돈벌이 영역으로 치환되면 안 된다.

이런 기본적인 사고로, 시립의료원 설립 운동을 시작했고 하다 보니 많은 것을 이해하게 됐다. 유럽은 공공의료 비중이 70%가 넘고 영국은 90%다. 미국이나 멕시코 같은 국가도 30%가 넘는데, 정작 한국은 10%다. 요즘은 더 떨어져서 9.8% 정도다. 공공의료 비중이 낮아도 너무 낮다. 이제는 국민이 선택할 수 있게 해야 한다. 개인이 좋은 병원에 가는 것은 자유지만, 최소한의 의료는 제공해 줘야 하는 것 아닌가. 기초생활수급자에게 기본적인 식食을 제공하면서, 왜 치료는 안 해주나.

'무상의료, 공공의료' 정책은 의료 행위로 돈을 버는 사람들의 이익과 대치되는 주장이라 반대가 심하지 않나.

보통 치과의사, 한의사, 약사들은 동의한다. 일반 의사들은 의견이 나뉜다. 물론 그들에게는 의료 행위가 먹고사는 수단이니 이해는 하지만, 우리 사회가 의료 영역을 돈벌이의 수단으로 과다 확장한 게 문제다. 하다하다 안되니 원격진료다, 법인화다 하면서 다른 의료 행위마저 잠식하려 한다. 일반 환자는 물론, 극소수 자본화된 의료인을 제외하고 대부분의 의료인도 피해자가 되는 일이다. 그래서 지금은 일반 의사들 사이에서도 넓은 공감대가 형성되고 있다.

시립의료원 설립 운동 중 가장 어려웠던 일은 오히려 일반 시민을 설득하는 일이었다. 사람들에게 시립의료원이라고 이야기하면 자꾸 시골의 2층짜리 회색건물을 상상한다. 싸구려 더러운 시설에 무능한 의사가 있는 곳으로 생각한다. 이런 생각 때문에 공공의료가 점점 더 낙후되고 죽어간다. 이처럼 부정적 현실과 인식의 반복으로 인해 공공의료는 싸구려, 불친절, 더러운 곳이라는 악순환이 계속되고 있다.

우리는 이 인식을 깨고 공공의료를 확충하려고 했다. 공공의료기관 의료인에게 월급도 제대로 주고 양심에 따라 진료할 수 있게 하면, 의료인도 자부심을 가지고 하지 않겠나. 그러나 일부 공공의료의 현실은 매출을 얼마나 올리는지에만 혈안이 돼서 이틀만 먹으면 될 약을 열흘 또는 한 달 치를 처방한다. 매출을 기준으로, 순위를 매겨 의료인을 노예화하는 셈이다. 이건 비정상적이다.

'무상급식, 무상교육, 무상교복, 무상산후조리원' 등 전면적인 무상복지를 실현하고자 한다. 복지에 대한 생각을 조금 더 설명해 달라.

복지를 비롯한 모든 사회서비스는 시민이 내는 '세금'을 '행정'이라는 수단을 통해 환원하는 것이다. 애초부터 '공짜'라는 개념이 성립 불가능하다. 지금까지 기득권과 권력층이 '복지'를 시혜적이고 소비적인 것으로 왜곡하며 스스로 정부의 역할을 외면함으로써 본래의 의미를 훼손시킨 것이다. 국가는 시민의 기본적 삶의 권리를 보장하고, 공적 재산을 사적 이익을 위해 사용하지 않고 불요불급한 지출을 막아 시민들에게 환원하는 역할을 제대로 감당해야 한다.

현재 정치, 경제, 복지, 외교, 역사, 문화, 스포츠 등 거의 모든 영역에서 본인의 철학을 이야기하고 있다. 한 사람의 생각이라고는 할 수 없을 만큼 다양한 분야를, 전문적인 부분까지 파악하고 있는 것 같다. 이것이 가능한 원천이 무엇이라 생각하는가.

일단 주변의 조언을 많이 듣는다. 토론도 자주 한다. 뭐든 지 최대한 정보를 수집해서 공부한 다음, 지지 않을 싸움만 골라서 하는 편이다. 지면 안 된다고 생각한다. 어느 교과서에도 나오지만, '작은 승리를 많이 해야 된다'는 생각을 가지고 있다. 지는 것도 습관이다. 지기만 하는 것은 진영 전체에게도 바람직하지 않다. 철저하게 준비해 이길 수 있는 싸움을 해야 한다. 물론 불가피한 것은 어쩔 수 없지만, 일단 준비를 잘해야 한다. 이순신 장군이 23전 23승을 했는데, 이유는 단순하다. 지는 싸움은 피하고, 철저하게 준비해 이기는 싸움을 했기 때문이다. 나도 그렇다. 지금까지 그랬고, 앞으로 뭘 하더라도 대충하지는 않을 거다.

주변에서 많이 도와주나?

준비가 안 된 상태에서 저지르면, 사람들이 '저 사람 혹시 사고치는 것 아냐?'라고 불안해하며 돕지 않는다. 그러나 준비를 철저히 하고 경험을 충분히 한 사람에게는 분명 '도움'이 온다.

"부정부패의 구조를 극복하고 노력만큼의 성과가 보장되는 정상적인 사회, 주권자의 진정한 의사가 최대한 관철되는 민주적인 사회"(이재명 시장 블로그 중)를 꿈꾼다고 했다. 하지만 이런 사회는 한국 사회에서 아직까지 충분히 경험한 바 없다. 경험하지 않은 것에 대해서는 구체적으로 어떤 그림을 그릴 수 있을까?

종교, 도덕, 법률, 정치 영역 모두 근본에서는 큰 차이 없

이 비슷하다고 생각한다. 종교가 추구하는 것도 결국 '인간 존중'을 출발점으로 한 사람 한 사람을 존귀한 존재로 인정하는 것 아닌가? 인류 5000년 역사에서 인간 사회가 만들어낸 여러 가지 통치 시스템 중 민주주의가 가장 잘 만들어진 제도라고 생각한다. 민주주의 시스템은 '한 사람을 그 체제의 주인으로 인정한다'는데 가치가 있다. 이것은 종교의 본질과 일치한다. 사람을 귀히 여길 뿐 아니라, 국민이 주권자라는 것이다. 그 국민을 위해 국가가 존재한다. 그런데 모두가 주권자로 정치에 참여하기 어려우니까 대리인 제도를 둔 것이고, 다수결을 택한 것이다. 대리인의 제1의무는 구성원의 의사를 존중하는 것이며, 그 사회의 최종 목표는 구성원 최대 다수가 최대의 행복을 누리게 하는 것이다.

모든 것이 여기에서 출발한다. 구성원 개개인에게 '희망이 있는 삶'을 살 수 있게 해야 한다. 개인이 자원이나 부富, 기회를 공평하게 가져야 된다. 이는 곧, 실질적 평등을 의미한다. '결과의 평등'이 아니라, '기회'라는 측면에서 실질적 평등이 이뤄지는 사회가 돼야 구성원도 가능성을 갖고 꿈꿀 수 있다. 개개인이 꿈과 열정을 갖고 살아갈 때 사회도 국가도 건강해진다. 자원이나 부를 소수가 독점해버리면 개인도 엄청나게 불행하지만, 그 체제도 종말을 고하게 된다. '민주주의'라는 가치는 기회의 균등·실질적 평등·출발점에서의 평등이다. 물론 실현되기 어렵지만, 그렇다고 포기할 수는 없다. 되게 해야 한다.

시장이라는 행정가의 위치에서 본인의 철학을 담은 정책을 마음껏 실현할 수 있는 것 같다. 만약 국회의원이었다면 이런 이야기를 자유롭게 할 수 있었을까?

어디에 있으나, 별 차이가 없었을 것이다. 시민운동가, 인권변호사, 그리고 앞으로 국회의원이나 다른 공직을 맡더라도 차이를 못 느낄 것이다. 그냥 '내가 하고 싶은 것'을 할 것이다. '불법적인 일이나 나쁜 짓만 아니면 다 하겠다'는 말이다. 지금 시장직도 운동하듯이 한다. 정치가 특별히 다르다고 생각하지 않는다. 운동가로, 모든 사람이 희망을 가질 수 있는 세상을 만드는 일. 그 자체가 참 재미있는 일이라고 생각한다. 많은 사람들이 공감하고 환호하고 즐거워하는 것을 보면 신 난다. 그들에게 꿈을 줄 수 있으면, 그것이 바로 보람이다.

'시장'직은 수단에 불과하다. 실제로도 시민단체 집행위원장할 때보다 조금 낫더라. 상근 근무자 한 명과 연간 예산 2,500~3,000만 원 정도로, 여러 일을 했다. 지금은 상근자만 3,000명 이상이고 예산은 2조 4,000억 원이나 되니, 할 수 있는 일이 정말 많다. 이런 측면에서 '시장'직이라는 유용한 수단 하나를 확보한 것이다. 이것뿐이지, 변한 것은 하나도 없다. 앞으로 어떤 일을 할지 모르지만, 손에 든 무기의 크기가 다를 뿐이다.

생각보다 개인의 역할이 크다고 확신한다. 한 사람이 할 수 있는 몫도 엄청 크다. 나도 그 중 한 명이다. 공장노동자로, 혈연도 지연도 학연도 빽(?)도 아무 것도 없었다. 내가 갖고 있었던 것은 다만, 사람에 대한 믿음이었다. 한 명이 한 명을 설득해 같이 하면 두 명이 되고, 이렇게 모여 엄청난 시너지가 발생한다. 정책 하나를 결정할 때 구성원 모두가 n분의 1로 결정 권한을 갖는 게 아니다. 다수는 무관심하지만, 소수의 관심 있는 사람들이 경합해 그 중 센 쪽으로 이동하는 것이다. 관심 있는 소수, 옳은 생각을 가진 소수가 사회를 변화시킬 수 있다. 요즘 SNS를 열심히 하는 이유다. 트위터(11만여 명)와 페이스북(2만 8,000여 명) 팔로워 덕에 이제는 웬만한 언론사 하나쯤의 공격은 반격할 수 있다.

지난 2월 SNS에서 "여당은 권력을 이용해 제 지지층만 챙기는데, 야당이 계속 지지층을 잃어가면서 여당지지층을 배려하면 승부는 이미 끝난 거다"라며, 여야 모두를 비판했다. 양대 정당의 기득권 구조를 만든 정치제도, 특히 선거제도에 대해 어떻게 생각하나.

　지난해 '정당공천제' 논란 당시 생각이 정리됐다. 수도권은 잘못된 정치제도의 피해가 작은 편으로, 공천받은 사람들끼리 실질적인 경쟁이 이뤄지기 때문에 공천제가 지속 가능하다. 하지만 실질적 경쟁이 없는 지역에서는 공천제를 폐지하는 것이 맞는다고 본다. 영호남에서 특정 정당이 공천을 하면 100% 당선이 되는데, 정당 공천이 무슨 의미가 있나. 자기들끼리 시장이며 군수며, 마음대로 결정하는 공천은 하지 않느니만 못하다. 이는 민의를 왜곡하는 수단이다.

　현 소선거구제가 갖는 문제가 워낙 크다. 영호남 공천자는 바로 당선되기 때문에, 공천만으로 국회의원이 사실상 결정되는 정당 내 구조가 보완돼야 한다. 지금 논의하고 있는 '비례대표제 확대안'이 좋다고 생각한다. 중앙선거관리위원회가 지난 2월 국회에 권역별 비례대표제 도입을 제안했는데, 내 생각에는 선관위의 안보다는 전국 차원의 비례대표 방식인 독일식 선거제도가 맞는 것 같다. 하지만 결국 국회 차원에서 조정되어야 한다. 문제는 국회의원들이 '현행 소선거구제에서 선관위가 제안한 권역별 비례대표제로라도 바꿀 생각이 있느냐?' 하는 것이다. 이를 바꾼다는 것은 결코 쉬운 일이 아니다. 그렇지만, 분명한 것은 현재 선거제도에서 대의체제가 제대로 작동하지 않아 장점이 많은 민주주의가 망가지고 있는 것 아닌가. 국회의원이 국민의 뜻을 반영하지 않고 당의 눈치만 본다는 것은 국민의 의사를 배반하는 것이고 민주주의를 왜곡하는 것이다. 이

점을 고쳐야 하는데, 결국 (하나마나하는 소리 같지만) 국민이 해야 된다. 또 향후 대통령 선거를 통해 강력하게 쟁점화해야 실현할 수 있다.

새정치민주연합 문재인 대표, 박원순 서울시장, 안철수 의원과 함께 지난달 10일 한국갤럽이 발표한 2017년 대선 후보군(차기 정치 지도자)에 처음으로 이름이 올랐다. 기분이 어땠나.

미국 출장 중이었는데, 지인에게 문자가 왔더라. 그래서 '장난치고 있네!'라며 가볍게 답장했다. 그런데 귀국 후 관련 기사를 찾아 확인하고 조금 놀랐다. 생각보다 좀 빨리 이름이 거론됐다는 생각도 들었다(웃음). 유권자들이 대선에 벌써 관심을 두는 건가 싶어서 부담스러웠다. 그러나 다른 한 편으로는

좋기도 했다. 대선 후보군에 이름이 올라서 좋기보다는, 내 스피커가 좀 더 커졌다는 측면에서 좋다는 뜻이다. 세상에 대해 하고 싶었던 이야기를 더 크게 할 수 있어서 좋았다. 군인에게 총이 있다면, 정치인에게는 입이 있다. 정치인에게 말은 무기라고 생각한다. 그런데 이 스피커가 커졌으니(영향력이 늘었으니), 잘 활용해야겠다는 생각이 들었다. 고마운 일이기도 하고. 그것 말고는 변한 게 없다.

동시대를 살아가는 청년들에게 하고 싶은 말은?

아직까지도 민주적 마인드, 시민 의식이 상당히 부족한 것 같다. 이런 인식이 어쩌면 젊은 세대로 갈수록 더 부족해지는 것 같다. 자기들끼리 아웅다웅하며, 자신이 무능해서 이렇게 됐다고 생각하지, 이것이 왜 기울어진 운동장이 됐는지, 왜 나한테 불리하고 특정 소수에게는 유리한 시스템이 됐는지 생각 못하고 있다.

망가진 시스템 안에서 대다수의 개인은 계속 무시당하고 배제당하고 박탈당한다. 삶을 개선하기 위해서 개인적 역량을 키우는 것도 중요하지만, 그만큼 사회 시스템을 바꾸는 것도 중요하다. 시스템이 공정하게 작동할 수 있게, 꿈을 이룰 수 있는 기회를 가질 수 있게 구조를 만드는 것도 개인의 몫이다. 이러한 조건에서만 개인적 노력도 매우 큰 성과를 낼 수 있다. 내 삶의 조건은 내가 만드는 것이라고 생각하고, 그렇기 때문에 실망하기 전에 한 번 되돌아보고, 작은 관심과 참여를 통해 삶의 조건을 바꿔야 한다.

사실 이것은 젊은 청년들만의 책임은 아니다. 전 세대가, 특히 기성세대가 책임져야 할 문제다. 교육을 통해 '공공의 이익 公理(공리)이 개인적 이익과 무관하지 않다'고 끊임없이 얘기하고 토론하며 실험도 계속해야 한다.

어렵고 힘든 시절 자살을 기도했다고 들었다.

주변에서 이 얘기는 너무 살벌하다고 하지 말라고 하더라 (웃음). 그래도, 뭐…. 어느 순간 공장에서 일하다 기계에 끼어 팔이 비틀렸는데, 정말 못 견디겠더라. 암울했다. 더러운 회색 작업복이 아닌 깨끗한 교복을 입은 학생들을 볼 때 너무 부러웠다. 삶이 마치 절벽 끝에 매달린 것 같아 두 번 정도 시도했는데, 안 되더라. 진짜 죽으려고 했다면 죽었을 텐데, 덜 힘들게 죽으려고 하니까 잘 안된 것 같다(웃음). 그 당시는 너무나 힘들어 시도한 것이지만, 내 인생에서 가장 후회하는 일이기도 하다. 어떤 경우에도 '그럼에도 불구하고' 삶은 축복이다.

인간이라 갖게 되는 열등감, 자신 없음, 스스로에 대한 불확실 등 내적 고민은 어떻게 극복하는 편인가.

나는 열등감을 느낄 요소가 많다. 장애인이고, 중·고등학교도 못 다녔다. 그런데 어느 순간 이런 것 하나하나가 나의 재산이라는 것을 알게 됐다. 모든 일은 다 양면이 있다. 음지만큼 양지가 있고, 산이 높은 만큼 골의 깊이가 있는 것이다. 나쁜 것과 비슷한 양만큼 어딘가에 좋은 것이 있다는 사실을 확신하게 됐다. 그래서 어떤 나쁜 상황에도 좋은 요소를 찾아 잘 활용한다.

의식 속에 존재하는 열등감만큼 무의식 속에 똑같은 크기의 우월감이 존재한다는 사실을 깨우쳤다. 그래서 악조건이 닥쳐도 별로 괴로워하지 않는다. 난 공격을 당하면, 오히려 기회라고 생각한다. 진짜 위기는 기회다. 오히려 가능성이 더 많아지지 않나. 통상적으로 좋은 측면에는 기회가 별로 없다. 누가 나한테 '종북'이라고 하면, 나는 달려든다(웃음). 적의 공격이 집중되는 곳이 우리의 주력지主力地인 것이다. 피하지 않는다. 이게 괴로운 일이라고 생각되는 순간, "그럼, 딴 거 하면 되지!"라는 마음으로 떠날 것이다.

이재명에게 자유란?

간절히 바라고 꿈꾸는 것을 이룰 수 있는 것이 '자유'다. 그래서 나는 지금도 자유롭다. 시장직 또한 자유를 위한 하나의 수단이기 때문에 언제든 버릴 수 있다. 대체 가능한 다른 수단이 생길 가능성이 무궁무진하기 때문이다. 현재에 미련이 크게 없다. 그러니까 용감하다. 무언가에 너무 연연하지 않으려고 노력한다. 연연하는 순간, 정상적 판단이 어렵기 때문이다.

많은 사람들이 '다음에 뭐 할래?'라고 묻는다. 나도 모른다. 그때 가서 가다 보면 길이 생길 것이라고 생각한다. 그렇다고 삶의 큰 방향이 바뀌는 것은 아니다. 산을 오르는 과정에서 강을 만나면 배를 타고 들을 만나면 말을 타고 가면 된다. 미리 정할 필요가 없다. 정한다고 내 마음대로 되나? 그런 것도 없는 것 같다. 방향만 정하고 최선을 다하면, 길이 생기고. 그러다 죽을 때쯤 '그동안의 삶이 창피하진 않았네'라는 생각이 들면, '잘 살았구나' 생각할 것이다. 그런 삶을 살고 있고, 그래서 나는 자유롭다.

인터뷰 담당 손어진, 조경일

신정훈

새정치민주연합 국회의원

'공동의 선'을 중심에 두고 나아가라

2015. 6. 17

신정훈

학생운동가 신정훈과 그 이후의 신정훈은 잘 알려져 있다. 유년 시절 신정훈이 궁금하다.

　　내 마음의 절반 이상은 할아버지께 물려받았던 것 같다. 60년대 후반이었던 것으로 기억하는데, 집 굴뚝에 연기가 나면 걸인들이 몰려왔다. 할아버지는 걸인들을 보고 나에게 "아가, 손님 오셨다. 모셔오너라"라고 말했다. 사실 사람들은 걸인은 더럽다고 집 밖에서 밥을 주거나 식거나 상한 밥을 물에 말아서 줬다. 그런데 할아버지는 걸인들을 집안으로 들여 겸상하고, 꼭 당신 앞에 놓인 따뜻한 밥을 내줬다. 정작 당신은 식은 밥을 드셨다.

　　할아버지는 집 문간방에 서당을 짓고 훈장을 모셔와 당시 학교에 가지 못하는 아이들과 청년들에게 한문을 가르쳤다. 나는 너무 어려서 다니지 않았지만, 형은 서당에서 한문을 배웠다. 할아버지는 종종 나를 불러 "아가, 너도 이다음에는 개글(한글)을 배우지 말고 우리글(한문)을 배워라"라고 했다. 가끔 "애달프다. 세상이 금수禽獸로구나"라는 말씀도 했다. 그러던 할아버지가 돌아가시기 전, '철종 12년 OOO를 정 3품 통정대부 OOO에 봉한다'라고 쓰인 조상의 교지를 보여줬다. 비록 일자무식一字無識으로 농사꾼에 불과했지만, '당신이 삶에서 지키고자 하는 것이 있으셨구나' 하는 생각이 들었다.

아버지에 대한 기억도 있다. 아버지는 젊었을 때 사업도 하고 사회적 활동도 했다. 내가 중학교에 들어갈 때부터는 나주 배를 재배하는 과수원을 했다. 그때는 지식이 많지 않아, 농약을 직접 만지다시피 하면서 제조해 사용했다. 농약을 뿌리기 위해서는 펌프질을 해야 했는데, 자주 내 몫이 됐다. 해진 양복을 입고 마스크를 쓴 채 펌프질을 하면 농약이 날리는데, 농약 묻은 마스크 냄새가 아직도 기억난다. 그렇게 일하다 보면, 아버지 얼굴에 선크림을 바른 것처럼 하얗게 농약이 묻곤 했다. 내가 도움이 많이 되는 것은 아니었겠지만, 과수원에 자주 나갔던 것은 아마도 아버지에 대한 마음 때문이었던 것 같다.

광주에서 고등학교를 마치고, 대학은 서울로 왔다. 학업에 대한 의지가 강했나.

초등학교는 내가 살았던 면에서 나오고 중학교는 읍내에서, 고등학교는 광주에서 그리고 대학교는 서울에서 다녔다. 광주에 있는 고등학교를 진학한 것은 작은형의 조언이 컸다. 그때만 해도 그냥 개구쟁이였다. 공부는 조금 잘하는 편이었다. 그러던 중 고등학교 2학년 때 5·18 광주 민주화 운동이 일어났다. 어린 나이에 벌벌 떨면서 처절한 장면들을 목격했다. 그 경험 때문인지는 모르겠지만, 고려대 정외과를 가려고 했다. 아버지에게 말씀 드렸더니, 정외과는 안 된다며 법대나 상대에 가라고 했다. 아버지는 정치에 대한 두려움 그리고 자식이 잘되길 바라는 마음에서 그러셨던 것 같다. 그래서 신문방송학과에 가겠다며 "취업이 잘 된다고 합니다"라고 안심시켰다. 그렇게 고대 신방과를 갔다.

학생운동과 미문화원 점거농성 등을 주도적으로 했다. 고등학교 시절 목격한 광주 민주화 운동이 영행을 끼쳤나.

대학에 진학했지만, 마음속에 광주의 문제를 안고는 못 살겠더라. '광주의 진실'과 '전두환 정권의 국민학살', 이 문제를 꼭 내 삶의 과제로 삼아야겠다고 생각했다. 4학년 때 광주 출신 학생들을 모아 서클을 만들고, 5·18 자료를 구해 서울 운동권 학생 연합에 전달하는 역할을 많이 했다. 독일의 방송자료를 구해 고대 방송국에서 더빙해 전달하기도 했다. 그렇게 활동하던 1985년 5월 20일 미문화원에 들어간 것이다.

미문화원에 들어갈 때 '우리의 과제가 독재정권 청산만이냐, 반미투쟁이냐, 아니면 수위를 낮춰서 미국에 사과를 요구하느냐'에 대한 논쟁이 상당했다. 전두환 신군부가 광주 학살을 시작으로 그때까지 유지될 수 있었던 것은 미국이 배후에 있었기 때문이지만, 국민의 눈높이를 고려하지 않을 수 없었다.

국민들은 '미국은 우리를 먹여 살려준 나라'로 믿고 있는데, 미국이 이런 못된 짓을 했다는 것을 국민들에게 어떻게 설명할 것인가. 고민 끝에 우리는 '미국이 광주학살에 대한 책임을 지고 한국 국민 앞에 정중히 사과할 것'을 요구했다. 전두환 정권 하에서 72시간 동안 미문화원을 점거, 대화를 시도했다. 사흘 후 자진 해산을 한 것도 투쟁의 수위를 조절했던 것이다. 이

사건은 한국 국민들에게 미국을 새롭게 각인시켰다. 그리고 광주학살과 관련해 미국의 책임을 세계적으로 알리는 계기가 됐다.

이후 구속돼 옥고를 치렀다. 불과 23살이었다. 무섭거나 후회되지는 않았나?

　　당시 재판 영상을 보면, 내 모습이 지금과 달라 보인다. 우리는 그때 법정에서도 '전두환의 하수인이 우릴 재판할 자격이 없다'며 격렬하게 싸웠다. 그러다가 서대문 구치소 먹방(빛이 들어오지 않는 방 또는 독방)에 15일간 감치되기도 했다.

　　물론 나도 무서웠다. 미문화원에 진입할 때도 새파랗게 질려 떨면서 들어갔다. 그때 미국이라는 존재는 워낙 대단했다. '감옥에서 살아서 나가긴 하겠지. 징역은 10년 정도 살겠지. 전기 고문은 아니어도 물고문은 당하겠지' 등 수많은 생각이 들었다. 용감해서 들어간 것은 아닌 것 같다. 사상적으로 무장이 돼서도 아니다. 다른 사람은 몰라도 솔직히 나는 그랬다. 그때는 '광주 학살을 통해서 정권을 장악했던 신군부를 종식시켜야 한다. 한반도 대미관계를 독립적이고 자주적인 관계로 만들어야 한다'는 순수함이 있었기에 가능했던 것 같다.

　　옥중 생활 근 3년을 잘 버텼다. 주로 철학·경제학 등 교도소에 있으면서 공부도 많이 했다. 마르크스주의·제3세계 혁명사·세계철학사·변증법 등을 공부하며 사회에 나가면 가야 할 길이 무엇인지 고민했다. 그러면서 할아버지와 아버지 생각이 많이 났다. 저임금 노동자와 더불어 저곡가低穀價 정책으로 희생당한 농민들, 그들과 함께 살면서 다시 한 번 인생을 설계해야겠다고 다짐했다. 그렇게 1987년 7월 8일 석방돼 고향으로 내려왔다.

고향으로 내려와 농민 운동, 그 중에서도 수세거부운동을 시작했다. 농민을 조직하기 쉽지 않았을 것 같다.

어느 날 영산포 성당에서 열린 조그만 모임에서 날 초대했다. 운동권 학생이 내려왔다고 하니, 같이 만났으면 좋겠다는 것이었다. 그야 말로, 모락모락 김이 날 듯 따뜻한 사람들이 있었다. 소설 〈상록수〉의 등장인물처럼 농촌에 대한 꿈과 희망을 가진 사람들이었다. 그 성당은 농민문제를 고민하는 청년들의 근거지였다. 이 민중들을 의식화하고 조직화해 우리가 사는 세상의 주인으로 만들어야겠다고 결심했다.

'농민들과 어떻게 첫 만남을 맺을 것인가'를 생각하던 중, 청년들이 보고 있던 '수세거부' 유인물이 눈에 띄었다. '수세水稅'라는 것은 농지개량조합에서 수로를 관리해주면서 받는 조합비였다. 농사짓는데 사용하는 물에 세금을 부과한 것인데, 농민들에게는 농지세보다 더 큰 세금이었다. 녹두장군 전봉준의 농민 봉기의 계기도 만석보 수세다. 조선시대에 시작돼 일제의 수탈 도구가 된 수세가 농민을 지속적으로 수탈하고 있었던 것이다.

그때부터 몇 달을 집에도 들어가지 않고 각 마을을 다니면서 수세제도의 부당함을 교육했다. 젊은 친구들 10명이 사무실을 하나 내 마을마다 방송을 하고 다니면서 나주 전체를 돌아다녔다. 당시 나주수세대책위원회 총무였는데, 해남·순창·아산·영월까지 다니며 농민들을 교육했다. 그렇게 농민을 조직했고, 대개는 비주류들이 우리를 선호했다. 기득권은 비아냥거리기만 했다. '을 중의 을'이 우리에게 '힘내라'며 1,000원, 2,000원씩 보태줬다. 불과 1년이 채 안 돼 1,800만 원이 됐다. 그렇게 치열하게 활동하며 마을수세거부대책 위원회, 면단위 수세거부대책위원회, 군단위 수세거부대책위원회 등을 밑에서부터 조직해나갔다.

1987년 12월 29일 열린 '나주농민대회'는 전국의 이목을 집중시킨 대규모 군중집회였다. 정치는 양김(김영삼·김대중)의 분열로 대선에서 패배해 오갈 데가 없었지만, 비주류 민초들은 철옹성 같이 들고 있어났다. 그리고 1989년 2월 13일 '서울 여의도 농민항쟁'까지 전국수세거부대책위원회의 싸움은 계속됐다. 결국 전두환에서 노태우로 이어진 군사정권은 이전에 경험해보지 못한 농민들의 저항에 무릎을 꿇었다. 한 마지기 당 수세를 25kg에서 10kg로, 그 다음에는 5kg로 낮췄으며, 마침내 1995년 수세가 완전히 사라졌다.

농민운동을 주도하던 운동가가 제도권 정치영역에 관심을 갖게 된 이유는 무엇인가?

수세제도 개혁 싸움 초중반이던 1989년 노태우 정권이 본인들이 몰린다고 생각하고, 당시 물세를 걷는 기관이었던 농지개량조합의 조합장을 선출직으로 바꿔버렸다. 조합장은 전남지역 10대 기관장 중 하나였다. 이런 조합장을 직접 선출한다는 것은 큰 사건이었다.

1992년에 처음 지방의원을 선거로 선출했고 1995년에서야 지방자치단체장을 선출했으니, 농지개량조합장 직선제가 얼마나 앞선 일이었겠는가. 함께 운동하던 사람들은 조합장 선거에 나가는 것을 반대했지만, 나는 제도권의 힘을 통해 우리가 할 수 있는 일이 있을 것이라며 설득했다. 그래서 우리 안에서 농민들에게 가장 의리가 있는 사람을 찾아봤다. 가난하기 그지없으면서도 늘 앞장서서 싸우고, 돈만 생기면 우리들에게 국밥이라도 사 먹이는 형님이 있어 후보로 내세웠다. 끝까지 안 한다고 하는 것을 '우리가 다 하고, 형님이 의회에 들어가시면 철저히 엄호하겠다'고 꼬드겨 출마시켰다. 그런데 선거를 치르기 일주일 전, 나를 포함해 운동하던 이들 모두가 구속됐다.

수세문제 해결 과정 중 행정기관인 군청이 조합이 거둬야 하는 수세를 직접 거두면서 우리를 회유하고 분열시켰다. 군청이 이 문제에 많이 개입하고 있었던 것이다. 군수에게 문제제기를 하러 군청에 가면, 직원들이 100명씩 나와서 막아섰다. 당시 군수는 꽤 인격자여서 우리의 요구를 수용하려고 했으나, 안기부·기무사 등에서 파견된 이들이 군청직원을 동원해 계속 수세를 걷으러 다녔다. 그래서 어느 날 다른 농민과 함께 군수실로 찾아가 '그럼에도 불구하고 저 군수는 백성들의 어버이가 될 자격이 없다'고 하면서 똥을 담은 봉지를 던졌다. 이 사건을 계기로 나와 내 동료들이 모두 구속됐다.

선거를 앞두고 우리는 구속됐지, 무지렁이 형은 출마했지, 정말 희망이 없는 상황이었다. 하지만 우리 민초들이 얼마나 훌륭한 지, 결국 선거에서 그 형님이 세 표 차이로 승리했다. 기득권 세력은 돈으로 우리를 격파하려고 했지만, 을이 모이니 민초들의 마음도 모였다. 나중에 이 형님은 재선까지 했다.

대중운동과 제도권 정치를 끊임없이 넘나들며, '어떻게 하면 국민이 주인이 되는 세상을 만들까. 민초들을 조직하고 그들의 목소리를 챙길 수 있을까'를 고민했다.

1995년 최연소 도의원에 당선되고, 이후 시장까지 됐다. 선거 당시 어리다는 이유로 불이익을 받지는 않았나.

수세문제로 조직된 힘이 1990년 탄생한 '전국농민회'의 바탕이 됐다. 그 이후로도 우루과이 라운드·쌀 개방·고추 싸움 등을 지속해나갔다. 1995년 지방자치가 시작되면서 농업문제를 가지고 제도권에서 싸워보자고 결심했다. 그렇게 무소속 농민 후보로, 도의원선거에 출마했다. 상대 후보는 평민당의 공천을 받은 현직 도의원으로, 김대중 총재가 나주까지 유세를 왔다. 당시 현장에서는 '나이가 어려 경험이 부족하니 어떠니…' 하는 소리도 들렸지만, 나는 당선을 의심치 않았다. 전국을 돌아다니며 유권자인 농민과 주고받은 눈빛이 거짓이 아니라면, 당연히 내가 되리라 믿었다. 선거 운동을 열심히 했고, 결국 이겼다. 서른두 살, 최연소 도의원이 된 것이다.

전남 도의회에 가보니, 75명 중 민주당 의원이 절대다수였다. 힘이 부족했지만, 그래도 악착같이 싸웠다. 도청 이전 문제부터 지방 농정에서 자행되는 잘못된 점을 고치려고 노력했다. 내가 도의회에서 악을 쓰면, 항상 지방신문 1면에 톱기사로 나왔다. 1998년 두 번째로 도의원이 돼서는 무소속·자민련·신한국당 의원들과 함께 교섭단체를 만들었다. 비록 성향이 달라 오래가진 못했지만, 이 지역에서 민주당 일당독재의 폐해를 해소하고자 다양한 시도를 했다.

민주당의 지역패권주의는 내가 단체장 출마를 결심하게 된 계기 중 하나다. 무소속으로 출마할 때마다 '민주당에 입당하지 않겠다'고 공약했다. 지역의 패권적 정치가 과거 독재정권과 싸울 때는 필요했지만, 이제는 국민의 다양한 의사가 반영되는 정치를 해야 한다는 생각이었다. 그래서 '자치분권전국연대'를 조직해 다시 싸움을 시작했다. 그 결과, 무소속으로 나주시장 선거에 출마하여 당선됐다. 이후 자치분권운동과 국가균형발전 운동·혁신도시 운동·세종시 행정수도 이전 운동을 지속했다.

2009년 KBS 드라마 〈시티홀〉의 실제 모델이 '나주시장 신정훈'이었다는 사실을 모르는 사람이 많다. 드라마 주인공인 신미래 시장의 인기가 대단했는데, 조금 아쉽지는 않나.

당시 드라마 출연 제의도 있었다. 드라마에서 민주당 의원들은 패권 정치인, 주인공 신미래는 이들에게 탄압받는 비주류 시장으로 묘사했다. 그런데 직접 출연하면, 인기는 오를지 모르겠지만 상대방이 불편해질 수 있다고 생각했다. 그래서 출연을 고사하고, 작가들에게 내가 시정을 하며 겪은 에피소드를 전해줬다. 드라마에서 신미래 시장을 '신 시장'이라고 부르며, 내가 시행했던 정책이 언급되니 기분이 좋았다. 실제로 나를 부르는 것 같기도 하고 묘했다(웃음).

이후 〈시티홀〉의 신미래 시장은 여러 책에서도 언급되곤 했다. 선대인 소장의 《세금혁명》(더팩트 펴냄), 김태일 고려대 교수의 《재정은 어떻게 내 삶을 바꾸는가》(코난북스 펴냄)에도 등장한다. 그분들은 신미래 시장의 모델이 나인지 모르실 것 같다. 언젠가 만나게 되면, 말해야겠다(웃음).

나주시장 재직 시절, 지역에 필요한 정책은 어떻게 발굴하고 어떤 방법으로 해결했나?

항상 현장의 목소리를 듣고 그것을 해결하려고 노력했다. 처음에 시장이 되고 보니, 지방자치가 10년이 지났는데도 지방에서는 기존 법령으로 규정된 일만 하지 실제 현장의 목소리는 반영되지 않는 경우가 많았다. 일을 추진할 때도 시의회로부터 '당신 말은 일리가 있지만, 관련법과 지침이 없다'는 얘기를 많

이 들었다. 또 '선심성이니, 불법이니, 위법이니' 하며 공격을 당했다. 실제로 관련법이 없는 정책을 만들어 예산을 편성하면, 정치적인 논쟁이 불거졌을 때 불리하다. 그래서 조례를 제정했다. 무소속 시장으로 나주 시의회의 승인이 필요한 조례를 만드는 것은 쉬운 일이 아니었다. 시장직을 수행하며, 민생 조례를 많이 만들었다. 그래서 나주시 자치법규를 보면, 주위 다른 시·군보다 조례가 많다.

대표적인 '신정훈'표 정책이 있다면?

2003년 전국 최초로 학교급식지원조례를 만들었다. 서울시 무상급식 논란이 2011년에 있었으니, 그 보다 훨씬 앞서 시행했던 정책이다. 2000년대 초만 해도 학교급식의 질이 형편없었다. 군대급식보다 못했다고 생각하면 된다. 농촌의 강점이 신선한 먹을거리인데, 당시 우리 아이들은 정부미를 먹었다. 쌀 생산 지역 아이들에게 정부 곡창에서 몇 년 동안 묵힌 쌀을 먹인 것이다. 당시 정부미 가격과 시중 쌀 가격 차이가 컸기 때문인데, 시에서 친환경학교급식조례를 만들어 가격의 차이를 보전해주기로 했다.

당시 나주시 재정자립도는 12%였다. 행정자치부는 WTO 규정에 어긋나는 과도한 개입이라며 수정할 것을 제의했다. 그럼에도, 학교급식조례를 제정한 이유가 있다. 첫 번째는 아이들에게 건강한 음식을 먹이기 위해, 두 번째는 식생활 그 자체가 교육의 가장 중요한 부분이기 때문에, 그리고 세 번째는 내 아이에게 내 지역의 농산물을 먹이는 것이야말로 가장 합리적인 유통체계라는 확신이 있었기 때문이다. 이후 정책이 성공적으로 진행돼 이 지역 학교급식에 들어가는 작물 재배용 체험농장도 만들고, 학교급식 센터도 만들었다. 이를 보고자 전국에서 견학오기도 했다.

마을공동급식은 농번기 철만이라도 점심식사를 공동급식으로 해결하자는 생각에서 시행했다. 동네에 50가구가 있다고 가정하자. 가장 바쁜 농번기 때 50가구가 각자 밥을 하면, 얼마나 비생산적인가. 그래서 점심을 같이 차리자는 취지였다. 인건비는 시에서 제공했다. 그래서 사람들이 많이 모일 수 있게 마을회관에 음식을 마련해 급식을 제공했더니, 명절 때나 북적이던 마을회관이 사람들로 매일 북적였다. 농촌 인심이 살아나고, 공동체 문화도 살아났다. 여성 농민의 일손도 덜었다. 밭에서 키운 채소와 막걸리를 나눠 마시는 모습이 참 보기 좋았다. 현재 마을공동급식은 농림부 정책 중의 하나로, 계속 시행되고 있다.

농기계 임대은행 제도도 있다. 농가 대부분이 농기계를 직접 산다. 1년에 15일정도 쓰자고, 한 대에 1억~2억 원 하는 트랙터를 빚을 내 산다. 그래서 시에서 농기계를 구입해 수리·보관·임대까지 하며, 빌려 쓰는 실비만 내는 제도를 시행했다. 이와 함께 갈수록 고령화되는 농민을 생각해 농기계를 대신 작동해줄 '농작업 대행 사업단'도 구성했다. 이 정책은 '신정훈'표 나주시의 정책이었지만, 지금은 다른 의원의 발의로 '농기계임대방안을 담은 농업기계화촉진법 일부개정안'으로 제정됐다.

시장 재직 시설, 꼭 해보고 싶었는데 시행하지 못한 정책도 있나.

마을택시 제도다. 농촌 복지의 핵심은 '이동'과 '교통'이다. 농촌 노인들에게 이동 복지가 얼마나 간절한지, 상상만으로는 모를 것이다. 시장시절 살던 마을의 버스 승강장은 한참을 걸어 고개를 넘어야 있었다. 마을 노인들이 승강장에 가기까지 고개를 넘어 가며 여러 차례 쉬어갔다. 아침 출근길에 그렇게 쉬어가는 노인을 보면, 아무리 바빠도 차를 세워서 태워드렸다. 하지만, 그렇게 승강장에 도착한들 버스가 바로 오나. 재수 좋으면 30분, 놓치면 2시간을 기다려야 한다. 그래서 90개 마을에 버스를 늘리려고 했더니, 벽지노선 손실보상을 해야 하더라.

8억 원의 예산이 소요되는 사업이었지만, 버스는 대중교통이라 정부지원도 가능했다.

그런데 문제는 도로가 좁아 버스가 들어갈 수 없는 골짜기 마을이었다. 이런 마을에는 택시를 보내자고 했다. 당시 나주시에 350대의 택시가 있었는데, 택시기사의 월급이 100만 원이 채 안 됐다. 이들을 활용해 교통수단이 열악한 100개 마을에 마을택시를 운영하는 비용을 계산해보니, 약 3억 원이 들었다. 그런데 택시는 대중교통이 아니라는 이유로, 정부지원이 불가했다. 대중교통은 시간과 구간을 정해서 움직여야 하는 것이라며, 택시는 해당되지 않는다고 했다. 이에 마을택시에 관한 조례를 만들었더니, 선심성 정책으로 선거관리위원회에 고발장이 접수됐다. 지역 국회의원에게 부탁했지만, 결국 부결됐다. 그래서 마을택시 제도는 7일 천하로 끝났다. 하지만 이 제도는 앞으로 기회가 되면, 꼭 시행하고 싶은 것이다.

2003년 현직 단체장 '최초로' 중앙정부청사 앞에서 단식 투쟁을 했다. 그렇게 해야만 했던 절실함이 있었나?

나주시장 시절, 좌표를 '지방분권 운동가'로 정했다. 내가 주장했던 것은 수도권과 지방, 지방에서도 대도시와 지방 중소도시 간의 정부 기능을 분담하자는 것이었다. 과거 수도권이 발전했던 이유는 정부부처가 집중적으로 자리해 있었기 때문이고, 지방 대도시는 도청 소재지라는 이유로 발전했다. 이제는 교통과 통신이 발달했으니, 그동안 집중되어 있었던 것을 분산해보자는 주장이었다. 소위, '다핵거점을 육성하자'는 것이었다.

　당시 행자부 김두관 장관과 함께 광주에 있던 노동청·병무청·국세청을 나주로 옮기는 작업을 시범사업으로 진행하기로 했다. 그런데 김두관 장관 후임이던 허성관 장관이 이미 정부 예산까지 다 제출이 되어 있는 상황에서 '추진하지 않겠다'고 했다. 그래서 항의 차 정부종합청사에 갔다가, 말로는 설득이 안 돼 정문 앞에서 4박5일 동안 1인 단식농성을 했다.

　처음에는 경찰이 저지하려 했는데, 내 기세가 드셌는지 못 끌어냈다. 농성 중 광주광역시와 전라남도가 청사는 광주에 두고 혁신도시는 나주에 만들자는 빅딜을 했다. 이것이 나주에 광주전남혁신도시가 만들어지게 된 출발점이었다. 후에 알고 보니, 정부종합청사 앞에서 농성한 사람은 나 이전에도 없고 이후에도 없다고 한다. 왜냐면 대통령이 다니는 길이라 농성은 정부청사 뒤에서만 허용된다고 하더라. 청사 앞에서 농성한 최초이자 마지막 사람인 셈이다.

줄곧 무소속 정치인으로 활동하다, 지난해 국회의원 재보선 선거에 새정치민주연합 후보로 출마했다. 정당에 합류한 계기는 무엇인가.

지금껏 현실에 충실한 정치를 했다. 이상을 갖되, 현실을 정확히 인식하고 정치라는 방법으로 해결해왔다. 매번 시대에 주어진 나의 몫을 냉철하게 생각했다. 학생운동 시절에는 우리나라의 민주화, 농민운동가에서 도의원까지는 농민들의 권익 신장과 지위향상이 나의 역할이었다. 그리고 나주시장을 거쳐 지금의 국회의원까지 지방분권과 정치개혁이라는 두 가지 과제와 싸우고 있다. 작은 틀에서 보면 각각 개별적인 과제지만, 끊임없이 현실의 문제를 풀기 위해 노력했다. 큰 틀에서 보면 시대적 과제이자, 시대적 정신이었다고 생각한다.

나주시장 시절만 해도 지역패권주의를 개선하는 것이 시대의 중요 과제라고 생각했다. 일당일색의 지역정치로는 정치가 좋아질 수 없기 때문이다. 지역에서는 민주당과 다른 정치를 통해 시민의 요구를 반영하고자 했다. 그러나 중앙정치로 가게 된다면 그때는 정당에 합류해야 한다고 생각했다. 중앙정치는 정당과 정당이 겨루는 곳이기 때문이다. 그래서 가장 현실적으로 정치활동을 펼칠 수 있다고 판단한 새정치민주연합을 선택했다.

정치는 개별 계층의 문제를 푸는 것 같지만, 공동체의 문제를 푸는 것이다. 즉, 하나의 문제를 푸는 것이 아니라 결국 전체의 문제를 푸는 것이다. 대개는 농민운동을 했으니까 농민문제를 푼다고 생각하고 지방에서 활동하니까 지방의 문제를 푼다고 생각하는데, 그것은 결국 사회의 문제이자 대한민국의 문제를 푸는 과정과 다르지 않다.

하지만 안타깝게도 현재 정치나 시민사회의 논의를 보면, 전체를 보는 문제의식이나 해결방식보다는 부분만 떼어서 따로 보는 경향이 두드러진다. 작은 것과 큰 것, 부분과 전체가 다르지 않다는 점에서 국회의원인 지금 나에게 달라진 점은 없다고 생각한다.

새정치민주연합은 현재 '개혁'을 강하게 요구받고 있다. 본인이 생각하는 개혁의 방향은 무엇인가.

당혁신위원회에서 '당권재민黨權在民'이라는 단어를 사용했다. 우리 당에 여러 가지 과제가 있겠지만, 그 방향은 마땅히 국민과 당원이 정치의 주인이자 우리 당의 주인으로 역할과 권리를 다 할 수 있는 정당이 되는 것이다. 의원 130명을 위한 정당, 선거에 한번 써 먹기 위한 정당, 중앙당 위주의 정당은 시민의 삶의 터전과 완전히 괴리되어 있는 정당이다. 본말本末이 전도된 현 상황을 역전시켜야 한다. 국민들을 위해서 일하고, 국민들 스스로가 주인이 돼 자기 발언권과 선택권을 가질 수 있는 정당으로 변화하는 것이 핵심이다.

하지만 이것만으로는 부족하다. 당이 개혁하고 변화한들, 선거제도가 변하지 않으면 시민의 목소리가 지역주의 등에 묻힌다. 그런 의미에서 중앙선거관리위원회가 제안한 권역별 비례대표제 도입이 필요하다. 좀 더 적극적으로, 독일식 비례대표제도 고려해볼 수 있다. 선거제도의 비례성을 높여 여러 계층의 목소리를 대변할 수 있도록 정치 제도를 개혁해야 한다. 시민의식과 정치의식이 성숙한 만큼 선거제도의 변화 역시 중요한 과제로 인식해야 한다.

국회의원으로 의정활동 1년이 다 되어 간다. 어떤 활동에 집중하고 있나.

　　나주·화순 지역구 의원으로, 나주 혁신도시를 제대로 만들고 낙후된 지방에서도 사람들이 희망을 갖고 사는 나라를 만드는 것에 목표를 뒀다. 또 한국의 식량산업을 책임지는 의정활동을 하기 위해 노력하고 있다. 정치적 소수자인 농민을 대표하는 국회의원이라는 현실과 짧은 의정활동 기간 등 목표한 바를 다 하기란 쉽지 않다. 하지만 주어진 쟁점과 목표한 의제를 꼭 법으로 만들어서 국민들에게 도움이 되는 의정활동을 하고 싶다.

의원실 벽에 커다란 농민의 손 사진이 걸려있다. 특별한 의미가 있는가.

　　세상을 만들어가는 가장 위대한 것을 꼽으라면, 바로 저 무지렁이들의 손이다. 저들의 손에서 지금의 대한민국이 만들어졌다. 저들을 보라. 자신은 밥 한술 제대로 먹지 못하면서 아끼고 아껴 자식을 키웠다. 그들이 판사·의사·국회의원 등 소위 말하는 대한민국 주류가 된 것이다. 나는 농민의 손에서 대한민국을 만들어낸 위대함을 느낀다. 맞잡았을 때 거칠고 부르튼 그 손이 나를 항상 겸손하게 만들고, 또 바로 잡아 준다. 그들의 손이 어릴 적 할아버지의 손, 아버지의 손이라고 생각한다.

아내 주향득 선생도 '농민운동의 잔다르크'라고 불리던 농민운동가다.

1989년 군수실에 똥물을 던졌을 때 아내도 그 자리에 같이 있었다. 재판 결과 집사람은 집행유예로 나오고, 나는 징역을 살았다. 재판이 있기 전 수감돼 있으면서 나와 아내가 몰래 편지를 주고받았다. 우유팩을 펼치면 나오는 은박지에 자국을 내 편지를 썼다. 그 편지를 남사와 여사를 오가며 화장실 똥을 푸던 사람을 통해 주고받았다. 일종의 러브레터였던가 싶다(웃음).

사실 우리 집사람은 아가씨 때부터 나보다 더 영웅이었

다. 농민을 위해 몸을 던져 헌신했을 뿐 아니라, 마이크만 잡으면 대중적으로 훨씬 말도 잘하고 누구와도 잘 어울리는 사람이었다. 그래서 인기도 많았다. 당시 집회에 참여한 사람이 1만 명이 넘었으니, 노총각만 몇 백 명은 됐을 것이다. 아내에게 몰래 감 등을 가져다주는 남자들도 많았고, 부모들이 와서 만나겠다고 줄 서있는 정도였다. 당시 내가 저 사람을 소유하는 것은 불가능해 보였다. 감옥에 있으면서 아내가 '신정훈 면회 간다'는 핑계로 만날 수 있었으니 결혼까지 했지, 그렇지 않았으면 힘들었을 것 같다. 또 열심히 활동한 덕에 감옥도 갔으니 아내와의 결혼이 용인됐지, 그냥 아내를 데리고 갔다면 주변의 지탄을 받았을 것이다.

누구보다 치열하게 고민하고 행동하며 20·30대를 보냈다. 인생 선배로, 지금 청년들에게 해주고 싶은 말이 있다면?

요즘 상황이 너무 척박해서 과거 내 이야기는 잘 어울리지 않는 것 같다. 우리 아이가 올해 스물다섯 살인데, 내가 딱 농민운동을 시작한 나이다. 그런데 아이에게 '나와 같은 인생을 살아라. 이 길을 걸어도 희망이 있다'고 말하기는 쉽지 않다. 그럼에도 청년들이 사회의 '공동의 선善'을 항상 중심에 두고 살았으면 좋겠다. '혼자 잘사는 것'보다 '함께 잘사는 것'에 대한 삶의 의제를 고민했으면 좋겠다. 혼자 잘사는 것이 상대적으로 쉬운 길 같지만, 결코 수월하지 않다. 오히려 함께 잘사는 길은 곳곳에 있다. 하지만 잘 보지 못하고 쉽게 선택하지 못하는 것 같다.

예전에는 사회에서 나의 역할을 이념·운동·정책에서 찾았다. 최근에는 비즈니스 시각으로도 바라보고 있다. 이를테면 내가 시행하거나 시행하고자 했던 농기계임대은행, 마을택시 제도도 일자리다. 커뮤니티 비즈니스 영역인 셈이다. 정부가 정책을 만들어 시행하는 것도 중요하지만, 그 빈자리에 '사회적 기업'이 역할을 대신할 수 있다. 내 눈에 보이는 이런 기회와 아이디어를 청년들과 나누고 싶다. 작지만 소중한 일을 통해 청년들이 성공하고 성장해나가는 모습을 보고 싶다.

신정훈에게 자유란 무엇인가?

절대로 혼자서 자유로워질 수 없다는 사실, 그것을 깨달아야 자유가 온다. 자신의 능력으로 세상을 지배하고자 할 때가 아니라, 다른 사람과 함께 살고자 할 때 비로소 자유가 온다. 과학과 기술이 발전할수록 인간은 더더욱 자기 의지대로 살 수 있다고 생각하지만, 대단히 그릇된 생각이다. 결코 다다를 수 없는 무한한 세상에서 한 부분을 살고 있다는 자각, 자기에게 맡겨져 있는 그 시대를 함께 살아가는 사람들, 그리고 더 나아가 자연에까지 책임지는 삶을 살 때 비로소 자유로울 수 있다.

인터뷰 담당 민호기, 오진주